民商法案例
法律与思政解读读本

主　编　沃　耘　吕姝洁
副主编　张　涛　王　硕

南开大学出版社
天　津

图书在版编目(CIP)数据

民商法案例法律与思政解读读本 / 沃耘，吕姝洁主编. —天津：南开大学出版社，2020.6
ISBN 978-7-310-05928-7

Ⅰ.①民… Ⅱ.①沃… ②吕… Ⅲ.①民商法－案例－中国－高等学校－教材②民商法－法律解释－中国－高等学校－教材 Ⅳ.①D923.05

中国版本图书馆 CIP 数据核字(2020)第 017044 号

版权所有　侵权必究

南开大学出版社出版发行
出版人：陈　敬
地址：天津市南开区卫津路 94 号　邮政编码：300071
营销部电话：(022)23508339　23500755
营销部传真：(022)23508542　邮购部电话：(022)23502200
＊
天津泰宇印务有限公司印刷
全国各地新华书店经销
＊
2020 年 6 月第 1 版　2020 年 6 月第 1 次印刷
210×148 毫米　32 开本　8.125 印张　2 插页　208 千字
定价：38.00 元

如遇图书印装质量问题，请与本社营销部联系调换，电话：(022)23507125

编委会

主　　编：沃　耘　吕姝洁
副主编：张　涛　王　硕
编　　委：齐恩平　马　驰
　　　　　刘　剑　娄　超
　　　　　王　婧

天津市普通高等学校本科教学质量与教学改革研究计划重点项目"高等商科院校特色人才培养模式研究"子课题"高等商科院校应用型特色人才培养模式研究"阶段性研究成果,项目编号:PYGJ-001。

目 录

1 人身权纠纷 ··· 1
  1.1 无过错情形下公平原则的适用——生命权、
     健康权、身体权纠纷案 ··· 1
  1.2 夫妻忠实义务与监护权的关系——敖某、李某
     与陈某监护权纠纷案 ·· 7
  1.3 正当防卫的适用条件——方某诉孙某等名誉权
     纠纷案 ·· 14
  1.4 人身损害赔偿诉讼时效的起算点——温某某
     与崔某健康权纠纷上诉案 ·· 19
  1.5 英雄烈士人格利益的保护——邱某与孙某等
     名誉纠纷案 ·· 24
  1.6 正当防卫的认定——李某某、韩某某与丁某某
     健康权纠纷案 ··· 33

2 物权纠纷 ·· 40
  2.1 不动产物权之变动——水务集团与周某等案外人
     执行异议之诉案 ·· 40
  2.2 动产的交付问题——江西煤业与萍乡矿业
     所有权确认纠纷案 ·· 47
  2.3 物业建筑物等所有权之归属——业主委员会
     诉物业建筑物区分所有权纠纷案 ··························· 54
  2.4 相邻方的损害赔偿责任——王某与陈某
     相邻关系纠纷案 ·· 61

2.5 土地承包经营权的取得——农村土地承包合同纠纷案 ………………………………………………………… 67
2.6 物权转让协议的效力问题——建设用地使用权转让合同纠纷案 ……………………………………… 74
2.7 质权设立的条件——中国农业发展银行安徽分行等民间借贷纠纷案 ……………………………… 81
2.8 权利质押之法律关系——何某等委托理财纠纷案 …… 88
2.9 公序良俗原则在返还原物请求权中的适用——不动产物权返还纠纷案 ………………………………… 95

3 债权纠纷 ………………………………………………… 102

3.1 民间借款合同与买卖合同混合情形下合同性质的认定——商品房买卖合同纠纷案 …………………… 102
3.2 债权优先实现之条件——长富投资、中森华房地产、中森华投资等合同纠纷案 ……………………… 110
3.3 根本违约的认定与公平正义——汤某诉周某股权转让纠纷案 ……………………………………………… 118
3.4 合同效力认定中的效力性规范与管理性规范——丁某与石某违法建筑买卖合同纠纷案 ……………… 124
3.5 合同显失公平的主客观构成要件——商品房买卖合同纠纷上诉案 ……………………………………… 131
3.6 民间借贷中的刑民交叉责任认定——民间借贷、担保合同纠纷案 ……………………………………… 137
3.7 赠与合同的撤销权以及撤销后的违约责任问题——刘一诉刘二、刘三、刘六、刘四、刘七、刘五共有权确认纠纷案 ………………………………………………… 145
3.8 虚假意思表示的法律后果——覃某某与吴某某房屋买卖合同纠纷案 ………………………………… 157
3.9 表见代理之认定——汪某一与柳某、王某、汪某二房屋买卖合同纠纷案 ………………………………… 163

4 劳动纠纷 … 171
4.1 劳动合同的解除协议不得违反强制性规定——张某诉敬豪公司等劳动合同纠纷案 … 171
4.2 "二倍工资"罚则不应滥用——刘某诉仁创公司劳动争议纠纷案 … 176
4.3 商业保险不能取代法定工伤保险——安某重、兰某诉水湾公司工伤保险待遇纠纷案 … 179
4.4 劳动者提交虚假学历证明构成欺诈——冠龙公司诉唐某劳动合同纠纷案 … 184
4.5 不合理的规章制度不能作为解除劳动合同的依据——张某诉京隆公司支付赔偿金纠纷案 … 191
4.6 "末位淘汰制"须慎用——中兴通讯(杭州)有限责任公司诉王某劳动合同纠纷案 … 195

5 其他民商事纠纷 … 199
5.1 胎儿的民事权利能力——张某等诉张某玖等机动车交通事故责任纠纷案 … 199
5.2 自然人宣告死亡的效力与时间界定——李某与中国平安人寿保险纠纷案 … 206
5.3 紧急避险的认定——王某与钟某健康权纠纷案 … 212
5.4 见义勇为中的民事责任承担——程某、姚某与马某健康权纠纷案 … 219
5.5 附条件、附期限法律行为的界定——何某某与谢某某婚姻家庭纠纷案 … 226
5.6 公用企业滥用市场适配地位垄断行为的认定——吴某诉陕西广电公司捆绑交易纠纷案 … 232
5.7 市场混淆不正当竞争行为的认定——意大利费列罗公司诉蒙特莎(张家港)食品有限公司、天津经济技术开发区正元行销有限公司不正当竞争纠纷案 … 239

主要参考文献 … 248

1 人身权纠纷

1.1 无过错情形下公平原则的适用——生命权、健康权、身体权纠纷案①

[案情简介]

受害人徐某与二被告张某一、张某二系同学关系。2014年5月31日晚,受害人徐某在被告张某一家帮忙后,与二被告在被告张某一家吃饭,其间三人共喝了近四瓶啤酒。约晚上九点半时徐某离开二被告骑自行车回家。当晚21时45分许,徐某因交通事故死亡。交警部门认定事故发生经过为:2014年5月31日21时45分许,永登县中堡镇鲁家沟村六社农民赵某无证驾驶本人所有的甘AEN5**号车,沿国道312线由南向北行驶至2193公里处时,将同方向在前骑自行车的永登县红城镇家磨村三社农民徐某撞倒,致徐某当场死亡,赵某驾驶甘AEN5**号车逃离现场。2014年6月4日,交警部门作出道路交通事故认定书,徐某系因交通事故死亡,而且肇事司机赵某负事故全部责任;徐某无责任。2014年6月16日,原告与肇事司机赵某达成赔偿协议:赵某自愿赔偿原告各项损失共

---

① 甘肃省永登县人民法院,(2015)永红民初字第40号;甘肃省兰州市中级人民法院,(2015)兰民一终字第306号。

计现金 258000 元人民币，其中协议签订之日支付 204000 元，赵某儿子赵某一出具欠条 54000 元。赵某在永登县红城镇工地所有设备（价值 200000 元）及肇事车辆全部折抵赔偿款，归原告所有。事故发生后被告张某一向原告给付现金 10000 元；被告张某二给付原告现金 4000 元。

2015 年 1 月 22 日，原告向一审法院提起诉讼，要求二被告因过错责任赔偿 100000 元。一审法院根据交警部门的道路交通事故认定书认定的事故发生过程表明，二被告对造成徐某的死亡没有过错。但是考虑到受害人的死亡确实给原告造成了经济损失和精神上的痛苦，且受害人是在和二被告喝酒后，在回家的路上因交通事故死亡，从公平原则考虑二被告应适当对原告进行补偿。故一审法院依照《中华人民共和国侵权责任法》（以下简称《侵权责任法》）第六条①、第二十八条②，《中华人民共和国民法通则》（以下简称《民法通则》）第四条③之规定，判决：一、被告张某一补偿原告徐世明 5000 元；二、被告张某二补偿原告 5000 元。张某一、张某二不服一审判决，向兰州市中级人民法院提起上诉。兰州市中级人民法院认定，原审判决查明事实清楚，适用法律正确，审理程序合法，故判决驳回上诉，维持原判。

[争议焦点]

本案中的争议焦点是：受害人的死亡系交通事故所致，肇事司机负事故的全部过错责任，同时也无证据证明张某一、张某二对徐

---

① 《中华人民共和国侵权责任法》第六条规定："行为人因过错侵害他人民事权益，应当承担侵权责任。根据法律规定推定行为人有过错，行为人不能证明自己没有过错的，应当承担侵权责任。"

② 《中华人民共和国侵权责任法》第八条规定："损害是因第三人造成的，第三人应当承担侵权责任。"

③ 《中华人民共和国民法通则》第四条规定："民事活动应当遵循自愿、公平、等价有偿、诚实信用的原则。"

某的死亡有过错，那么被告对徐某的死亡是否承担责任。

一审法院从公平原则考虑，判决被告应当给予原告适当补偿。而被告人辩称，公平责任本身只是一种分担损失的救济责任，适用公平责任原则的首要条件是加害人的行为与受害人的损害结果之间存在因果关系。

[法院判决]

甘肃省兰州市中级人民法院认为，本案中，受害人徐某的死亡系交通事故所致，肇事司机负事故的全部过错责任，同时也无证据证明两上诉人张某一、张某二对徐某的死亡有过错，故上诉人张某一、张某二对徐某的死亡不承担过错责任。但受害人徐某确实是在给上诉人张某一家帮忙后，又在张某一家与张某一、张某二一起吃饭、饮酒，在晚上回家途中遭遇车祸死亡的，徐某的死亡又给其家人造成很大经济损失和严重精神痛苦，虽有肇事司机一方的赔付，但仍有部分损失未满足被上诉人的诉讼请求。根据我国《侵权责任法》第二十四条①和最高人民法院《关于贯彻执行〈中华人民共和国民法通则〉若干问题的意见（试行）》第一百五十七条②之规定，对被上诉人诉讼请求合理部分，原审法院在被上诉人要求由张某一、张某二赔偿100000元的范围内判决，扣除已付部分，两上诉人张某一、张某二再各给付被上诉人5000元，这是对民法公平原则的合理适用，原审判决正确，二审法院予以认定。上诉人称原审判决适用法律错误、超出诉讼请求判决的上诉理由明显不能成立，二审法院不予采信。故判决驳回上诉，维持原判。

---

① 《中华人民共和国侵权责任法》第二十四条规定："受害人和行为人对损害的发生损害都没有过错的，可以根据实际情况，由双方分担损失。"

② 最高人民法院《关于贯彻执行〈中华人民共和国民法通则〉若干问题的意见（试行）》第一百五十七条规定："当事人对造成损害均无过错，但一方是在为对方的利益或者共同的利益进行活动的过程中受到损害的，可以责令对方或者受益人给予一定的经济补偿。"

[法理分析]

《民法通则》第四条和《中华人民共和国民法总则》(以下简称《民法总则》)第六条①都从立法上肯定了公平原则作为民法核心精神的地位。

社会公平与正义是民法的价值取向,亦即民法精神的体现,是民法调整平等主体之间的财产关系和人身关系的终极追求②。公平原则是道德规范被民法吸收的典型范例,具体含义是指民事主体应本着公平、正义的观念实施民事行为,司法机关应根据公平的观念处理民事纠纷,民事立法也应该充分体现公平的观念。③作为民法基本精神和价值取向,公平原则贯穿于整个民法的始终,其以法律规范的形式对可能出现的不公平情形进行纠正;与此同时,公平原则也是一项民事司法原则,需要人民法院在具体的民事案件中对不公平的状况以判决的形式予以矫正。④

公平原则首先要求民事主体按照公平观念行使权利和履行义务,特别是在双方民事法律行为,双方权利义务应对等,不能一方仅享有权利而另一方仅承担义务,如《中华人民共和国合同法》(以下简称《合同法》)第三十九条⑤关于格式合同的规定。其次,当实际情况发生显著变化导致维持原法律关系效力显失公平时,其民事

---

① 《中华人民共和国民法总则》第六条规定:"民事主体从事民事活动,应当遵循公平原则,合理确定各方的权利和义务。"

② 中国审判理论研究会民商事专业委员会:《〈民法总则〉条文理解与司法适用》,2017年版,第22页。

③ 杨立新:《〈中华人民共和国民法总则〉要义与案例解读》,中国法制出版社,2017年,第51页。

④ 张新宝:《〈中华人民共和国民法总则〉释义》,中国人民大学出版社2017年版,第13页。

⑤ 《中华人民共和国合同法》第三十九条规定:"采用格式条款订立合同的,提供格式条款的一方应当遵循公平原则确定当事人之间的权利和义务,并采取合理的方式提请对方注意免除或者限制其责任的条款,按照对方的要求,对该条款予以说明。"

法律关系的内容也应得到相应的变更,这是公平原则适用于合同法的具体表现,如合同法情势变更原则。此外,公平原则还是人民法院审理民事纠纷应当遵守的基本裁判准则,例如,当事人双方在合作开发房地产项目合同中没有约定有关开放项目新增面积所得利润分配,发生纠纷。人民法院可以根据公平原则,参照双方在项目合作最初约定分配面积比例以及实际履行中分配面积比例变化等情况,确定新增面积利润的分配比例。

在侵权法上,公平原则要求民事主体合理地承担民事责任,在通常情况下适用过错责任原则,即责任与过错的程度相适应。特殊情况下,双方都无过错的,应由双方合理分担责任。公平责任又称为衡平责任或者具体的衡平主义,是指当事人双方对造成的损害均无过错,但是按照法律的规定又不能适用无过错责任原则的情况下,由人民法院根据公平和正义的观念,在考虑受害人的损害与双方当事人的财产状况及其他情况的基础上,判令一方对受害人的财产损失给予适当补偿。

公平责任的构成要件包括以下几个方面。

第一,当事人双方对损害的发生均无过错,换言之,不构成过错责任,也不构成法律明文规定的无过错责任。在本案中,交警部门已经认定赵某承担事故全部责任,受害人无责任,故受害人对损害结果的发生无过错。受害人徐某虽然在发生交通事故前与二上诉人有喝酒的行为,但是被上诉人没有证据证明徐某的死亡与二上诉人的喝酒有因果关系,即没有证据证明徐某是因在醉酒状态下回家而发生交通事故,二上诉人对徐某的死亡没有过错。徐某与二上诉人均无过错,不构成法律明文规定的无过错责任。

第二,加害行为与损害结果之间具有因果关系。这种因果关系,并不要求如侵权责任构成要件中因果关系证明那样严格,不必要求必须具备"相当性",一般认为一方当事人的损害必须和另一方当事人有关联就可以了。在本案中,虽然二上诉人对受害人的死亡没有过错,但事实上受害人徐某确实是在给上诉人张某一家帮忙后,又在张某一家与张某一、张某二一起吃饭、饮酒,在晚上回家途中遭遇车祸死亡的,故徐某的死亡与二上诉人的喝酒行为具有一定的因果关系。

第三,有较为严重的损害结果发生。严重的损害结果受害人徐某在张某一家与张某一、张某二一起吃饭、饮酒,在晚上回家途中遭遇车祸死亡。

第四,由受害人承担全部责任显失公平。本案中上诉人张某一、张某二对徐某的死亡不承担过错责任,但受害人徐某确实是在给上诉人张某一家帮忙后,又在张某一家与张某一、张某二一起吃饭、饮酒,在晚上回家途中遭遇车祸死亡的。徐某的死亡又给其家人造成很大经济损失和严重精神痛苦,即便赵某承担交通事故全部责任,但仍有部分损失未满足被上诉人的诉讼请求。如果二上诉人不承担公平责任,受害人就要自担损失,这不仅显失公平,也不利于和谐人际关系的建立。

综上,在本案中,当事人双方对损害的发生虽然均无过错,但二上诉人在本案中均为受益人,而受害人遭受严重后果(死亡),且饮酒的行为与损害结果之间也具有一定因果关系。在综合考虑当事人行为的情节、损失大小、影响程度、双方当事人的经济状况及行为的关联性等综合因素之后,应适用公平责任原则,由上诉人给予被上诉人适当补偿。笔者认为,一审法院及二审法院的该判决结果达到了公平合理、及时化解矛盾、妥善解决纠纷、促进社会和谐的目的,同时也体现了人民法院根据公平原则处理民事纠纷的司法理念。

[思政解读]

社会主义核心价值观是社会主义法治建设的灵魂,同时,民法是调整平等主体之间的财产关系和人身关系的法律规范的总和,对推动我国法制建设更是有着举足轻重的作用。在日常生活中发生的桩桩件件的民事纠纷都反映着社会主义核心价值观,案例中赵某的违法行为反映了其诚信意识和守法意识的缺失,其无证驾驶的行为侵害了他人的生命权、健康权、身体权。法律和社会生活息息相关,法律的发展离不开社会进步。作为公民,我们要以"爱国、敬业、诚信、友善"来要求和武装自己,诚信做事,既要把法律作为维护自身合法权利的武器,又要勤于学法、善于用法、终于守法,真正让法律从呆板的条文中走进生活,共同建设"自由、平等、公正、法治"的社会。作为本科生,你们要时刻谨记习总书记的殷切期望:"我们对中国建设国际一流大学、培养国际一流人才充满自信。我们的胸襟是开放的,包容并蓄。幸福不是从天降,中国人民取得的成就是很了不起的,不要妄自菲薄,同时要自强不息。年青人在学校要心无旁骛,学成文武艺,报效祖国和人民,报效中华民族。"[1]

作者:齐恩平

1.2 夫妻忠实义务与监护权的关系——敖某、李某与陈某监护权纠纷案[2]

[案情简介]

敖某、李某系夫妻关系,婚后生育两个子女,女敖某一(1983年12月3日出生),子敖某二。2010年12月10日,陈某与敖某、

---

[1] 习近平总书记考察中国科技大学时的讲话:要在开放中推进自主创新。
[2] 湖北省襄阳市中级人民法院,(2014)鄂襄阳中少民终字第00026号。

李某儿子敖某二登记结婚，2011年9月14日生育一子，取名敖某某。2012年5月，敖某二与陈某外出打工，将敖某某交敖某、李某照顾。2012年6月敖某二因陈某与郑某有不正当关系，将郑某伤害致死，2013年4月敖某二被判处死刑，缓期二年执行。2013年8月，敖某二在服刑期间因患白血病死亡。2013年底，陈某去看望敖某某时，遭敖某、李某拒绝，双方发生纠纷，经村委会调解无效，陈某诉至法院。

原审法院判决陈某成为未成年人敖某某唯一法定监护人，享有对敖某某的监护权。敖某、李某不服原审上述判决，提起上诉称：第一，敖某某由二上诉人抚养对其健康成长更加有利。由于被上诉人不够检点，导致二上诉人的儿子敖某二犯罪入狱并死于非命。二上诉人将孙子敖某某交予被上诉人陈某抚养委实不能放心。第二，二上诉人对敖某某抚养期间的抚养费原审分文未判，显失公平。现在被上诉人要将敖某某要走，至少应补偿二上诉人10万元。故敖某、李某请求二审法院依法撤销原判；改判二上诉人对孙子敖某某享有抚养监护权。或者判决敖某某由被上诉人陈某抚养，被上诉人陈某偿付二上诉人对敖某某抚养期间的抚养费10万元。被上诉人陈某答辩称：一审判决认定事实清楚，请求二审法院维持原判，驳回上诉。

经二审审理查明：一审判决认定的事实属实，予以确认。理由为，未成年人敖某某系上诉人敖某、李某之子敖某二与被上诉人陈某的婚生子，现敖某二死亡，其母陈某成为未成年人敖某某唯一法定监护人，享有对敖某某的监护权，被上诉人陈某作为未成年人敖某某的监护人应切实履行好监护职责，这是法律赋予的权利，同时也是其应尽的义务。至于上诉人敖某、李某上诉提出的"其抚养照顾孙子敖某某两年多，花费的抚养费问题"，因其在一审中就此并未提出请求，且该请求与本案也不属同一法律关系，其可另行主张权利。因此，原审判决认定事实清楚，适用法律及判决结果正确。故上诉人敖某、李某的上诉理由及请求依法不能成立，不予支持。

[争议焦点]

不履行夫妻忠实义务的过错方，是否丧失对未成年子女的监护权。

[法院判决]

原审法院认为，根据《民法通则》第十六条①规定，未成年人敖某某系陈某与敖某、李某之子敖某二的婚生子，现敖某二死亡，其母陈某当然地成为未成年人敖某某唯一法定监护人，享有对敖某某的监护权。陈某要求儿子敖某某由其抚养监护，敖某、李某立即送还敖某某的诉讼请求，理由正当，符合法律规定，予以支持。敖某、李某要求对未成年人敖某某行使监护权的理由，与法不符，不予支持。原审判决认定：第一，陈某对未成年人敖某某享有监护权；第二，敖某、李某于本判决生效后10日内将未成年人敖某某交由陈某抚养监护。

经二审审理查明：一审判决认定的事实属实，予以确认。上诉人敖某、李某作为未成年人敖某某的祖父母，在抚养孙子敖某某期间付出了不少心血，也有经济上的付出，但是敖某某在幼年时期不能缺失母爱，只有得到更多的母爱，才会有一个快乐的童年，才能更健康的成长。但上诉人敖某、李某的上诉理由及请求依法不能成立，本院不予支持。

---

① 《中华人民共和国民法通则》第十六条规定："未成年人的父母是未成年人的监护人。未成年人的父母已经死亡或者没有监护能力的，由下列人员中有监护能力的人担任监护人：（一）祖父母、外祖父母；（二）兄、姐；（三）关系密切的其他亲属、朋友愿意承担监护责任，经未成年人的父、母的所在单位或者未成年人住所地的居民委员会、村民委员会同意的。对担任监护人有争议的，由未成年人的父、母的所在单位或者未成年人住所地的居民委员会、村民委员会在近亲属中指定。对指定不服提起诉讼的，由人民法院裁决。没有第一款、第二款规定的监护人的，由未成年人的父、母的所在单位或者未成年人住所地的居民委员会、村民委员会或者民政部门担任监护人。"

[法理分析]

监护,是对未成年人以及完全不能或不能完全辨认自己行为的成年人的人身、财产及其他合法权益进行监督和保护的一种民事法律制度。履行监督和保护职责的人称为监护人;被监督、保护的人称为被监护人。罗马法中的监护制度强调监护人的权威,但是近现代以来,监护更倾向于一种保护制度。①设立监护制度的目的在于:

第一,保护不具有完全民事行为能力人的人身、财产及其他合法权益。所以,监护人应当具有完全民事行为能力,这样才能弥补被监护人民事行为能力的欠缺,从而代替被监护人做出超出被监护人民事行为能力范围的决定、进行相应的民事活动。

第二,保护其他人的合法权益和维护社会秩序的稳定。被监护人因其不具备完全民事行为能力,对于民事活动的判断能力有欠缺,若任由其独立进行民事活动,比较容易出现损害后果。因此,监护制度也能尽量避免使其他大众对被监护人在欠缺一定的民事行为能力的状况下而为的行为受到损害。

法定监护是由法律直接规定监护人的范围和顺序的监护,法定监护人可以由一人或多人担任。在法定监护的范围内,监护是一种义务性的职位。承担监护义务的人为监护人;受监护人监督和保护的人为被监护人,监护人起补充被监护人行为能力的作用。②《民法通则》第十六条第一款规定:"未成年人的父母是未成年人的监护人。"父母对子女享有亲权,是当然的第一顺位监护人;未成年人的父母死亡或没有监护能力的,依次由祖父母、外祖父母,兄、姐,愿意承担监护责任且经未成年的父、母所在单位或者未成年住所地的居民委员会、村民委员会同意的关系密切的亲属或朋友担任未成

---

① 龙卫球:《民法总论(第二版)》,中国法制出版社2006年版,第241页。
② 徐国栋:《民法总论》,高等教育出版社2007年版,第253页。

年人的监护人；没有上述监护人的由未成年人父母单位或者未成年人住所地的居民委员会或村民委员会、民政部门担任监护人。成年精神病人的法定监护人的范围和顺序是：配偶，父母，成年子女，愿意承担监护责任且经精神病人的所在单位或住所地的居民委员会、村民委员会同意的其他近亲属、关系密切的亲属或朋友，无上述监护人时为精神病人所在单位或住所地的居民委员会、村民委员会、民政部门。法定监护人的顺序有顺序在前者优先于在后者担任监护人的效力。但法定顺序可以依监护人的协议而改变，前一顺序监护人无监护能力或对被监护人明显不利的，人民法院有权从后一顺序中择优确定监护人。在新颁布的《民法总则》中新增加了关于与法定监护相对的意定监护的内容，分别为第二十九条规定的遗嘱监护及第三十三条规定的成年人协商监护制度。关于本案，对敖某某的监护权显然与意定监护无关，应属于法定监护中的未成年人监护。

监护按照被监护的对象分为对未成年人的监护和对欠缺民事行为能力的成年人的监护两类。我国《民法总则》第十七条[①]规定了未成年人的范围，第二十七条[②]规定了未成年人监护人的范围包括：父母、祖父母、外祖父母、兄、姐以及其他愿意担任监护人的个人或者组织。而父母是未成年人的第一顺位监护人。

本案中陈某与敖某二之子敖某某于2011年出生，至2013年起诉时应为两岁左右，并不满十八周岁，属于未成年人。很显然，本案属于未成年人监护这一范畴。对于未成年人的监护为法定监护，

[①]《中华人民共和民法总则》第十七条规定："十八周岁以上的自然人为成年人。不满十八周岁的自然人为未成年人。"

[②]《中华人民共和民法总则》第二十七条规定："父母是未成年子女的监护人。未成年人的父母已经死亡或者没有监护能力的，有下列有监护能力的人按顺序担任监护人：（一）祖父母、外祖父母；（二）兄、姐；（三）其他愿意担任监护人的个人或者组织，但是须经未成年人住所地的居民委员会、村民委员会或者民政部门同意。"

有着严格的顺序限制，即父母为未成年人当然地法定监护人，若父母死亡或丧失监护能力才能按照顺序由其他人担任。即使父母之间感情生变乃至离婚仍不能改变父母与子女间的监护关系。在本案中，陈某与敖某二系敖某某的父母，理应为敖某某的监护人。而敖某、李某为敖某某的祖父母，是第二顺位监护人，只有在陈某和敖某二死亡或丧失监护能力的情况下才能取得对敖某某的监护权，成为敖某某的监护人。作为未成年人的法定监护人，父母分居或离婚，其监护人资格不受影响，父母离婚以后，未与未成年子女共同生活的一方仍为未成年人的监护人，除非父母一方或双方作为监护人对未成年子女明显不利的，人民法院也可以取消其担任监护人的资格。所以，陈某与敖某二感情及婚姻生活出现问题，并不能改变二人与敖某某的监护关系。也就是说，陈某仍然与敖某二一样，当然的为敖某某的监护人，享有对敖某某的监护权。

《民法总则》第三十四条①中规定了监护人的职责，第三十六条②规定了监护人被剥夺监护权的法定情形，第三十九条③规定了监护终止的法定情形，上述条件都体现了以有利于被监护人法定权益为核心的法律理念。这是因为，被监护人由于欠缺民事行为能力而属于弱势群体。在本案中，敖某二在服刑期间患病死亡，丧失了对

---

①《中华人民共和国民法总则》第三十四条规定："监护人的职责是代理被监护人实施民事法律行为，保护被监护人的人身权利、财产权利以及其他合法权益。监护人依法履行监护职责产生的权利，受法律保护。监护人不履行监护职责或者侵害被监护人合法权益的，应当承担法律责任。"

②《中华人民共和国民法总则》第三十六条规定："监护人有下列情形之一的，人民法院根据有关个人或组织的申请，撤销其监护人资格，安排必要的临时监护措施，并按照最有利于被监护人的原则依法指定监护人：（一）实施严重损害被监护人身心健康行为的；（二）怠于履行监护职责，或者无法履行监护职责并且拒绝将监护职责部分或全部委托给他人，导致被监护人处于危困状态的；（三）实施严重侵害被监护人合法权益的其他行为的。"

③《中华人民共和国民法总则》第三十九条规定："有下列情形之一的，监护关系终止：（一）被监护人取得或者恢复完全民事行为能力；（二）监护人丧失监护能力；（三）被监护人或者监护人死亡；（四）人民法院认定监护关系终止的其他情形。"

敖某某的监护权,但并不影响陈某仍然对敖某某享有监护权。此外,陈某虽然违反了夫妻忠实义务,但并没有证据证明这一行为损害了敖某某的合法权益,因此不符合撤销监护权的法定事由,陈某仍然为敖某某的法定监护人。

实际上,整个监护制度都是以父母的监护权为核心展开的。[①]根据社会通识观念,由父母作为监护人,比其他顺序监护人更能也更易于实现保护、教育未成年人的目的,父母作为监护人更有利于未成年人的健康成长。这也是我国《民法通则》与《民法总则》规定除特定情况外,应当由父母作为未成年人的监护人的原因。本案中,在对于敖某某的生活、教育照顾等方面,陈某相较于敖某和李某更为适宜,敖某、李某对敖某某一直以来的照顾花费可由陈某适当给予补偿,但并不能导致监护权发生转移。因此,本案敖某某的监护人应为陈某,敖某及李某对敖某某不享有监护权。

[思政解读]

《民法总则》规定,父母对未成年子女负有抚养、教育和保护的义务。成年子女对父母负有赡养、扶助和保护的义务。抚养、教育、赡养、扶助、保护,这些词语所凝结的是中国人祖祖辈辈、子子孙孙绵延不息、源远流长的精神文明。好儿女志在四方,有志者奋斗无悔。《民法总则》不仅对父母、子女等亲属间的权利义务作出了概括性规定,而且还通过具体规范的设计,将其细化、实化,尤其是通过监护制度的完善为传统美德的传承提供了保障。《民法总则》在各项制度设计中,以我国现阶段的国情作为出发点,以5000年来凝聚的传统美德和精神风貌为指引,将"自由、平等、公正、法治"的社会主义核心价值观融入其中,展现了我国法治发展取得的巨大

---

① 中国审判理论研究会民商事专业委员会:《〈民法总则〉条文理解与司法适用》,2017年版,第64页。

进步，起到了强化规则意识、增强道德约束、倡导契约精神、弘扬公序良俗的作用。

作者：沃耘

1.3 正当防卫的适用条件——方某诉孙某等名誉权纠纷案①

[案情简介]

2011年，深圳大学副教授孙某在其新浪微博上发布了大量针对方某妻子刘某的不实言论，如"刘某论文抄袭""靠给官员当保姆被推荐读研究生""新华社造假记者刘某"等内容。为此，刘某以名誉权侵权为由将孙某、新浪微博经营者北京微梦创科网络技术有限公司诉至北京市海淀区人民法院。海淀法院作出一审判决，判令孙某删除侵权微博，向刘某公开赔礼道歉，并赔偿刘某精神损害抚慰金1万元及诉讼合理支出1.1万元。

针对孙某对自己妻子的"学术批评"和侮辱，方某在其新浪微博上公开发布关于孙某的言论，辱骂孙某"真没种""一只嗡嗡来挑衅的苍蝇""黑媒《时代周报》的枪手"等，孙某以方某侵犯其名誉权为由，诉请法院判令方某停止侵权、赔礼道歉、赔偿精神抚慰金30万元，并承担律师费、诉讼费等。孙某认为，方某在其微博中蓄意炮制、捏造并发布了大量诽谤、贬损以及辱骂自己的微信息，其行为侵犯了孙某的名誉权；方某认为，其发布微信息是因为孙某对

---

① 北京市第一中级人民法院，（2015）一中民终字第07485号。

其妻子的污蔑和侵权行为，是事出有因的，是对孙某之前的侮辱、诽谤被迫作出的相当克制的正当回应，对方侵权在先，自己是正当防卫。一审法院判决后，原审被告方某不服一审判决，进行了上诉。

[争议焦点]

方某通过自媒体对孙某言论的回应是否构成正当防卫。

[法院判决]

一审法院认为，公民拥有言论自由，但行使言论自由不能逾越法律边界。无论私人问题抑或公共话题，方某、孙某均有权展开讨论乃至争论，但双方发布言论不得侵害对方名誉权。如一方因故意或者过失对对方实施侮辱、诽谤等行为，则超出言论自由的界线，构成侵权。即使双方互有攻击性言论，对方发布侵权言论在先也不能成为另一方"正当防卫"、同态报复的正当理由。"正当防卫"的对象一般限于严重的、紧急的不法侵害行为。网络侵权言论虽然有害，但一般情况下其危害性、紧迫性不足以赋予受害人私力救济、同态报复的权利。因此，网络侵权言论一般不适用"正当防卫"。一审法院判决：第一，本判决生效之日起十日内，被告方某在新浪微博网站首页位置连续七日发布声明，向原告孙某赔礼道歉（声明内容须经本院审核，逾期不履行，本院将选择一家全国发行的报刊公布判决书主要内容，费用由被告方某负担）；第二，本判决生效之日起十日内，被告方某赔偿原告孙某诉讼合理支出一万五千元；第三，驳回原告孙某的其他诉讼请求。

二审法院认为，原审判决认定事实清楚，适用法律正确，应予维持，故判决驳回上诉，维持原判。

[法理分析]

《民法总则》第一百八十一条①规定了正当防卫制度。在民法上，正当防卫属于私力救济的一种样态，在现代法治社会中，法律对社会至关重要，长久以来人们对此深信不疑。霍布斯宣称：一个没有强大政府控制的社会必然会走向"一切人反对一切人的战争"，没有法律，生活将"孤独、贫困、卑污、残忍而短寿"。②回溯历史发展进程，随着对正当防卫的界定从简单的私人报复演变为受法律保护的行为，我们观察到：民事立法对遭遇危险时实施自我抗击保护的认可，契合了民法以人为本、关怀人文的伦理基础。③学界通说认为，正当防卫可以作为侵权责任的抗辩事由，其构成要件包括：

第一，须有现时不法之侵害，侵害为现时的，即侵害行为已开始实行，但尚未完毕，对过去、未来之侵害须请求公力救济，不得正当防卫。第二，引起防卫行为的不法侵害具有"侵害紧迫性"。正当防卫对于防卫人来说固然是保护法益的一种有力手段，但对于侵害人而言却是一把杀伤力极大的锐器，故作为其前提条件的"不法侵害"必须受到较为严格的限制，而不能是任意的法益损害行为。民法领域内的正当防卫，是平等主体间一方具有侵犯外观的行为因被排除违法性，而属于承担民事责任的行为，因此应将民法上正当防卫的侵害紧迫性标准定位为：侵害行为较为突然，如不立即采取防卫行为对其进行制止，则公力救济也无法予以有效补救。第三，须未逾越必要程度，即防卫须是排除对自己或他人权利之侵害所必需之行为。正当防卫行为的必要限度应考虑以下几个因素：其一，

---

①《中华人民共和国民法总则》第一百八十一条规定："因正当防卫造成损害的，不承担民事责任。　正当防卫超过必要的限度，造成不应有的损害的，正当防卫人应当承担适当的民事责任。"

②［英］霍布斯：《利维坦》，商务印书馆1985年版，第95页。

③ 中国审判理论研究会民商事专业委员会：《〈民法总则〉条文理解与司法适用》，2017年版，第333页。

侵害行为的强度。譬如，侵害人的工具以及人数。其二，侵害行为的环境，是"光天化日"还是"夜黑风高"。其三，侵害对象的防卫能力，一般情况下，侵害对象的防卫能力越低，防卫行为的必要限度也会随之有所上升。其四，侵害行为给防卫人安全带来的危险程度。第四，针对不法侵害人实施。正当防卫作为私力救济的手段，是因公力救济无法及时救济时而实施，只能针对不法侵害人实施。

本案中引起防卫行为的不法侵害是孙某侵害刘某名誉权的行为，《民法总则》第一百零九条①、第一百一十条第一款②规定了自然人的名誉权受到法律保护，本案中，孙某宣称刘某靠给官员当保姆被推荐读研究生，显系对刘某个人能力和品行的否定，必将导致刘某名誉受损，而且孙某未提交证据证明该情况的真实存在，因而主观上具有过错，构成侵权。但是，此侵权行为在一般情况下危害性、紧迫性不高，不具有如不立即采取防卫行为对其进行制止，则公力救济也无法予以有效补救的程度，因此不符合正当防卫的"侵害紧迫性"要件。因此方某基于此不法侵害进行反击的行为不构成正当防卫。

此外，自媒体上交互进行的对抗性言论也有可能构成私力救济，这是因为，网络交流的交互性为受害者提供了辩论的可能，容易形成对抗性言论。由于普通人都能很方便地使用网络，所以一旦发现有损于个人名誉、形象的网络信息，当事人就可能通过网络进行辩论或反击。如果法庭认定双发以对等的言论手段进行了对抗和辩论，那么就有可能认定侵权信息发布者的行为不违法。③不过，如果一方或双方的对抗性言论出现了侮辱性语言或者出现其他违反公序良

---

① 《中华人民共和国民法总则》第一百零九条规定："自然人的人身自由、人格尊严受法律保护。"

② 《中华人民共和国民法总则》第一百一十条第一款规定："自然人享有生命权、身体权、健康权、姓名权、肖像权、名誉权、荣誉权、隐私权、婚姻自主权等权利。"

③ 韩景芳：《自由的边界——日本媒体侵权研究》，北京大学出版社2014年版，第156-157页。

俗原则的情况，则不构成私力救济。建立在"义务和利益"基础上的意见表达可以作为大众媒体的"特权"而免于承担侵权责任，自媒体表达者仅就其自身事务或是关系到自身利益的事务而公正地发布陈述具有正当性（如被告针对对他的攻击所作出的回应）。[①]但是，本案中方某称"孙某之类的乌鸦还用得着再抹？墨汁都没那么黑""孙某是一只嗡嗡嗡来挑衅的苍蝇"，将孙某比为令人讨厌的动物，属故意贬低孙某的人格的行为，构成侮辱。并且该言论是在微博上发出，为第三人所知悉，同时也导致了受害人孙某的客观社会评价的降低，因此，方某的行为构成侵犯孙某名誉权的侵权行为。

[思政解读]

　　为了实现公平和自由，法律要求尊重每个人的尊严与价值，促进个人自主性的释放，实现个人的身体、思想、言论等方面的自由，这就是人所具有的高级需要在法律上的表现。但伴随着现代社会的结构日益复杂、经济日益发展，公民的自身安全和个体利益也受到来自各方面的越来越多的威胁。个人名誉的保护在现代社会的重要作用，就在于它维护了人的社会价值和自身价值的统一，保护了人的自由、尊严和安全，使民事主体自身的完善和发展得到保障，从而推动社会文明进步的进程。所以我国不断加强对民事主体人格权的法律保护，不断完善人格权保护的立法体系。这种对于人格权利的具体规定以及严格保护，不仅是对个人私权的保障，更是对社会正义的捍卫和对人类最高理想的追求，具有其独到的价值。

作者：沃耘

[①] [奥] 赫尔穆特·考茨欧、亚历山大·瓦齐莱克：《针对大众媒体侵害人格权的保护：各种制度与实践》，匡敦校，余佳楠、张芸、刘亚男译，中国法制出版社2012年版，第92页。

1.4 人身损害赔偿诉讼时效的起算点——温某某与崔某健康权纠纷上诉案①

[案情简介]

2006年9月2日13时许,崔某之子与温某某在游戏机室发生抓打,崔某前去将温某某左手扭伤。温某某先后到多家医院治疗,2008年,温某某的伤被鉴定为轻伤。2009年2月17日,温某某与他人发生抓扯导致左尺骨中段骨折、左前臂软组织损伤。2010年1月,沿河土家族自治县人民法院以崔某犯故意伤害罪,判处有期徒刑一年,缓刑二年,并赔偿温某某医疗费、护理费等共计15706.10元。2010年,温某某的伤经鉴定为九级伤残、需后续治疗100000元。2011年4月7日,因2009年2月17日,温某某与他人发生抓扯导致左尺骨中段骨折、左前臂软组织损伤,对前伤有加重情形,故沿河土家族自治县人民法院作出(2011)沿民初字第13号民事判决书判决崔某赔偿温某某后续治疗60000元,伤残赔偿金可待医疗终结鉴定后另行起诉。崔某不服该判决而上诉铜仁市中级人民法院,铜仁市中级人民法院于2011年7月28日以(2011)铜中民终字第239号民事裁定维持了沿河土家族自治县人民法院(2011)沿民初字第13号民事判决。

2014年9月30日,温某某自行要求贵州精湛律师事务所委托贵州省司法警察医院法医学司法鉴定所对其左上肢孟氏骨折损伤后遗症进行鉴定,经鉴定为九级伤残。2014年12月18日,温某某诉

---

① 贵州省铜仁市中级人民法院,(2015)铜中民一终字第258号。

至人民法院，请求判令崔某赔偿残疾赔偿金82668.28元、鉴定费835.5元、交通费870元，合计84373.78元，本案诉讼费由崔某承担。原审法院认为温某某的起诉已经超过诉讼时效期间，最终驳回温某某的诉讼请求。宣判后，温某某不服原审判决提起上诉，经二审审理查明认定原审判决事实清楚，适用法律正确，判决结果并无不当，予以维持。

温某某认为，由于自己一直处于治疗之中，损失一直在增加，故本案诉讼时效应以不再治疗和鉴定结果出来后的时间开始计算，继续治疗属于诉讼时效延长事由，其治疗终结后被羁押，无法去进行评残鉴定，属于诉讼时效中止事由，因此并未超过诉讼时效期间。

[争议焦点]

温某某在2014年12月18日起诉是否已经超过诉讼时效期间。

[法院判决]

原审法院认为，温某某诉崔某健康权纠纷案件，发生于2006年9月2日，2009年2月17日，温某某又与他人发生抓扯导致其左尺骨中段骨折、左前臂软组织损伤，对前伤有加重情形。铜仁市中级人民法院于2011年7月28日作出终审判决后，诉讼时效期间重新计算，诉讼时效期间为一年。但从2011年7月28日铜仁市中级人民法院作出终审判决至今，已有三年多时间，温某某既没有及时到正规医院治疗，也没有向法院提起诉讼，根据《中华人民共和国民法通则》第一百三十六条（一）项①的规定，温某某的起诉已经超过诉讼时效期间，依法应当驳回温某某的诉讼请求。

二审法院认为，铜仁市中级人民法院作出的终审民事判决明确

---

① 《中华人民共和国民法通则》第一百三十六条第（一）项规定："身体受到伤害要求赔偿的诉讼时效期间为一年。"

温某某可就残疾赔偿金另行提起诉讼,但自2011年7月28日本院作出该终审判决之后,温某某没有去正规医院进行治疗,也没有向人民法院提起诉讼,其提交的证据不足以证实存在其他诉讼时效中止、中断或者延长的事由。原审判决认定事实清楚,适用法律正确,判决结果并无不当,予以维持。

[法理分析]

诉讼时效是指民事权利受到侵害的权利人在法定的时效期间内不行使权利,当时效期间届满时,债务人获得诉讼时效抗辩权。在法律规定的诉讼时效期间内,权利人提出请求的,人民法院可强制义务人履行所承担的义务。而在法定的诉讼时效期间届满之后,权利人行使请求权的,人民法院就不再予以保护。时效制度,为民法总则中的一项重要内容。所谓时效,亦即时间之效力,"是时间经过所产生的法律效果"[1]。诉讼时效制度是指权利人知道或者应当知道权利受到损害的事实状态持续经过一定期间而未行使权利,义务人即产生不履行义务的抗辩权的一项制度[2],是一种民事权利的时间限制,如果权利人在一定期限内不行使权利,权利的效力就会减弱,其是对在法定期间内不行使权利的权利人使其丧失在诉讼中的胜诉权的法律制度。[3]诉讼时效制度的价值包括:第一,就当事人双方利益平衡而言,一般认为义务人须对权利的消灭承担举证责任,但因为时间久远,义务人可能没有保存或无法证明曾经对于债务的清偿,诉讼时效制度可避免义务人遭到陈年旧债的突袭。第二,就督促权利人行使权利而言,法律不保护权利上的睡眠者,特别是请求权的实现依赖于相对人的履行行为[4],而诉讼时效可以促使权利

---

[1] 王利明:《民法总则研究(第二版)》,中国人民大学出版社2012年版,第715页。
[2] 张新宝:《〈中华人民共和国民法总则〉释义》,中国人民大学出版社2017年版,第408页。
[3] 徐国栋:《民法总论》,高等教育出版社2007年版,第394页。
[4] 朱庆育:《民法总论》,北京大学出版社2016年版,第534页。

人及时行使权利，促进财产效用的发挥和社会经济的流转。第三，就公共秩序而言，如果允许权利人多年之后主张权利，可能造成长期持续存在的事实状态和社会关系的紊乱，破坏法律上的和平。全国人大法工委在《关于〈中华人民共和国民法总则（草案）〉的说明》中指出："诉讼时效是权利人在法定期间内不行使权利，该期间届满后，权利不受保护的法律制度。该制度有利于促使权利人及时行使权利，维护交易秩序和安全。"可见，立法者肯定了上述制度的价值。

相比于《民法通则》一百三十五条①规定的两年普通诉讼时效，《民法总则》第一百八十八条②将诉讼时效期间调整为三年。普通诉讼时效期间的延长，主要是由于近年来，社会生活发生深刻变化，交易方式与类型也不断创新，权利义务关系更趋复杂，这导致权利人在2年诉讼时效期间内行使权利的要求显得有些苛刻，因此，为有利于建设诚信社会，更好地保护债权人合法权益，有必要适当延长诉讼时效期间。本条已实质上修改了《民法通则》的规定，除非法律有特别规定，均适用三年的诉讼时效期间。因此，身体受到伤害要求赔偿也将适用三年的普通诉讼时效期间。

关于诉讼时效期间的起算，《民法通则》与《民法总则》的规定也有些许不同。《民法总则》将《民法通则》规定的"知道或者应当知道权利被侵害之时起"，调整为"知道或者应当知道权利受到损害以及义务人之日起"，即将"侵害"改为"损害"，同时增加"义务人"的规定。诉讼时效期间的起算，存在主观标准和客观标准两种立法模式。主观标准，多从权利人得以行使其请求权时起算，以权利人是否已经知悉或应当知悉为准。客观标准，多从权利客观成立时起算。我国《民法通则》采取了主观标准与较短期间相结合的普

---

① 《中华人民共和国民法通则》一百三十五条规定："向人民法院请求保护民事权利的诉讼时效期间为二年，法律另有规定的除外。"

② 《中华人民共和国民法总则》第一百八十八条规定："向人民法院请求保护民事权利的诉讼时效期间为三年。法律另有规定的，依照其规定。"

通诉讼时效制度①，《民法总则》维持了这一基本原则。本案中，只有经过伤残鉴定，温某某才可以确定其具体请求的伤残损害赔偿金额，从伤残评定之日起算诉讼时效期间更能保障受害人的合法权益。

　　诉讼时效是一项十分重要的法律制度，时效是关乎当事人的权利行使和法院的诉讼程序是否可以展开的重要环节。而诉讼时效制度是我们研究诉讼程序的重要环节，其无论对于理论还是实务都具有重大意义。在以后的法律适用上，《民法总则》将取代《民法通则》而被适用，并且《民法总则》对现行诉讼时效制度作出了重大修改和完善，因此，我们应该正确理解和运用新的法律规定，按照新的法律规定正确处理实践中的法律问题。同时，也应该注意，人身损害赔偿的诉讼时效期间起算点应为"治疗终结之日或伤残评定之日"。

　　本案中，由于时间因素，法院裁判时适用《民法通则》的规定：人身侵权案件的诉讼时效期间为一年，自知道或者应当知道权利被侵害时起计算。本案是人身侵权案件，且需要伤残鉴定，因此诉讼时效的起算时间为治疗终结之日，即伤残鉴定之日。本案温某某于2010年经鉴定为九级伤残，随后沿河土家族自治县人民法院于2011年4月7日进行了判决，崔某不服该判决进行上诉，二审法院于2011年7月28日裁定维持原判，随后判决生效。可知诉讼时效从2011年7月29日起算，由于三年内温某某既没有及时到正规医院治疗，也没有向法院提起诉讼，直到2014年12月18日进行起诉，已经超过诉讼时效，并且没有诉讼时效中止、中断的事由，因此，法院的判决是恰当的。

[思政解读]

　　王泽鉴先生曾说："权利上睡觉者，不值保护。"从法理学来看，

---

① 高圣平：《诉讼时效立法中的几个问题》，载《法学论坛》2015年第3期。

诉讼时效的确定,深刻体现了法的秩序价值。人类社会需要秩序,法律的秩序价值在法的价值体系中居于基础的和前提的地位。时效制度,是基于维持社会秩序这一公益理由而设,具有法定性。既可以起到维护既存秩序、促进交易安全和降低成本的作用,又能促使权利人积极行使权利,这也是法律设立时效制度的最根本目的。2017年10月1日施行的《中华人民共和国民法总则》对诉讼时效的规定,将公民可向人民法院请求保护民事权利的诉讼时效期间改为三年。这一变动反映出立法者为缓和该制度出现的严重后果所做的努力,以及该制度对权利人进行的更有力的保护,同时其也严格贯彻了私法自治的原则和精神,在民法发展史上无疑将会产生深远的影响。

作者:沃耘

1.5 英雄烈士人格利益的保护——邱某与孙某等名誉纠纷案[①]

[案情简介]

原告邱某为邱少云之胞弟。邱少云烈士1926年出生于四川省铜梁县少云镇玉屏村邱家沟(现重庆市铜梁区),1949年12月参加中国人民解放军,1951年3月参加中国人民志愿军赴朝作战。1952年10月抗美援朝战争期间执行一次潜伏任务时,邱少云不幸被敌人燃烧弹击中,全身被火焰燃烧。为了不暴露潜伏目标,他任凭烈火烧焦身体也一动不动,双手深深插进泥土里,身体紧紧地贴着地面,

---

① 北京市大兴区人民法院,(2015)大民初字第10012号。

直到生命最后一刻,壮烈牺牲,用自己的生命换取了整场战斗的胜利,牺牲时年仅26岁。战后,为了表彰邱少云崇高的集体主义精神和顽强的革命意志,所在军党委根据他生前意愿,追认其为中国共产党党员。1952年11月6日,中国人民志愿军领导机关给他追记特等功,1953年6月1日,追授他"中国人民志愿军一级英雄"称号。同年6月25日,朝鲜民主主义人民共和国最高人民议会常务委员会授予邱少云"朝鲜民主主义人民共和国英雄"称号,同时授予其金星勋章、一级国旗勋章,并将邱少云的名字刻在朝鲜民主主义人民共和国金化西391高地的石壁上:"为整体、为胜利而牺牲的伟大的战士邱少云同志永垂不朽。"2009年9月14日,邱少云烈士被评为中华人民共和国成立以来感动中国的100位人物之一。

2013年5月22日,被告孙某在新浪微博上以名为"作业本"的账号发文称:"由于邱少云趴在火堆里一动不动最终食客们拒绝为半面熟买单,他们纷纷表示还是赖宁的烤肉较好"。作为新浪微博知名博主,被告孙某当时已有6032905个"粉丝"。该文在31分钟后转发即达662次,点赞78次,评论884次。被告孙某以博文方式对邱少云烈士进行侮辱、丑化,在网络和现实社会中引起了强烈反响,使邱少云烈士亲属的精神遭受严重创伤并使其家庭生活受到了极大影响。

被告加多宝公司无视微博话语体系中"作业本"对"烧烤"的特指现象,于2015年4月16日以该公司新浪微博账号"加多宝活动"发博文称:"多谢@作业本,恭喜你与烧烤齐名。作为凉茶,我们力挺你成为烧烤摊CEO,开店十万罐,说到做到。"而被告孙某用"作业本"账号于2015年4月16日转发并公开回应:"多谢你这十万罐,我一定会开烧烤店,只是没定哪天,反正在此留言者,进店就是免费喝!!!"被告孙某与被告加多宝公司以违背社会公德的方式贬损烈士形象,用于市场营销的低俗行为,在社会上造成了极其恶劣的影响。截至2015年4月17日11时20分,相关微博被迅速转发一万多次。相关微博引起网友对二被告的低俗行为进行了强烈的抨击，评论多达两千多条，引发了网友及社会各界人士强烈的不满，并让邱少云烈士家属的精神再一次受到严重的伤害。鉴于以上事实，原告委托北京市盈科律师事务所2015年5月21日向二被告发出了律师函，要求二被告停止侵害、消除影响、赔礼道歉，但二被告未有任何回应，故依据《中华人民共和国侵权责任法》之相关规定，向法院起诉。原告邱某向法院提出的诉讼请求包括：1.判令二被告立即停止侵害、消除影响、赔礼道歉；2.判令二被告赔偿原告精神损失费人民币1元。

[争议焦点]

一、邱某是否为适格原告？

依据《中华人民共和国民事诉讼法》第一百一十九条第（一）项和①《最高人民法院关于确定民事侵权精神损害赔偿责任若干问题的解释》第三条②规定，其近亲属有权向人民法院提起诉讼。

《最高人民法院关于适用〈中华人民共和国民事诉讼法〉的解释》第六十九条规定，对侵害死者遗体、遗骨以及姓名、肖像、名誉、荣誉、隐私等行为提起诉讼的，死者的近亲属为正当当事人。由此可知，死者的近亲属有权就侵害死者名誉、荣誉等行为提起民事诉讼，死者的近亲属是正当当事人。

具体到本案，根据原告向本院提供的证明材料可以认定，原告

---

① 《中华人民共和国民事诉讼法》第一百一十九条第（一）项规定："起诉必须符合下列条件：（一）原告是与本案有直接利害关系的公民、法人和其他组织。"

② 《最高人民法院关于确定民事侵权精神损害赔偿责任若干问题的解释》第三条规定："自然人死亡后，其近亲属因下列侵权行为遭受精神痛苦，向人民法院起诉请求赔偿精神损害的，人民法院应当依法予以受理：（一）以侮辱、诽谤、贬损、丑化或者违反社会公共利益、社会公德的其他方式，侵害死者姓名、肖像、名誉、荣誉；（二）非法披露、利用死者隐私，或者以违反社会公共利益、社会公德的其他方式侵害死者隐私；（三）非法利用、损害遗体、遗骨，或者以违反社会公共利益、社会公德的其他方式侵害遗体、遗骨。"

邱某系邱少云的弟弟,邱少云去世后邱某作为近亲属有权就侵害邱少云名誉、荣誉的行为提起民事诉讼,邱某为本案适格原告。因此,被告加多宝公司对本案原告邱某主体资格提出的异议不能成立。

二、被告孙某发表的涉案言论,应如何承担侵权责任?

依据《民法通则》第一百零一条①、第一百二十条②以及《最高人民法院关于确定民事侵权精神损害赔偿责任若干问题的解释》第三条之规定,可知,自然人死亡后,其生前人格利益仍然受法律的保护。

本案中,邱少云烈士生前的人格利益仍受法律保护。被告孙某发表的言论"由于邱少云趴在火堆里一动不动最终食客们拒绝为半面熟买单",将"邱少云烈士在烈火中英勇献身"比作"半边熟的烤肉",是对邱少云烈士的人格贬损和侮辱,属于故意的侵权行为,且该言论通过公众网络平台快速传播,已经造成了严重的社会影响,伤害了社会公众的民族和历史感情,同时损害了公共利益,也给邱少云烈士的亲属带来了精神伤害。因此,原告邱某有权要求被告孙某对其侵权行为进行消除影响、赔礼道歉,且由于被告孙某的言论给邱少云烈士的亲属造成了巨大的精神损害,原告能够要求其承担精神损害赔偿责任。

虽然被告孙某提出其已经在博文中予以道歉,但侵权言论通过微博已经被大量转载,在网络上广泛流传,已经造成了严重的社会影响,而其在博文中的道歉并不能够达到消除影响恢复名誉的效果,故孙某应当在全国性媒体刊物上予以正式公开道歉,消除其侵权言论造成的不良社会影响。

三、被告加多宝公司发表的涉案言论是否构成名誉侵权?

---

① 《民法通则》第一百零一条规定:"公民、法人享有名誉权,公民的人格尊严受法律保护,禁止用侮辱、诽谤等方式损害公民、法人的名誉。"

② 《民法通则》第一百二十条规定:"公民的姓名权、肖像权、名誉权、荣誉权受到损害的,有权要求停止侵害、恢复名誉,消除影响,赔礼道歉,并可以要求赔偿损失。"

首先，在客观方面，从加多宝公司发布的言论及其后果来看，被告加多宝公司在"多谢活动"中，恭喜"作业本"（被告孙某）与"烧烤"齐名，表示若孙某开烧烤店就送10万罐凉茶，并与孙某进行网上互动。该言论及互动在网络平台上迅速传播，遭到了广大网友的谴责，产生了较大负面影响。该言论引起的损害后果从加多宝公司通过媒体发布的事件澄清中也可以确认，加多宝公司认可该言论"引起了广大网友不安和困惑"，造成了"负面和消极的影响"。

其次，从主观方面来看，被告加多宝公司称其在"多谢活动"中感谢被告孙某（作业本）时，并不知道孙某之前发表过侮辱邱少云烈士的言论。加多宝公司作为国内知名饮料厂商，具有一定的社会影响力，在为庆祝"销量夺金"而精心策划的"多谢活动"中，其对国内多个大城市的主要平面媒体进行了感谢，并在网络上发布了近300张"多谢"海报，此次活动从空间范围和答谢对象的数量上来看，社会影响较大，加多宝公司应当对所感谢的对象尽到审慎的注意义务。被告孙某作为网络知名人士，虽然发表过多篇与烧烤有关的其他微博博文，但在转载和评论数量上、评论内容的激烈程度和社会影响力上，远不及其侮辱邱少云烈士的博文，加多宝公司未对孙某之前发表的影响较大的不当言论予以了解而进行答谢及互动，产生较大社会负面影响，再次给邱少云烈士的家属造成了精神上的损害。对此，加多宝公司未尽到合理审慎的注意义务，存在主观上的过错。因此，加多宝公司应当对其言论产生的负面影响和侵权事实，承担相应的法律责任。

[法院判决]

一、被告孙某于本判决生效之日起三日内公开发布赔礼道歉公告，向原告邱某赔礼道歉，消除影响。该公告须连续刊登五日，公告刊登媒体及内容需经本院审核，逾期不执行，本院将在相关媒体上刊登本判决书的主要内容，所需费用由被告孙某承担；

二、被告加多宝（中国）饮料有限公司于本判决生效之日起三日内公开发布赔礼道歉公告，向原告邱某赔礼道歉，消除影响。该公告须连续刊登五日，公告刊登媒体及内容需经本院审核，逾期不执行，本院将在相关媒体上刊登本判决书的主要内容，所需费用由被告加多宝（中国）饮料有限公司承担；

三、被告孙某和被告加多宝（中国）饮料有限公司连带赔偿原告邱某精神损害抚慰金1元（于本判决生效后三日内履行）。

如果未按本判决指定的期间履行给付金钱义务，应当依照《中华人民共和国民事诉讼法》第二百五十三条的规定，加倍支付迟延履行期间的债务利息。

案件受理费五十元，由被告孙某和被告加多宝（中国）饮料有限公司共同负担（于本判决生效后七日内交纳）。

如不服本判决，可以在判决书送达之日起十五日内，向本院递交上诉状，并按对方当事人人数提出副本，上诉于北京市第二中级人民法院。

[法理分析]

一、对英雄烈士进行特别保护的立法目的

《民法总则》第一百八十五条①规定了英烈保护条款，明确英雄烈士的人格利益与公共利益紧密相连，受到法律保护。在《英雄烈士保护法》中，其第二十五条②对上诉条款中的诉权行使主体进行了明确，针对侵害英雄烈士的姓名、肖像、名誉、荣誉的行为，英雄烈士的近亲属可以依法向人民法院提起诉讼。

---

① 《民法总则》第一百八十五条规定："侵害英雄烈士等的姓名、肖像、名誉、荣誉，损害社会公共利益的，应当承担民事责任。"
② 《英雄烈士保护法》第二十五条规定："对侵害英雄烈士的姓名、肖像、名誉、荣誉的行为，被侵害英雄烈士的近亲属可以依法向人民法院提起诉讼；被侵害英雄烈士没有近亲属或者近亲属不提起诉讼的，检察机关可以对这些侵害行为和损害社会公共利益的行为依法向人民法院提起诉讼。"

英雄烈士为中华人民共和国的成立、国家的安定繁荣做出了非凡的贡献和牺牲,英雄烈士事迹和精神是中华民族的共同历史记忆,也是社会主义核心价值观的重要体现,其姓名、肖像、名誉、荣誉应得到全社会的尊重。但是,随着物质生活水平的提升,个别社会主体的思想意识建设出现松懈,出于获取利益、哗众取宠等不正当目的,发表调侃烈士、丑化英雄的不当言论的行为时有发生。之前的司法实践存在人格利益保护范围有限、侵权行为认定困难、诉讼主体模糊等问题,而《民法总则》在第八章民事责任部分,专门规定英雄烈士的人格利益受法律保护,以及《英雄烈士保护法》的出台,是对近年来频频出现的诋毁英雄烈士等不良社会现象的回应,对于促进社会尊崇英烈、扬善惩恶以及弘扬社会主义核心价值观具有强烈的现实意义。

二、保护对象的范围

《民法总则》第一百八十五条的保护对象是"英雄"与"烈士"。"英雄""烈士"属于生活词汇,非法律术语。在《民法总则》《英雄烈士保护法》中均未包含对英雄烈士进行正面界定的法律条文。

一般认为,英雄是指为保护中华民族整体利益、社会公共利益、国家利益或者为社会主义建设做出巨大贡献、成就的人员。[①]而烈士是指在执行公务等特定情形下牺牲并经法定程序被评定为烈士的人。[②]根据我国民政部《烈士褒扬条例》第八条的规定,公民牺牲符合下列五种情形之一的,评定为烈士:(一)在依法查处违法犯罪行为、执行国家安全工作任务、执行反恐怖任务和处置突发事件中牺牲的;(二)抢险救灾或者其他为了抢救、保护国家财产、集体财产、公民生命财产牺牲的;(三)在执行外交任务或者国家派遣的对

[①] 中国审判理论研究会民商事专业委员会:《民法总则》条文理解与司法适用》,法律出版社,2017年版,第344-346页。

[②] 罗斌:《传播侵害公共利益维度下的"英烈条款"——〈民法总则〉第一百八十五条的理解与适用》,载《学术论坛》2018年第1期。

外援助、维持国际和平任务中牺牲的;(四)在执行武器装备科研试验任务中牺牲的;(五)其他牺牲情节特别突出,堪为楷模的。

三、保护客体的范围

从《民法总则》第一百八十五条来看,其保护的客体包括两类。第一,英雄烈士的人格利益。由于英雄烈士的民事权利能力已经终止,故而不能享有姓名权、肖像权、名誉权、荣誉权等具体的人格权利。但是,这并不妨碍英雄烈士围绕其姓名、肖像、名誉、荣誉等人格要素所生之人格利益的存在,并且这些人格利益仍受到法律保护。而侵害上述人格利益的行为,一般表现为通过歪曲事实、故意诽谤、恶意诋毁等方式,导致英雄烈士的精神品质受到贬损与丑化。第二,社会公共利益。近代以来,为了争取民族独立和人民解放,实现国家富强和人民幸福,促进世界和平和人类进步而毕生奋斗、英勇献身的英雄烈士,其功勋彪炳史册,精神永垂不朽。国家和人民永远铭记英雄烈士为国家、人民和民族作出的牺牲和贡献。所以,英雄烈士事迹和精神是中华民族的共同历史记忆,也是社会主义核心价值观的重要体现,并形成了特定的社会公共价值。如果对英雄烈士进行侮辱与贬低,实质上会导致对普遍认可的公共价值利益的损害。

四、英烈保护与一般死者人格利益保护之间的关系

《侵权责任法》第六条与《精神损害赔偿司法解释》第三条,形成了我国对一般死者人格利益的保护规则体系。其中,《精神损害赔偿司法解释》第三条第(一)项规定,自然人死亡后,以侮辱、诽谤、贬损、丑化或者违反社会公共利益、社会公德的其他方式,侵害死者姓名、肖像、名誉、荣誉,造成其近亲属精神痛苦的,可以要求行为人承担精神损害赔偿责任。一般认为,侵犯死者人格利益的赔偿责任需要具备行为人主观过错,存在加害行为,死者人格利益受损与近亲属精神痛苦的损害后果、损害与加害行为之间有因果关系等法律要件。

宏观而言，英雄烈士虽具有特殊社会地位，但其死后人格利益依旧属于一般死者人格利益的保护规则涵摄范围，仍旧可以适用《侵权责任法》第六条与《精神损害赔偿司法解释》第三条的规定。故而，《民法总则》第一百八十五条与前述规定之间存在法条适用上的竞合关系。在发生侵害英雄烈士人格利益需要主张精神损害赔偿时，仍应通过《侵权责任法》第六条《精神损害赔偿司法解释》第三条的规则进行救济。但是，因为英雄烈士人格利益被侵害时，可能会引起社会公共利益的同时受损，所以，相较于一般死者人格利益损害时的法律救济，对英雄烈士人格利益的救济存在若干特殊之处。其一，损害关联性的判断。英雄烈士的人格利益与社会公共利益之间存在怎样的关联性，仍旧需要进行深入的理论探讨。但明显对英雄烈士的人格利益的轻微的损害，一般不会导致社会公共利益被损害，也就不存在《民法总则》第一百八十五条的适用空间。其二，责任主体范围。根据对一般死者人格利益救济的规则，英雄烈士的近亲属可以对加害人进行责任追究。但由于英雄烈士人格利益受损时，可能导致公共利益受损，因此《英雄烈士保护法》第二十五条规定，当英雄烈士没有近亲属或者近亲属不提起诉讼的，检察机关可以依法对侵害英雄烈士人格利益、损害社会公共利益的行为提起诉讼。

[思政解读]

习近平总书记指出："实现我们的目标，需要英雄，需要英雄精神。我们要铭记一切为中华民族和中国人民作出贡献的英雄们，崇尚英雄，捍卫英雄，学习英雄，关爱英雄。"英雄烈士的事迹和精神是中华民族共同的历史记忆和宝贵的精神财富，是中国共产党领导中国各族人民不懈奋斗的伟大历程、可歌可泣的英雄史诗的缩影和代表，是实现中华民族伟大复兴的强大精神动力。而有些人却以"学术自由""还原历史""探究细节"等为名，通过网络、书刊等媒体歪曲历史特别是近现代历史，戏说、丑化、诋毁、贬损、质疑英雄烈士。作为新时代的青年，大家要警惕和抵制历史虚无主义的错误观念，树立正确的历史观和价值观，牢记中华人民共和国成立与社会主义建设来之不易的伟大胜利，时刻以英雄先烈为了人民利益一往无前的勇气作为行为榜样，做社会主义各项事业的合格建设者和可靠接班人。

作者：张涛

1.6 正当防卫的认定——李某某、韩某某与丁某某健康权纠纷案[①]

[案情简介]

2013年3月26日，在丈量土地过程中，原告李某某与被告丁某某发生口角，并厮打在一起，李某某摔倒在地后，丁某某将其摁住并用拳头击打其身体，韩某某在丁某某身后撕扯丁某某衣服、头发，并用拳头击打其后背，随后韩某某拿起镢头砸向丁某某，丁某某用胳膊挡了一下，镢头就落在韩某某的头上，随即其头部出血。随后，李某某、韩某某到济南市某区人民医院治疗，李某某被诊断为脑外伤、软组织挫伤，后于4月5日、4月9日到该院检查治疗，共计支出医疗费399.30元。韩某某被诊断为脑震荡、头皮裂伤，并于当日住院，至2013年4月4日出院，共住院9天，医疗费共计7348.35元，李某某、韩某某还提交了2013年4月7日济南市某镇

---

① 山东省济南市中级人民法院民，(2015)济民四终字第747号。

卫生院的收据1份，金额为25元。2013年4月4日，济南市某区人民医院给韩某某出具诊断意见书两份：1.建议休息4周；2.住院期间需要1人陪护。2013年5月7日、6月8日该院又给韩某某出具诊断意见书，分别建议休息4周、2周。李某某、韩某某因健康权遭受侵害向原审法院提起了诉讼，李某某和韩某某要求丁某某承担二人因健康权受到侵害而遭受的损失。原审法院审理后认为，李某某、韩某某、丁某某因丈量地界发生纠纷，李某某与丁某某厮打在一起，李某某受伤，而李某某的伤系丁某某所致，丁某某应当赔偿李某某的损失。韩某某在用镢头击打丁某某时，丁某某用胳膊阻挡，镢头落在韩某某的头部，丁某某之举属正当防卫，故对韩某某要求丁某某赔偿损失的诉讼请求，法院不予支持。李某某的医疗费399.30元，有门诊病历及医疗费单据证实，故对李某某的该项诉讼请求，法院予以支持。一审判决作出后，原告韩某某不服法院作出的判决遂向济南市中级人民法院提起了上诉。

[争议焦点]

本案一审的争议焦点主要集中在被告丁某某的行为是否构成正当防卫。

首先，丁某某对原审法院的判决无异议。原审法院认为，李某某、韩某某、丁某某因丈量地界发生纠纷，李某某与丁某某厮打在一起。丁某某致李某某受伤，应当赔偿李某某因此所遭受的损失。韩某某在用镢头击打丁某某时，丁某某用胳膊阻挡，镢头落在韩某某的头部，丁某某的行为系正当防卫，故对韩某某要求丁某某赔偿损失的诉讼请求，法院不予支持。原审被告（被上诉人）丁某某答辩称，对一审判决无异议，认可一审判决。

其次，韩某某对原审法院判决提出异议。上诉人（原审原告）韩某某在上诉时主张正当防卫不能成立，原因如下。

1.冲突发生的地点是确定正当防卫的重要因素。对此原审法院事实认定模糊，只简单提及在"丈量土地的过程中"。而本案发生地点在另一原审原告李某某的田地中，故而丁某某属于不法侵害者，不具备适用正当防卫的空间。

2. 冲突引发者的确定是正当防卫判断的重要因素。一审判决中没有提到谁先动手挑起冲突，只是模糊地认定原审原告李某某与丁某某发生口角，并厮打在一起。事实上是被上诉人（原审被告）丁某某率先采用了暴力手段，而自己为了保护李某某的利益，才予以暴力回击。

3. 冲突开始的时间点的确定对于正当防卫的判断有重要影响。一审将冲突开始的时间点认定为自己举起镢头砸向丁某某的那一刻，故而丁某某的对抗行为被认定为正当防卫，在冲突开始的时间点的事实认定上，存在明显错误。一审判决中，认为原、被告双方"发生口角，并厮打在一起，李某某摔倒在地后，丁某某将其摁住并用拳头击打其身体"。其实，李某某并非摔倒，而是丁某某打倒。故而，冲突应从李某某被打倒时开始，而自己行为的目的是为了避免李某某受到进一步伤害。因此，被上诉人丁某某是不法侵害者，自己才是正当防卫者。

[法院判决]

济南市中级人民法院终审后作出如下裁判：根据《中华人民共和国侵权责任法》第三十条规定，因正当防卫造成损害的，不承担责任。正当防卫超过必要限度，造成不应有的损害的，正当防卫人应当承担适当的责任。正当防卫是指当公共利益、他人或本人的人身或其他利益受到不法侵害时，行为人所实施的防卫行为。构成正当防卫需具备以下要件：1. 必须是针对实际存在的、正在进行的不法侵害；2. 具有必要性和紧迫性；3. 必须针对不法侵害者本人实施；4. 具有保护合法权益的目的性；5. 不得超过必要限度。在本案中，李某某、韩某某、丁某某因丈量地界发生纠纷，李某某与丁某某厮打在一起，李某某摔倒在地后，丁某某将其摁住并用拳头击打其身体，韩某某在丁某某身后撕扯其衣服、头发，并用拳头击打其后背，随后韩某某拿起镢头砸向丁某某，丁某某用胳膊挡了一下，镢头就落在韩某某的头上，随即其头部出血。该事实清楚，证据充分，本院予以确认。分析双方的行为可以看出，李某某、韩某某与丁某某之间均是出于侵害对方的非法意图而发生的相互侵害行为，双方在互相斗殴的行为中并没有防卫的意图和目的，因此，该行为不符合正当防卫的主观条件，正当防卫不成立。

[法理分析]

一、民法中正当防卫的内涵

关于我国民法中的正当防卫，其基础性规范主要存在于《民法总则》第一百八十一条①以及《侵权责任法》第三十条②。尽管上述法律条文都认可了正当防卫作为民事责任免责事由的法律地位，但是总览所有的规范性法律文件，均未从正面规定正当防卫的民事法律内涵。这就不禁会引发学界对民法中正当防卫含义的进一步探讨，究竟什么是民法中的正当防卫呢？

首先，对民法中正当防卫的理解，可以参照刑法中正当防卫的含义。在我国刑事法律规范中，《中华人民共和国刑法》第二十条第一款③中有对正当防卫的明确规定。著名刑法学家王作富教授在总结分析各国刑法典关于正当防卫的概念界定的基础上，认为正当防卫的立法理念归纳起来有以下四种形式：其一，将正当防卫作为一

---

①《民法总则》第一百八十一条规定："因正当防卫造成损害的，不承担民事责任。正当防卫超过必要的限度，造成不应有的损害，正当防卫人应当承担适当的民事责任。"

②《侵权责任法》第三十条规定："因正当防卫造成损害的，不承担责任。正当防卫超过必要的限度，造成不应有的损害的，正当防卫人应当承担适当的责任。"

③《刑法》第二十条第一款规定："为了使国家、公共利益、本人或者他人的人身、财产和其他权利免受正在进行的不法侵害，而采取的制止不法侵害的行为，对不法侵害人造成损害的，属于正当防卫，不负刑事责任。"

种符合特定的违法阻却事由加以规定；其二，将正当防卫作为一种符合犯罪构成要件的行为加以规定；其三，将正当防卫区分为几种不同防卫类型分别对其概念加以规定；其四，对正当防卫的构成要件及非罪性质加以明确规定。我国台湾地区学者对正当防卫的概念也有以下不同表述：一种观点认为，正当防卫是对于现在不法之侵害而出于防卫自己或他人权利之行为；另一种观点认为，正当防卫是对于现在不法之侵害，出于防卫自己或他人之权利，所为适当之反击行为。①通过上述认识，刑法上对正当防卫的非违法性达成了共识，其分歧主要存在于在立法设置中将正当防卫至于何处。

其次，在民法理论界也有不少学者对正当防卫的含义进行了研究，并得出了阶段性研究结论。我国著名民法学家王利明教授认为，正当防卫是指当公共利益、他人或者本人的人身或其他利益受到不法侵害时，行为人所采取的一种防卫措施。②而龙卫球教授将正当防卫的概念界定为，在自己或他人的法益受到现时的、不法的侵害时，为保护该法益而进行的必要抵抗行为。③杨立新教授则认为，正当防卫是一般免责事由，是指当公共利益、他人或者本人的人身或者其他利益遭受不法侵害时，行为人所采取的防卫措施。④陈华彬教授在其编写的《民法总则》一书中对于正当防卫的含义界定为，对于现实的不法的侵害，为防止自己或他人权利或公共利益遭受不法侵害所为的行为。⑤不难发现，各个学者对于正当防卫含义的认识比较一致，都更加侧重于强调对既存法益的自力救济。

所以，对比分析以上学者们对正当防卫的概念界定，我们不难发现，无论是刑法学界还是民法学界，抑或是国外学者，对于正

---

① 李怀胜：《正当行为制度适用》，中国人民公安大学出版社 2011 年版，第 11 页。
② 王利明：《民法总则研究》，中国人民大学出版社 2012 年版，第 462 页。
③ 龙卫球：《民法总论（第二版）》，中国法制出版社 2016 年版，第 138 页。
④ 杨立新：《民法总则：条文背后的故事与难题》，法律出版社 2017 年版，第 464 页。
⑤ 陈华彬：《民法总则》，中国政法大学出版社 2017 年版，第 293 页。

防卫概念的理解大致相同,当然也存在细微的差别。共同点是对正当防卫的价值目的的认定,都认为是对已有法益的自力救济,以及救济行为涉嫌非法的价值纠正。而差异性则主要根源于民法与刑法在法益保护程度上的内发性差别。故而,民法上的正当防卫主要是指:当公共利益、他人或者本人的人身或其他利益受到不法侵害时,行为人所采取的一种防卫措施。至于正当防卫的立法定位,究竟将其规定为一种法定免责事由,抑或是一种自力救济权利的实现手段,待理论与实务界进行进一步探讨。

二、正当防卫的法律本质

对正当防卫的本质问题的探讨,其意义在于论证正当防卫因何不构成违法,而认定为具备价值正当性。

刑法学领域对于正当防卫的正当化根据研究分别从正当防卫的哲学根据、正当防卫的法学根据和正当防卫的道义根据等进行了具体分析,鲜明地提出正当防卫的本质具有多元性,包括权利与义务的统一、报应与预防的统一和正义与秩序的统一。[①]此外,还有许多关于正当防卫本质的流行学说,如:法益侵害说,认为正当防卫是对违法利益的侵害,目的在于保护正当的利益;目的说,认为从法秩序的整体上予以考虑,正当防卫是合乎法的目的的;优越利益说,认为不正的侵害者的利益不值得用法律去保护,法律应该保护更优越的被侵害者的合法利益;意思丧失说,认为行为人面临突然的侵害时,心理陷于极度惊慌状态,行为失掉了控制能力,正当防卫是在侵害行为造成的自由受到限制或者被取消的情况下,引起其在意志紊乱的推动下完成一种真正精神受到制约的行为,因此,正当防卫是阻却责任的行为而不是阻却违法的行为。[②]大陆法系其他国家关于正当防卫的正当化根据,也有一些具有代表性的观点,如

---

① 王政勋:《论正当防卫的本质》,"法律科学"2000年第6期。
② 王政勋:《刑法的正当性》,北京大学出版社2008年版,第266页。

法益性的欠缺或优越利益论、自然权利说、法的自我保全或法的确认说以及折中说。①

笔者认为,正当防卫的正当化根据包括报应与预防的结合是值得探讨的。因报应与预防的结合是国家刑罚权的本质,而并不是正当防卫的本质。对于以上几种学说的理论发展,笔者更倾向于强调"法益衡量"的学说观点,因为这种观点主张与结果无价值论对于正当防卫的本质的有着共通的理论基础。

[思政解读]

近代思想家梁启超对《周易·系辞上》解释道:"人所以不能不群者,以一身之所需求、所欲望,非独立所能给也,以一身之痛苦、所急难,非独立所能捍也。于是乎,必相引、相倚,然后可以自存。若是者谓之公共观念。"和谐人际关系的建立,对人个体的存在与发展有着至关重要的作用。人是社会生物,个人只有在与他人的交往中才能获得生存和发展。现代社会人际交往的频繁性和复杂性把这一认识进一步凸现出来,它迫使我们去思索和寻找破解现代社会人际关系迷宫的方法:在人际交往中要摒弃一切以自我为中心的错误想法,去寻求和谐发展的共赢之路。

作者:张涛

---

① 郭泽强:《正当防卫制度研究的新视界》,中国社会科学出版社2010年版,第6-7页。

2 物权纠纷

2.1 不动产物权之变动——水务集团与周某等案外人执行异议之诉案[①]

[案情简介]

2002年11月8日，委托方排水公司与受托方拆迁办签订《委托拆迁合同书》，拆迁办分阶段完成拆迁工作。2003年2月17日，经批准，拆迁办负责实施武昌某工程项目的拆迁工作。被拆迁人甲公司有坐落于广埠屯后街有证房屋5栋，无证门面房1栋。拆迁办与甲公司经协商一致，签订一份《拆迁协议书》。2003年2月18日和25日，排水公司通过拆迁办向甲公司转388万元拆迁款，甲公司为此出具了收据。之后，甲公司将涉案房屋的产权证及土地使用权证通过拆迁办交付给排水公司持有。排水公司实施了拆迁行为，拆除了上述《房屋所有权证》项下部分房屋，实施了截污排水工程。对上述《房屋所有权证》项下的剩余房产未办理房产证的变更手续，也未进行建设性的新建、修缮。

2013年3月5日，水务集团与排水公司针对项目地块的土地及

---

① 湖北省武汉市中级人民法院，（2014）鄂武汉中民商初字第00659号；湖北省高级人民法院，（2015）鄂民一终字第00215号。

房产后续办证工作及相关责任和权利义务签订了一份《协议书》，约定：项目地块的土地、房产及相关一切权利、义务全部由水务集团享有和承担。该协议签订后，排水公司将涉案房屋的权利证书交付给水务集团持有至今。其间，水务集团预备办理房产证变更手续时，因甲公司已注销而未办理。

另，武房地证洪字第××号《国有土地使用权证》载明：土地使用权人甲公司，用地坐落洪山区，总用地面积1400平方米。涉案武房权证洪字第××号《房屋所有权证》项下5套房屋实际进行部分拆除，该房产权证项下的房屋部分不存在。之后，对未拆除而保留下来的房屋，案外人乙公司进行了新建、修建，并持续占有、使用。

因湖北省高级人民法院（2011）鄂民一终字第61号民事判决生效后，被执行人未履行生效法律文书确定的义务，申请人周某向法院申请执行。在执行过程中，一审法院查封了被执行人甲公司坐落于武汉市洪山区5套房屋。

水务集团认为涉案房屋系其所有，申请停止对涉案房屋的强制执行，请求确认其享有涉案房屋的所有权及对应的土地使用权。

[争议焦点]

本案的争议焦点为武汉市洪山区房屋所有权及其土地使用权的主体。

水务集团认为，拆迁办与甲公司签订《拆迁协议书》，该协议约定：拆迁办予以一次性经济补偿388万元包干买断；甲公司在本协议签订之日起自行搬迁、过渡及安置工作，其房地产属拆迁办所有；等等。协议签订后，排水公司依约支付了所有款项，甲公司向排水公司交付了房屋并将《土地使用权证》《房屋所有权证》原件移交给了排水公司。在项目施工过程中，排水公司通过优化设计，使得部分房屋得以保留。此后，排水公司将该房屋的所有权及相关权利、义务一并转移给水务集团享有和承担，水务集团享有该房屋的所有权。

申请人周某认为，根据《委托拆迁合同》中约定，拆迁安置补偿根据《武汉市城区拆迁管理实施办法》予以执行，根据该办法规定，排水公司即便作为该涉案房产的实施拆迁主体，应当对涉案房产进行拆迁，但并没有被授权取得已拆迁房屋的所有权。此外，根据拆迁办与甲公司签订的《拆迁协议书》，其支付的388万元款项系为拆迁补偿款，并非购买房屋的对价。因此，排水公司无权取得讼争房屋的所有权和土地使用权。水务集团虽然持有讼争房产的产权证书，但无法证明其取得了讼争房产的所有权。水务集团不是涉案房屋和土地的权利人，无权主张该房屋所有权及土地使用权。涉案房屋实际被案外人占有使用，水务集团不能以房屋和土地权利人的名义来主张权利。

[法院判决]

武汉中院认为，拆迁办受排水公司委托，与被拆迁人甲公司签订了《拆迁协议书》，约定涉案房地产系拆迁范围。甲公司履行了搬迁、腾空房屋、移交产权证书的义务，并收取了经济补偿款388万元。故涉案房地产实际为排水公司所享有。但根据《中华人民共和国物权法》（以下简称《物权法》）的规定，在拆迁行为实施后，排水公司应负责对拆迁范围内的剩余房地产等不动产及时办理房屋所有权、土地使用权证注销登记手续。此外，排水公司与水务集团签订《协议书》，水务集团请求明确其为涉案房地产的合法所有权及使用权人，其直接向政府部门办理不动产的变更登记手续即可实现。因此，对水务集团关于确认未拆除房地产所有权和使用权的诉讼请求，由于水务集团并未提交证据证明拆迁后保留剩余房屋的建筑面积、栋号、楼层等情况，关于确认房地产所有权和使用权（房产证号：武房权证洪字第××号、土地使用权证号：武房地证洪字第××号）的诉讼请求不予支持。

对于拆迁范围内实际被拆除不存在的部分，虽已被拆除部分的房屋面积、权属情况仍记载在《房屋所有权证》中,未经行政机关注销,但根据我国《物权法》的规定,目前上述房产证项下的部分房产已经被拆除,该物权自事实行为成就时发生消灭效力,现水务集团仍主张享有其所有权及土地使用权的诉讼请求,不予支持。

排水公司取得涉案房地产的权利证书,且一直持有,并对涉案房地产实施了截污工程,是诉争房地产的实际使用人。虽然,排水公司尚未办理土地使用权证的相关变更登记手续,但排水公司对涉案房地产享有现实的使用权及准物权。其基于占有保护请求权及实际使用人准物权的合法权利,足以排除对执行标的物的强制执行。依照水务集团与排水公司签订《协议书》的约定,涉案房地产及相关一切权利义务全部由水务集团享有和承担,且水务集团实际持有涉案房地产的产权证书。故,水务集团请求停止强制执行的理由成立,予以支持。

湖北省高院认为,一审判决认定事实清楚,适用法律正确,予以确认。

[法理分析]

一、本案涉及不动产物权的变动

物权的变动,是指物权的设立、变更、转让和消灭。关于物权变动的模式,《物权法》采用的是合意加公示的模式。根据《物权法》第九条第一款①规定,物权的变动应当登记,否则不产生物权变动的效力。同时,《物权法》第二十条第一款②的规定,只要当事人之间达到物权变动的合意,即告生效,而物权变动的效果需物权合意

---

① 《物权法》第九条第一款规定:"不动产物权的设立、变更、转让和消灭,经依法登记,发生效力;未经登记,不发生效力,但法律另有规定的除外。"
② 《物权法》第二十条第一款规定:"当事人签订买卖房屋或者其他不动产物权协议,为保障将来实现物权,按照约定可以向登记机构申请预告登记。预告登记后,未经预告登记的权利人同意,处分该不动产的,不发生物权效力。"

和物权公示。

物权的变动分为基于法律行为的物权变动和非基于法律行为的物权变动。前者指当事人基于合意或者其他法律行为,在完成一定的公示之后,产生一定物权的变动。后者一般直接依据法律的规定或者事实行为而产生物权的变动,一般不要求公示。《物权法》第二章第三节规定了非基于法律行为的物权变动模式。《物权法》第二十八条[1]规定,人民政府的征收决定一旦生效,就在当事人之间发生物权变动的效力。本案中,因排水公司的征收行为,涉案房屋的物权发生变动。

但根据《物权法》第三十一条[2]规定,此种基于事实行为所取得的物权在对抗第三人的效力方面受到限制,因为此种物权毕竟没有经过登记,缺乏法定的权利外观。排水公司在转让物权时,应当办理登记,否则不发生物权变动的效力。

二、排水公司因征收行为,取得已被拆除房地产的所有权

有关引起物权变动的事实行为中最重要的一种就是征收行为,根据《物权法》第二十八条的规定,一旦有关人民政府作出征收决定,下达征收令,该决定生效后,就产生物权移转的效果。首先,征收是一种公权力,应当产生物权变动的后果,否则会影响国家机关依据合法权限和合法程序作出征收决定的权威性。其次,征收行为是基于公共利益做出的,有严格的征收程序,一般要提前发出征收公告,即使没有办理登记就发生物权的变动,也不会损害其他人的利益。最后,征收本身就是强制转移所有权的方法,而登记需要原权利人的协助,在征收情况下,也难以将登记的办理作为物权变

---

[1]《物权法》第二十八条规定:"因人民法院、仲裁委员会的法律文书或者人民政府的征收决定等,导致物权设立、变更、转让或者消灭的,自法律文书或者人民政府的征收决定等生效时发生效力。"

[2]《物权法》第三十一条规定:"依照本法第二十八条至第三十条规定享有不动产物权的,处分该物权时,依照法律规定需要办理登记的,未经登记,不发生物权效力。"

动的前提条件。在征收以后,如果还要进行物权公示和登记办理,认为在没有办理登记之前,不移转所有权,那么,原权利人仍然可以处分该财产,会影响征收的进行。毕竟,征收行为与交易行为不同,不适用于因法律行为发生的物权变动。

本案中,拆迁办与甲公司经协商一致,签订一份《拆迁协议书》,被拆迁人甲公司有坐落于广埠屯后街有证房屋 5 栋,无证门面房 1 栋。拆迁办代排水公司向甲公司支付了补偿款,甲公司也将上述房屋的房产证等移交给排水公司。排水公司实施了拆迁行为,拆除了上述《房屋所有权证》项下部分房屋,实施了截污排水工程,但排水公司没有办理未拆除部分房屋的变更登记。根据《物权法》关于因征收行为引起物权变动的规定,其行为发生物权转移的效果,排水公司取得涉案房屋的所有权,不能因没有办理相关登记,就认为该房屋仍属于甲公司。虽然,涉案房屋有部分未拆除,但未拆除部分的所有权发生转移的原因,仍是因排水公司的征收行为,而不是一般的交易行为。因此,不能因为有未拆除的部分,就认为该部分所有权的转移不是因为征收行为(事实行为),而是因法律行为。在确定未拆除部分所有权转移的原因后,就应当适用因事实行为发生物权转移的相关规定,即不需要进行公示也发生物权变动的效力。

所以,本案中,排水公司因征收行为取得未拆除部分房屋的物权,不因未登记而被否定其权利。

三、排水公司未进行登记,而将涉案房屋转让给水务集团,根据《物权法》的规定,不能发生房产变更登记的效果

水务集团与排水公司针对涉案地块的土地及房产的后续办证工作及相关责任和权利义务签订了一份《协议书》,约定涉案地块的土地、房产及相关一切权利、义务全部由水务集团享有和承担。该协议签订后,排水公司将涉案房屋的权利证书交付给水务集团持有至今,其间,水务集团预备办理房产证变更手续时,因甲公司已注销而未办理。水务集团受让涉案房产的所有权,系基于与排水公司签

订的《协议书》的规定。而《物权法》关于基于法律行为发生的物权变动，应当完成一定的公示，才发生物权变动的效果。在排水公司因征收行为取得涉案房屋所有权后，其再行转让系基于法律行为，根据《物权法》第三十一条的规定，依据事实行为取得的物权，应及时办理登记；未经登记，在进行处分行为时，不发生物权的效力。本案中，排水公司虽将涉案房屋的产权证等交付给水务集团，但因排水公司未办理登记，不发生物权变动的效果。即水务集团并非涉案房屋的权利人。

[思政解读]

　　诚实信用原则作为民法的基本原则之一，适用于物权法中的诸多制度，如专有权制度、共有制度、担保制度等。物权法领域适用诚信原则，是诚信政府的建设、诚信社会的形成、诚信企业的建立的重要保障。一个讲诚信的政府，一定是信仰法律的政府；一个讲诚信的社会，一定遵守法律的社会；一个讲诚信的企业，一定守法的企业。《物权法》是实现社会稳定可持续发展的有力工具，是社会稳定和可持续发展的保障，体现在其保护私有财产的所有权并保障国家财产利益这两方面。在《物权法》的运行中，要求国家、社会、个人都应当诚实守信，政府是"信用政府"、社会是"信用社会"、个人是"信用公民"。促成整个社会的"诚信光荣，失信可耻"的道德评价氛围，增强人们诚实守信的道德责任感，激励人们更加自觉地坚持和弘扬诚实守信的道德传统。"全面建成小康社会"对"依法治国"提出了更高要求，因此我们要全面贯彻落实党的十八大精神，以邓小平理论、"三个代表"重要思想、科学发展观为指导，全面推进科学立法、严格执法、公正司法、全民守法，坚持依法治国、依法执政、依法行政共同推进，坚持法治国家、法治政府、法治社会一体建设，不断开创依法治国新局面。

作者：吕姝洁

2.2 动产的交付问题——江西煤业与萍乡矿业所有权确认纠纷案[①]

[案情简介]

2011年萍乡矿业挂靠在江西煤业处发运煤炭，2012年12月31日双方开展煤炭经营合作业务，约定江西煤业提供资金，萍乡矿业负责煤炭的采购、销售。合作期限为一年。江西煤业诉称，2013年8月萍乡矿业尚欠江西煤业4000多万元，双方协商后将萍乡矿业煤场中存煤274692.08吨转移给江西煤业，以120元/吨的价格冲抵欠款32963049.6元，其余欠款则以其他方式逐步还清。

经查，2013年8月14日，萍乡矿业提供了煤炭入库清单，办理了该批煤炭的交付手续，出具了《物权转移证明书》；证明书上明确表述"自即日起，我公司自愿将上述物权转移至贵公司，如上述物权因涉及第三人权益或数量误差而发生纠纷，我公司将承担全部法律责任。"萍乡矿业在《物权转移证明书》加盖了公章以及法定代表人曾某的印章，江西煤业相关人员则分别在《物权转移证明书》上签名确认。《煤炭进出明细表》则载明自2013年6月30日起至2014年8月14日萍乡矿业中煤库存为274692.08吨，单价120元/吨，总价值为32963049.60元。萍乡矿业在明细表上加盖了公司公章以及仓蓄专用章，江西煤业亦在明细表上加盖公章确认。

另，2013年12月19日东兴证券与黄海银行签订《委托贷款委

[①] 江西省萍乡市中级人民法院，(2015)萍民三初字第74号；江西省高级人民法院，(2016)赣民终字第174号；最高人民法院，(2016)最高法民申2933号。

托合同》，约定东兴证券委托黄海银行办理委托贷款业务。同日，东兴证券、黄海银行以及萍乡矿业签订《委托贷款借款合同》，约定由黄海银行向萍乡矿业发放委托借款人民币5000万元。同日，萍乡矿业与黄海银行、东方资产签订《动产质押合同》，约定萍乡矿业将其存煤659488吨作为质押物为其5000万元借款提供担保，东方资产作为黄海银行的受托方履行质权管理人之职责。2014年11月13日，黄海银行、东方资产与萍乡矿业签订《债权转让协议》，约定由东方资产受让黄海银行对萍乡矿业未获清偿的债权及其全部从权利。2014年12月19日，东方资产、黄海银行、萍乡矿业签订《协议书》，对东方资产受让黄海银行对萍乡矿业的委托贷款债权及其全部从权利的事实予以了确认。

[**争议焦点**]

本案争议的焦点是动产的交付问题。江西煤业认为根据《物权法》第二十七条[①]之规定，涉案27万余吨煤炭所有权的转让符合该规定，双方约定将涉案煤炭继续存放于萍乡矿业煤场，即"约定由出让人继续占有该动产"。二审法院及最高院认为动产物权的转让以交付为法定要件，不能将《物权转移证明书》和《煤炭进出明细表》认定为物权法上的交付。

[**法院判决**]

一审法院认为，被告萍乡矿业在江西煤业提交的《物权转移证明书》、《江西煤业太红洲项目煤炭进出口明细表》等证据上盖章、签字，双方已达成物权转让协议。根据《物权法》的规定，动产物权的设立和转让，自交付时发生效力，但法律另有规定的除外。本

[①]《物权法》第二十七条规定："动产物权转让时，双方约定由出让人继续占有该动产的，物权自该约定生效时发生效力。"

案中，由于诉争煤炭数量巨大，其存放、运输均须具备相应条件，因此，本案标的物是否完成交付不能简单以诉争煤炭是否运离被告煤场而判断之。综合《物权转移证明书》中诉争煤炭"现存放于萍乡矿业煤厂库存，自即日起，我公司自愿将上述物权转移至贵公司"之表述，以及萍乡矿业向江西煤业出具《江西煤业太红洲项目煤炭进出明细表》（"太红洲"即"萍乡矿业"）的事实，本院认为，虽然煤炭仍然存放于被告萍乡矿业煤场，但该批煤炭实际上已经办理了交接手续，即被告已将煤炭的占有转移给了受让人，因此，诉争煤炭实际上已经完成了交付。

关于第三人东方资产提出本案审理涉及其担保物权、案件裁判结果与其有直接利害关系的相关意见，根据庭审查明的事实，原、被告之间物权转移的事实是发生在2013年8月14日；而第三人与被告萍乡矿业之间的债权债务及由此产生的担保物权关系，发生的时间则是在2013年12月19日之后。两者不仅在法律性质上并不相同，而且在形成时间上前者也要早于后者。依据《合同法》第六条①、《物权法》第六条②、第二十三条③、第三十九条④的规定，江西煤业与萍乡矿业之间的煤炭转移行为合法有效，萍乡矿业有限公司煤场存煤274692.08吨系江西煤业所有。

二审法院认为，根据《物权法》第二十三条规定，本案所涉煤炭属于动产，动产所有权的转移以交付作为法定要件。从本案查明的事实看，本案所涉煤炭一直存放在萍乡矿业煤场，原审判决仅凭《物权转移证明书》和《煤炭进出明细表》就认定所涉煤炭构成物权

---

① 《合同法》第六条规定："当事人行使权利、履行义务应当遵循诚实信用原则。"
② 《物权法》第六条规定："不动产物权的设立、变更、转让和消灭，应当依照法律规定登记。动产物权的设立和转让，应当依照法律规定交付。"
③ 《物权法》第二十三条规定："动产物权的设立和转让，自交付时发生效力，但法律另有规定的除外。"
④ 《物权法》第三十九条规定："所有权人对自己的不动产或者动产，依法享有占有、使用、收益和处分的权利。"

法上的交付行为，证据不足。江西煤业辩称煤炭数量巨大，转移运输难度大，不能以是否运离萍乡矿业煤场判断是否交付。对此，本院认为，即便煤炭存放在萍乡矿业煤场，认定交付的前提必须是双方实际上进行了煤炭的交接和转移占有。然而，萍乡矿业煤场存放了 65 万余吨煤炭，其中包括本案诉争的 27 万余吨煤炭，萍乡矿业和江西煤业并没有将 27 万余吨煤炭从 65 万吨煤炭中分割出来。而且签订《物权转移证明书》之后，萍乡矿业仍在采购和销售煤炭，对煤炭有占有和使用的权利，江西煤业主张煤炭所有权发生转移的依据不足，撤销原审判决。

本案所涉煤炭属于动产，依照《物权法》第二十三条的规定，动产物权的转让以交付作为法定要件。二审判决认为仅依据《物权转移证明书》和《煤炭进出明细表》认定已构成物权法上的交付行为，证据不足，并无不当。因江西煤业主张煤炭所有权发生转移的依据不足，原审判决驳回其诉讼请求，适用法律并无不当。江西煤业申请再审的理由不足。

[法理分析]

一、动产交付及其分类

物权的公示方法包括不动产的登记和动产的交付。公示是以合意为前提，合同规定了物权变动的意思，但这种意思必须通过公示的方法对外披露出来，才能最终完成物权的变动。动产物权变动的方式是交付，任何动产物权的变动，除了法律有特别规定以外，要依循法定的公示进行交付。物权法上的动产交付指的是权利人将自己的占有物移转给其他人占有的行为。当事人要完成动产物权变动，必须履行交付的义务，否则，即使合同有效，动产物权也不能设立或发生变化。交付是法定的义务而不是约定的义务，当事人不能擅自约定交付的方式和交付的效力。其中，交付的完成，是指转让人已经将动产交付给了受让人，即发生了占有的移转，如果只是提出交付,而没有实际交付,不能认定动产物权发生了变动。

根据《物权法》的规定,交付分为两种,一种是现实的交付,一种是观念的交付。现实的交付,是指动产物权的出让人将动产的占有实际地移转给受让人,由受让人直接占有该动产,将物从一个人的控制移动到另一个人的控制之下。现实的交付,强调受让人的实际占有,通常情况下受让人要接受交付,主观上也要有占有的意思。另一种交付是观念交付,即基于法律的特别规定,不实际移转占有。《物权法》第二十五条至第二十七条[①],便是对观念交付的规定。物权法之所以允许观念交付在一定情况下代替现实交付,是出于充分尊重当事人的意志,减少因实际交付所产生的交易费用的目的。随着商品交换的发展,特别是财产证券化的形成,实物的交付显然不能概括全部的交付方式,因而法律逐渐承认了拟制的交付方式。

可见,观念交付有三种形式:简易交付、指示交付和占有改定。简易交付是动产物权设立和转让前,如果权利人已经依法占了该动产,就无须再进行实际交付,从法律行为发生效力时起直接发生物权变动的效力。指示交付是指当事人在动产物权设立和转让前,如果该动产已经由第三人依法占有,负有交付义务的人可以将其对第三人的返还请求权转让给新的权利人。占有改定,是指在动产物权转让时,如果转让人希望继续占有该动产,当事人可以订立合同,特别约定由出让人继续占有该动产,而受让人因此取得对标的物的间接占有以代替标的物的实际交付。

二、《物权转移证明书》和《煤炭进出明细表》是否构成物权法

[①]《物权法》第二十五条规定:"动产物权设立和转让前,权利人已经依法占有该动产的,物权自法律行为生效时发生效力。"

《物权法》第二十六条规定:"动产物权设立和转让前,第三人依法占有该动产的,负有交付义务的人可以通过转让请求第三人返还原物的权利代替交付。"

《物权法》第二十七条规定:"动产物权转让时,双方又约定由出让人继续占有该动产的,物权自该约定生效时发生效力。"

上的交付行为

　　本案涉及是否构成占有改定的问题。根据《物权法》第二十七条规定，占有改定首先是双方当事人达成占有改定的协议前，转让人已经占有标的物，并且希望继续占有标的物。其次，双方必须要有设定和移转物权的合意。再次，双方当事人必须明确约定：即使通过买卖等方式移转了所有权等物权之后，仍然由原所有权人继续占有该物。最后，占有改定自转让合同生效时发生效力。《物权法》第二十七条对占有改定作出了严格的限制，这是因为受让人本应直接占有标的物，但因为占有改定而使其本应该取得的直接占有转化为间接占有。

　　本案中，萍乡矿业与江西煤业存在煤炭经营合作关系，江西煤业诉称，2013年8月，萍乡矿业尚欠江西煤业4000多万元，双方协商，萍乡矿业将其煤场中的存煤274692.08吨转移给江西煤业，价格冲抵后不足部分以其他方式还清。2013年8月14日，萍乡矿业向江西煤业提供了《物权转移证明书》和《煤炭进出明细表》。《物权转移证明书》中载明"我公司有中煤274692.08吨，价值为32963049.60元，现存放于萍乡太红洲公司煤场库存。自即日起，我公司自愿将上述物权转移至贵公司，如上述物权因涉及第三人权益或数量误差而发生纠纷，我公司将承担全部法律责任。"《煤炭进出明细表》则载明自2013年6月30日起至2014年8月14日萍乡矿业中煤库存为274692.08吨，单价120元/吨，总价值为32963049.60元。

　　从本案查明的事实来看，所涉煤炭一直存放在萍乡矿业煤场。通常情况下，江西煤业应当将涉案煤炭转移并存放于其他煤场，但涉案煤炭数量巨大，江西煤业转移涉案煤炭物权时，需要支付的成本较大。实践中，双方会选择占有改定的方式，实现涉案煤炭物权的转移。但占有改定必须符合《物权法》第二十七条的规定，具备占有改定的条件，才能实现涉案煤炭物权的转移。本案中，仅存在《物权转移证明书》，没有约定涉案煤炭转移所有权后，江西煤炭仍将其存放于萍乡矿业煤场,并由萍乡矿业出具仓单等手续。也就是说,《物权转移证明书》和《煤炭进出明细表》无法证明双方当事人就涉案煤炭的交付方式设定为占有改定。而且萍乡矿业煤场存放了65万余吨煤炭,其中包括本案诉争的27万余吨煤炭,萍乡矿业和江西煤业并没有将27万余吨煤炭从65万吨煤炭中分割出来,无法认定双方对涉案煤炭进行了交付,不能适用《物权法》第二十七条的规定。

[思政解读]

企业在日常的商业往来中,不能以经济利益的实现为唯一行为准则,应当在开展业务和解决问题的过程中,提高企业的诚信意识,增强企业负责人的诚信觉悟。不诚信的企业,虽可能收获短期利益,却可能失去机会。而社会的诚实氛围亦影响着企业的诚信行为,如果诚信不能带来预期收益,不能产生竞争中的正面效应,以营利为追求的企业,便会失去对它的兴趣与信仰。这也正是企业诚信屡屡出现问题的原因。若是在一个守法诚信的社会中,不诚信的企业应当会考量其不诚信的行为可能降低的机会成本,因此,企业必定以诚信守法为其开展经营活动的重要行为准则。"社会诚信,匹夫有责"是全社会每个成员都需具备的责任心和义务感,从我做起,从现在做起,从一点一滴做起,积极参加诚信道德实践,为建立诚信道德社会大厦增砖添瓦。

作者:吕姝洁

2.3 物业建筑物等所有权之归属——业主委员会诉物业建筑物区分所有权纠纷案①

[案情简介]

伟达物业系吉林省二建小区物业服务公司。2015年省二建小区业主委员会(以下简称业委会)成立后,以伟达物业无视业主权利等理由要求解除与伟达物业的服务关系。双方于2015年12月30日签订《物业移交协议》,正式解除物业服务关系。该协议中第4项约定小区二次供水蓄水池由伟达物业移交业委会。

伟达物业服务期间,在小区3号楼东侧搭建四间车库,在4号楼东侧拆除儿童滑梯又建四间车库,用于出租。2006年3月18日,吉林省第二建筑公司(以下简称"省二建公司")与伟达物业签订《移交协议书》,约定:伟达物业负责供暖及供水职能,省二建公司将自有锅炉房无偿移交给伟达物业,归属权是伟达物业。以后发生的供暖、供水入网等各项费用均由伟达物业承担。涉案锅炉房产权登记在省二建公司名下,建筑面积为235.84平方米,现由业委会与伟达物业分别占有使用部分面积。

2011年1月24日,路桥公司(甲方)与伟达物业(乙方)签订《协议书》,约定:针对伟达物业有使用权的100平方米的201、203、204号房屋,甲方支付给乙方房屋使用权转让费、搬出费及以前该楼所欠供暖费计48万元。乙方100平方米使用权结束并从该楼

---

① 吉林省长春市绿园区人民法院,(2016)吉0106民初1403号;吉林省长春市中级人民法院,(2017)吉01民终2761号。

搬出，自行解决办公地点。另，涉案争议办公室即201、203、204室系在省二建公司改制时由吉林省国资委委托拍卖给案外人路桥公司，现房屋产权登记在该公司名下。

业委会诉称：1.设在小区的锅炉房、水窖是小区业主生活必需的附属设施，二次供水设施亦设在锅炉房内，使用权应属全体业主。2.伟达物业应当将搭建的车库拆除，并将获得的租金交还业主。3.伟达物业强占锅炉房、将路桥楼内201、203、204室擅自转让他人，应当返还全体业主，并将出租费用一并返还。4.小区共有三处门卫室，伟达物业撤出后，未交出路桥和小区3号楼前的门卫室，要求返还全体业主，并将出租费用一并返还。5.伟达物业用物业办公室作酒库，至今还占用锅炉房及供水机房卖酒，应当将这些费用交还业主。6.因未经业主同意私自签订供热合同及阻挠使用锅炉房，伟达物业应将业主被迫用电取暖而支付的电费、上访车费、误工费及因病等精神损失费支付给业主。

伟达物业辩称：1.水窖已经交还，业委会不是锅炉房的所有权人，无权对锅炉房提出权利主张；2.同意拆除车库，但车库系物业公司出资建设和维护，截至目前车库建设资金和维护资金没有收回，不存在违法收入；3.3号楼前的4个车库是开发商省二建公司所建与物业公司无关；4.路桥公司楼内的201、203、204三间办公室的房屋所有权人为路桥公司，业委会无权主张权利；5.小区南门门卫室由物业公司自行出资建设和维护，截至目前门卫室建设资金和维护资金没有收回，不存在违法收入，如该门卫室归业主，业主应给予合理补偿；6.没有持有小区的土地使用证和集体房产证，不存在交还问题；7.依据市政府集中供热要求，与具有合法供热资质的供热企业签订供热合同，不存在私自签订的事，不存在赔偿问题；8.不存在利用物业房屋经营酒品的事实。

[争议焦点]

业委会与伟达物业因水窖、锅炉房、位于路桥公司楼内的三间物业办公室、两间门卫室的使用权问题发生纠纷。其中，水窖、两间门卫室已移交给业委会。

锅炉房的所有权人为省二建公司，系省二建公司将锅炉的所有权转让给伟达物业。路桥办公楼内的201、203、204办公室的所有权人为路桥公司。锅炉房与路桥办公楼内的201、203、204办公室均有所有权人，而《物权法》第七十条①、第七十三条②规定物业用房及公用设施原则上属于业主共有，争议的焦点是上述两处设施是否属于物业用房，能否归全体业主所有。

本案涉及的第二个主要问题是，伟达物业自行搭建车库及使用物业办公室进行经营，其收入是否应当归还业主。

[法院判决]

一审法院认为，本案为建筑物区分所有权纠纷，依据《物权法》第七十条及第七十三条的规定，原小区的物业用房及公用设施原则上应当属于业主共有，但业委会主张的锅炉房、路桥办公楼内的201、203、204三间办公室的房屋所有权人分别为省二建公司和路桥公司。伟达物业提供的其与省二建公司于2006年3月18日签订的《移交协议书》中约定锅炉房的所有权归属伟达物业。对此，一审法院认为，依据《物权法》第三十九条③和第四十条①的规定，上

---

① 《物权法》第七十条规定："业主对建筑物内的住宅、经营性用房等专有部分享有所有权，对专有部分以外的共有部分享有共有和共同管理的权利。"

② 《物权法》第七十三条规定："建筑区划内的道路，属于业主共有，但属于城镇公共道路的除外。建筑区划内的绿地，属于业主共有，但属于城镇公共绿地或者明示属于个人的除外。建筑区划内的其他公共场所、公用设施和物业服务用房，属于业主共有。"

③ 《物权法》第三十九条规定："所有权人对自己的不动产或者动产，依法享有占有、使用、收益和处分的权利。"

述诉争的房屋均有所有权人,其使用权依法应由所有权人确定,因此,业委会要求伟达物业将上述房屋交由其使用需经房屋所有权人同意或相关法律授权,且双方纠纷还涉及到案外人(所有权人),故对该项请求不予支持。关于业委会要求伟达物业拆除小区3号楼和4号楼前车库的主张,上述车库中4号楼前的4个车库为伟达物业自行建设,3号楼前的4个车库为案外人省二建公司所建。2016年8月15日,长春市规划局张贴公告,要求"违法建筑所有人于2016年8月25日前自行拆除,逾期不拆除的,依法强制拆除"。本院认为,违法建筑的拆除已由相关行政机关进行处理,故对原告该项请求本院不予支持。关于业委会提出的被告将车库、门卫室出租、经营酒品,存在违法收入,应上缴的问题,本院认为业委会并未提供相关证据予以证实具体出租金额且被告亦提出异议,故对该项主张本院不予支持。关于两个门卫室,双方已确定诉争的两个门卫室已由业委会实际占有并使用,故不再赘述。关于赔偿电费、上访费、误工费及精神损失费的问题,本院认为,该案系建筑物区分所有权纠纷,原告主张的各项费用不属于本案审理范围,不宜在本案中一并审理。

二审法院认为:1.涉案3套办公用房产权登记在路桥公司名下,虽然国资委在拍卖房屋时给路桥公司时声明该房屋存在"瑕疵",系小区物业办公使用,但路桥公司已与伟达物业签订使用权转让协议,收回了房屋使用权,即该房屋产权和使用权目前均属路桥公司。业委会虽然对国资委将产权出售给路桥公司及伟达物业将使用权转让给路桥公司持有异议,并主张依据《物权法》的相关规定,该办公用房归小区业主共有,但其应先向国资委、路桥公司及伟达物业主张拍卖和转让合同无效,而不应直接主张伟达物业返还房屋,且伟

---

① 《物权法》第四十条规定:"所有权人有权在自己的不动产或者动产上设立用益物权和担保物权。用益物权人、担保物权人行使权利,不得损害所有权人的权益。"

达物业在客观上已不具备返还条件。2.涉案锅炉房在建造之初虽系小区公共设施,但产权属于省二建公司而非小区全体业主,虽然后颁布实施的《物权法》规定小区公共设施归业主共有,但不具有溯及力,且涉案小区在集中供热后,锅炉房已失去公共设施的功能,并且伟达物业占有锅炉房是基于所有权人省二建公司与其签订的《移交协议书》,业委会无权要求伟达物业返还。

[法理分析]

本案涉及建筑物区分所有权的问题,争议的焦点是涉案房屋是否是物业用房,按照《物权法》的规定其所有权归属,以及使用物业用房和物业公司自行搭建的车库等产生的收益的归属问题。

首先,是关于锅炉房、路桥办公楼内的201、203、204办公室归属的界定。关于建筑区划内的共有部分,《最高人民法院关于审理建筑物区分所有权纠纷案件具体应用法律若干问题的解释》第三条第一款[①]对《物权法》第七十三条进一步细化,即建筑区划内的共有部分包括:建筑区划内的道路,但属于城镇公共道路的除外;建筑区划内的绿地,但属于城镇公共绿地或明示属于个人的除外;建筑区划内的其他公共场所、共用设施;物业服务用房;占用业主的道路或者其他场地用于停放汽车的车位;电梯、水箱;建筑物的基础、承重结构、外墙、屋顶等基本结构部分;通道、楼梯、大堂等公共通行部分;消防、公共照明等附属设施、设备;避难层(指建筑高度超过100米的公共建筑内发生火灾时供人员临时避难使用的楼层)、设备层(指专用于布置机电设备等的楼层)或者设备间(指

---

① 《最高人民法院关于审理建筑物区分所有权纠纷案件具体应用法律若干问题的解释》第三条第一款规定:"除法律、行政法规规定的共有部分外,建筑区划内的以下部分,也应当认定为物权法第六章所称的共有部分:(一)建筑物的基础、承重结构、外墙、屋顶等基本结构部分,通道、楼梯、大堂等公共通行部分,消防、公共照明等附属设施、设备,避难层、设备层或者设备间等结构部分;(二)其他不属于业主专有部分,也不属于市政公用部分或者其他权利人所有的场所及设施等。"

在每一幢大楼的适当地点设置电信设备和计算机网络设备，以及建筑物配线设备，进行网络管理的场所）等结构部分；建筑物的外墙面、屋顶、电梯、规划之外修建的车位等。

本案中，涉案锅炉房系建筑区划内公用设施，因涉案小区建设时《物权法》尚未实施，锅炉房登记在省二建公司名下，但根据当时的《物业管理条例》(2003年5月28日国务院第9次常务会议通过）第二十七条"业主依法享有的物业共用部位、共用设施设备的所有权或者使用权，建设单位不得擅自处分"的规定，锅炉房建设之初，是用来保障小区内的供热，是小区的共用设施。采取统一供热后，亦不能改变锅炉房本身的性质，其归属也不受其登记在省二建公司名下的影响。因此，锅炉房应当属于全体业主共有。二审法院认为"虽然后颁布实施的《物权法》规定小区公共设施归业主共有，但不具有溯及力，且涉案小区在集中供热后，锅炉房已失去公共设施的功能，并且伟达物业占有锅炉房是基于所有权人省二建公司与其签订的《移交协议书》，业委会无权要求伟达物业返还"的理由并不能成立。业委会在本案中虽不能主张伟达物业返还锅炉房，但仍可以通过另案起诉，维护自身利益。

关于路桥办公楼内的作为物业用房的201、203、204室的归属问题，二审法院认为"业委会虽然对国资委将产权出售给路桥公司及伟达物业将使用权转让给路桥公司持有异议，并主张依据《物权法》的相关规定，该办公用房归小区业主共有，但其应先向国资委、路桥公司及伟达物业主张拍卖和转让合同无效，而不应直接主张伟达物业返还房屋，且伟达物业在客观上已不具备返还条件"的理由是成立的。三间办公室虽登记在路桥公司名下，但三间办公室是涉案小区的物业用房的性质是不能改变的，业委会有权通过另案起诉的方式维护全体业主的利益。

其次，关于使用物业用房进行经营，其收益的归属问题。

关于共有部分收益的问题，《物权法》第八十条①有明确的规定，即有约定的从约定，没有约定或约定不明确的，按所持比例确定，即计算各业主专有部分在整个建筑物总面积中的比例，计算其所有的份额。物业用房用于经营的全部收入应当归业主所有，伟达物业应当将这些收益交还业委会。

[思政解读]

本案中伟达物业与业主之间的矛盾虽有很多历史遗留问题，但其反映的却是当下物业公司与业主之间日益增多的矛盾。就物业服务本身而言，其涉及多重的权利义务关系，而我国的物业管理法律制度体系尚不完善。实践中，物业公司服务意识淡薄、服务质量不高，行业的健康发展水平有待提高。在业主方面，其对物业管理了解不全面，对自身在接受物业管理服务过程中的权利和义务并不十分清楚，常出现乱扔垃圾、占用公共区域、不交物业管理费等现象。物业公司与业主之间的纠纷也时常发生，物业服务更成为近年来消费者投诉的热点之一。之所以出现以上问题，较大程度上是由于缺乏诚信基础。物业公司与业主是服务与被服务的关系，其基础是诚信。物业公司提供的管理服务所面对的服务对象是分散的业主或个人，其应当秉持诚信，不多收费、乱收费，创立自己的品牌，有了诚信，物业公司才能促进物业服务行为的深化发展。业主在物业公司提供了合理的物业服务时，不能故意拖欠物业费，应当遵守物业管理规定，促进物业行业的健康发展。

作者：吕姝洁

---

① 《物权法》第八十条规定："建筑物及其附属设施的费用分摊、收益分配等事项，有约定的，按照约定；没有约定或者约定不明确的，按照业主专有部分占建筑物总面积的比例确定。"

2.4 相邻方的损害赔偿责任——王某与陈某相邻关系纠纷案[①]

[案情简介]

王某位于北京市朝阳区××号77幢别墅与陈某名下76幢别墅相邻,案外人万某系78幢房屋产权人。76、78两幢房屋均与77幢房屋相邻。2010年2月26日,王某与案外人肖某签订《北京市房地产租赁合同》,将77幢别墅租赁给肖某,租期自2010年3月1日起至2012年3月31日止,每月租金43000元。

王某提交了落款时间为2010年9月30日的退租函及肖某身份证复印件,退租函内容为:"至:××别墅77号业主王某先生:我方于2010年3月1日入住后,进行内部装修,投入了大量资金、人力及物力;在我方刚刚正常入住之后,双方邻居于6月份便开始改建及扩建工程,狂挖地下室、扩建房屋面积,每天渣土尘土飞扬,噪音不绝于耳,采光受到很大影响、院落无法使用、施工人员到处可见,使我方居住无隐私权;基于以上理由,我方要求退租,并返还租赁押金。"后王某向北京市规划委员会朝阳分局和北京市朝阳区城市管理监察大队将台分队举报陈某的上述行为。2011年7月14日,朝阳区城市管理监察大队作出《限期拆除决定书》,责令陈某2011年7月19日24时前自行拆除违法建筑,但陈某在该时间前未拆除其违法建筑。

王某诉称,其与陈某之间系不动产相邻双方,本应按照有利生

[①] 北京市第三中级人民法院,(2015)三中民终第14461号。

产、方便生活、团结互助、公平合理的精神,正确处理彼此之间的相邻关系。但陈某在未征得有关部门允许的情况下擅自对76幢别墅进行翻改扩建,严重影响其的权益,并给其造成巨大损失。为此其诉至法院要求陈某赔偿2010年10月1日至2012年3月31日期间的房租损失394000元。

陈某辩称,其并未在王某租户租住期间进行扩建施工,王某主张租金损失没有事实依据。违法建设与侵犯相邻权之间没有必然的因果关系,违法建设是行政法范畴,相邻关系是平等的民事主体法律关系。

[争议焦点]

本案争议焦点系相邻关系一方,造成另一方损失时的责任承担。一审法院认为,王某提交的《退租函》、物业证明等证据均不能证明77幢房屋被退租及其租金损失与陈某违建行为之间存在因果关系。二审法院认为,陈某对76幢房屋的非法建设,未与相邻产权人进行协商,并达成一致意见,应当赔偿合理损失。另,王某分别另案起诉要求陈某赔偿2012年4月1日至2012年12月24日,以及2012年12月25日至2015年4月24日的租金损失,均被驳回。

[法院判决]

一审法院认为,当事人对自己提出的诉讼请求所依据的事实或者反驳对方诉讼请求所依据的事实有责任提供证据加以证明。没有证据或者证据不足以证明当事人的事实主张的,由负有举证责任的当事人承担不利后果。本案中,有证据证明陈某确实曾存在对其76号房屋进行改扩建等违法行为。但是,王某须证明其损失的发生与陈某违法建设行为之间存在因果关系。但王某提交的证据,不能证明陈某违建行为导致其租金损失,其关于租金损失的事实的诉讼请求缺乏事实依据,不予支持。

二审法院认为，本案中，陈某对 76 幢房屋进行翻、改、扩建时未取得合法有效的规划审批手续，被有关行政机关认定为违法建设，违法建设的总扩建面积达 432.73 平方米。且陈某未提供证据证明其上述翻、改、扩建行为曾与相邻产权人王某进行过协商，并达成相关一致意见或谅解等。现王某已提供租户退租时出具的《退租函》及物业公司出具的证明等证据，证明其出租的 77 幢房屋的承租人因陈某的上述翻、改、扩建行为不能正常使用租赁房屋，并以此为由退租，进而导致王某遭受房屋损失，所以陈某作为过错方应对王某的相应损失予以赔偿。原审判决认定有误，予以改判。

[法理分析]

相邻关系，是指依据法律规定，两个或两个以上相互毗邻的不动产的所有人或使用人，在行使不动产的所有权或使用权时，因相邻各方应当给予便利和接受限制而发生的权利义务关系。相邻关系从权利的角度来讲是相邻权，是在行使不动产所有权时发生权益冲突而产生的一种权利。不动产的相邻各方，应当按照有利生产、方便生活、团结互助、公平合理的精神，正确处理截水、排水、通行、通风、采光等方面的相邻关系。给相邻方造成妨碍或者损失的，应当停止侵害，排除妨碍，赔偿损失。《物权法》关于相邻关系规定了一方依法应当为他方提供便利，而另一方享受这种便利是合法的，通常不需要支付相应的对价。因相邻关系是法律对不动产权利的一种干预，所以，当事人即使不能达成协议，也应当依法提供便利。相邻权的内容十分复杂，因种类不同而具有不同的内容，但是基本上都包括两个方面：一是相邻一方有权要求他方提供必要的便利，他方应给予必要的方便；二是相邻各方行使权利，不得损害他方的合法权益。

相邻关系产生的原因很多，种类复杂，根据我国《物权法》的规定，主要有因用水、排水产生的相邻关系；因通行所产生的相邻关系；因建造、修缮建筑以及铺设管线所形成的相邻关系；因通风、采光而产生的相邻关系；因环境保护所产生的相邻关系；因挖掘土地、建造建筑物等发生的相邻关系。

在相邻权遭受侵害的情况下，法律究竟应当如何提供救济，是一个值得探讨的问题。在没有合同约定情况下，因侵害相邻关系而产生的纠纷，受害人可以以其不动产受到侵害为由，分别主张侵权的请求权和物权的请求权。受害人可以在这两种权利之间做出选择。如果一方给另一方不仅造成妨害或危险，也造成了损害，受害人可以同时主张物权请求权和侵权请求权。根据《物权法》第九十二条①规定，通常情况下，相邻一方为另一方提供通行、通风、采光等便利，是其法定义务，不能要求对方给予补偿。但应当区分生产生活的最低限度的需要和超出这一最低限度的需要。

王某曾以76幢别墅违法建设导致其房屋无法出租，违法建筑的持续存在导致77幢别墅的采光、通风、地基安全以及隐私等一直处于被侵害的状态为由，起诉陈某至北京市朝阳区人民法院要求陈某赔偿2012年4月1日至2012年12月24日的租金损失。北京市第三中级人民法院作出（2015）三中民终字第10670号民事判决认为，不动产的相邻权人应当按照有利生产、方便生活、团结互助、公平合理的原则，正确处理相邻关系。王某以陈某自2010年6月开始违法施工导致租户退租、房屋无法出租为由要求陈某赔偿2012年4月1日至2012年12月24日期间的房租损失376966元，首先，根据本案所查事实及双方提供的相关证据，可以认定陈某自2009年即开始对76幢房屋进行改扩建施工，在王某的租户肖某2010年3月承租77幢房屋时，76幢房屋即已存在施工的状况，但肖某并未对此提出异议而是签订房屋租赁合同承租入住77幢房屋；其次，王某

---

① 《物权法》第九十二条规定："不动产权利人因用水、排水、通行、铺设管线等利用相邻不动产的，应当尽量避免对相邻的不动产权利人造成损害；造成损害的，应当给予赔偿。"

与肖某所签房屋租赁合同的租期为2010年3月1日至2012年3月31日止,而本案王某主张的2012年4月1日至2012年12月24日期间的房租损失已超出了上述房屋租赁合同的租期。因此,2012年4月1日至2012年12月24日期间,王某与肖某并不存在房屋租赁合同关系,王某亦不足以证明该期间房屋空置系由陈某2009年开始的改扩建施工所致,即王某并不能证明其所主张的2012年4月1日至2012年12月24日期间的房租损失376966元与陈某2009年开始的改扩建施工存在因果关系,原审法院据此判令驳回王某的全部诉讼请求,并无不当,故予以维持。

王某以陈某的违法建设行为导致76幢别墅价值降低、地面塌陷、地基开裂、房屋框架变形、房屋抗震标准降低、内部装修受损为由,要求陈某赔偿并拆除违法建筑。北京市第三中级人民法院作出(2016)京03民终12475号民事判决,认为王某上诉要求陈某赔偿2012年12月25日至2015年4月24日的房租损失,应举证证明以下几点:陈某在该时段内持续存有违建行为,此违建施工行为造成王某房屋空置,陈某违建施工行为与王某不能出租房屋致其损失具有直接因果关系。现王某出示的证据并不能证明以上几点,故一审法院据此驳回王某此项诉求并无不当。就王某提出的房屋价值损失,其亦无证据证明,因此,北京市第三中级人民法院对其诉求亦不予支持。就王某提出的要求陈某将其院落恢复原状的诉求,根据查明的事实不能判断出地面塌陷与陈某违法建设行为存在因果关系,王某亦未就此因果关系进行鉴定,故一审法院驳回此项诉求亦无不当。就王某要求陈某拆除76幢别墅违法建筑的诉求,法院认为陈某对相关部位的修复是否属于违法建设行为,确需行政主管部门进行认定,故一审法院不支持此项诉求亦无不妥。

本案中,王某要求陈某赔偿2010年10月1日至2012年3月31日期间的房租损失394000元。对此,二审法院认为,王某提供的证据能证明其出租的77幢房屋的承租人因陈某的上述翻、改、扩建行为不能正常使用租赁房屋,并以此为由退租,进而导致王某遭受房屋损失,故支持其要求赔偿的请求。不动产权利人因用水、排水、通行、铺设管线等利用相邻不动产造成相邻权人损害的应当赔偿,受侵害一方应当就损害承担举证责任。本案中,王某能证明其因陈某违法建设导致租金损失,因此支持其要求赔偿的诉讼请求。而在其他两个案件中,因无法证明陈某的违法建设行为造成其损害,故要求赔偿的诉讼请求不能得到支持。

相邻关系制度的重要目的之一就在于协调各种利益冲突,从而维护社会的和谐。相邻关系涉及的通风、采光、通行等权利,是人们正常生产生活必备的条件,如果这些权利遭受侵害,就会严重妨害人们的生产生活。

[思政解读]

相邻关系,是指两个或两个以上相互毗邻的不动产所有人或使用人,在行使不动产的所有权或使用权时,因相邻各方应当给予便利和接受限制而发生的权利义务关系。具有相邻关系的各方,往往具有密切的往来,不是生活上的邻里,便是生产活动的相邻方。当前,邻里之间不似以前那样相熟,更多的是冷漠,而邻里关系淡漠,不仅容易造成情感上的孤独,也不利于小区公共事务问题的解决。诚信作为国家和社会的道德基石,街道、社区是建设诚信社会的重要组成部分,深入推进诚信邻里建设,对于全面提升个体诚信意识、强化诚信街道建设、打造诚信之城、构建诚信社会,均具有积极的作用。"国无信不兴,人无信不立",个体意识不健康的邻里关系会影响整个社会的和谐发展。因此我们应当开展相应的活动,促进邻里关系的良性发展,如:积极发动社会群众参与诚信建设活动、增强其履信的自觉性,成立邻里互助社,定期为社会孤寡、空巢老人、失独家庭等特殊群体提供互助服务。

作者:吕姝洁

2.5 土地承包经营权的取得——农村土地承包合同纠纷案[①]

[案情简介]

王某学与王某荣系兄妹关系,1982年吉林省三跃村进行第一轮土地承包,王某学与村民王某江、马某双三家共同签订了一份土地承包合同,共承包土地16.2亩,其中王某学家分得土地5.4亩,5口人的(包括王某荣)。第二轮土地承包是1997年1月10日,王某学与三跃村村委会签订了30年不变的土地承包合同,王某学承包了4.82亩土地,其中共有人中没有王某荣的名字。2005年5月22日洮北区人民政府为王某学核发了《中华人民共和国农村土地承包经营权证》(以下简称《农村土地承包经营权证》)。承包方为王某学,承包土地面积为4.82亩,共有人有王某学、何某云、王某东、王某胜。

另查明,1975年1月25日王某荣结婚,由于其丈夫是军人,故户口仍在王某学家。1982年,三跃村发包土地时,王某荣与王某学一家系同一家庭成员,有王某学、何某云、王某东、王某胜和王某荣5口人,承包土地5.4亩,每人平均1.08亩,承包户主为王某学。1981年后,王某荣没有从事过农业生产。第一轮土地承包后,其从未经营管理过承包地,更没有缴纳过农业税、承包费。王某荣户口于1992年1月25日迁入其丈夫户籍所在地原白城市新立派出所辖区,转为非农业户口。

[①] 洮北法院,(2007)白洮民二初字第171号;吉林省白城市中级人民法院,(2008)白民一终字第120号、(2008)白城民监字第6号、(2009)白城民再字第12号;吉林省高级人民法院,(2012)吉民提字第27号;最高人民法院,(2013)民提字第210号。

王某学认为王某荣不应享有土地承包经营权。王某荣于1992年以前已迁到城市居住，为设区的市的居民，根据《农村土地承包法》的规定，其不享有土地承包经营权。王某学作为三跃村具有独立户口的村民，与三跃村签订土地承包合同既未侵害他人的合法权益，也不违反法律规定，因此，该合同合法有效。

王某荣认为，其虽将户口迁出但土地并未交回，故王某学不享有全部土地承包经营权，其中王某荣享有五分之一。王某荣也是三跃村村民，享有土地承包经营权。且1982年三跃村土地实行生产小组承包，1985年转为家庭承包，王某荣分得了土地。1992年王某荣的户口迁入白城市，其所分得的土地留给了王某学耕种。1997年第二轮土地承包时，三跃村未对承包地作调整，继续延包，2005年，三跃村根据王某学自报的承包地共有人名单颁发了《农村土地承包经营权证》，遗漏了王某荣。

[争议焦点]

本案中争议的焦点是，王某学与三跃村村委会签订的土地承包合同是否有效；王某荣是否实际取得了土地承包经营权，该案是否属于法院受案范围。

一审、二审法院认为，王某学与三跃村签订的土地承包经营合同合法有效。王某荣将户口迁入白城市，转为非农业人口，并未实际取得土地承包经营权。

吉林省白城市中级人民法院再审时认为，根据《最高人民法院关于审理涉及农村土地承包纠纷案件适用法律问题的解释》第一条第二款①规定，王某荣在第二轮土地承包时因未实际取得土地承包经营权，应找有关行政主管部门解决，不属于人民法院受案范围。

---

① 《最高人民法院关于审理涉及农村土地承包纠纷案件适用法律问题的解释》第一条第二款规定："集体经济组织成员因未实际取得承包经营权提起民事诉讼的，人民法院应当告知有关行政部门申请解决。"

吉林省高级人民法院再审时认为，第二轮土地承包时，三跃村的土地和人员均没有调整，应当在第一轮的基础上延续，王某荣仍享有土地承包经营权。

最高人民法院再审时，认为土地承包经营合同有效，王某荣未取得土地承包经营权，而本案是平等主体之间民事权益纠纷，不应通过行政途径解决。

[**法院判决**]

洮北法院认为，根据《农村土地承包法》第二十六条①之规定，王某荣 1992 年从王某学家户口上迁入城市，应当交回所承包的土地，三跃村村委会也有权重新发包，故王某学与三跃村村委会之间的土地承包合同合法有效。王某荣在第二轮土地承包时未取得土地，与王某学无关，可找有关部门申请解决，故王某荣对王某学所承包的土地，不享有承包经营权。

白城中院二审时维持原判。

白城中院再审时认为，根据《最高人民法院关于审理涉及农村土地承包纠纷案件适用法律问题的解释》第一条第二款的规定，王某荣在第二轮土地承包时因未实际取得土地承包经营权，应找有关行政部门解决，此案不属于人民法院受案范围。而王某学诉请确认其与三跃村签订的土地承包合同有效，属于人民法院受案范围，原审认定事实清楚，适用法律正确，应予维持。

吉林高院再审认为，三跃村明确表示，进行第二轮土地承包时，该村的土地和人员均没有调整，只是重新对土地进行了丈量，是在

---

① 《农村土地承包法》第二十六条规定："承包期内，发包方不得收回承包地。 承包期内，承包方全家迁入小城镇落户的，应当按照承包方的意愿，保留其土地承包经营权或者允许其依法进行土地承包经营权流转。 承包期内，承包方全家迁入设区的市，转为非农业户口的，应当将承包的耕地和草地交回发包方。承包方不交回的，发包方可以收回承包的耕地和草地。 承包期内，承包方交回承包地或者发包方依法收回承包地时，承包方对其在承包地上投入而提高土地生产能力的，有权获得相应的补偿。"

第一轮土地承包的基础上进行的延续承包。因此，王某荣仍享有土地承包经营权。对王某学请求确认王某荣不再享有农村土地承包经营权的主张，不予支持。

最高人民法院再审认为，根据《农村土地承包法》第二十六条第三款的规定，迁入设区的市、转为非农业户口，是丧失农村土地承包经营权的条件。王某荣作为城市居民，在二轮土地延包中不享有土地承包经营权。本案中王某荣并未请求三跃村村委会另行向其发包土地，而是主张在何某、王某东、王某胜一家承包经营的土地中，享有1.08亩承包经营权。故对于上述发生在平等主体之间的民事权益之争，亦不应让其通过行政诉讼解决。故撤销吉林省高级人民法院（2012）吉民提字第27号民事判决和吉林省白城市中级人民法院（2009）白城民再字第120号民事判决，维持白城中院二审判决。

[法理分析]

一、土地承包经营合同生效的条件

土地承包经营合同是设立土地承包经营权的依据，也是明确当事人双方权利义务、确立物权内容的依据。当事人订立土地承包经营合同时，应当在合同中依法明确当事人所享有、负担的各项权利义务。当事人在不违反《物权法》强制性规定的基础上，有权通过相互之间的合同来设立土地承包经营权。也就是说，土地承包经营合同是作为债权合同而存在的，因土地承包合同发生的纠纷要适用合同法关于合同的订立、变更、解释、违约责任等规定，在这一点上，土地承包经营合同与其他合同没有本质的区别。

土地承包经营合同主要有以家庭承包方式订立和其他方式订立两种类型。其他方式主要是招标、拍卖、公开协商，但这类方式有严格的适用条件。根据《农村土地承包法》第四十四条①的规定以及《物权法》的规定,农村土地承包采取以户为单位的家庭承包的方式。王某学家在三跃村是一户,符合签订土地承包经营合同的主体资格,签订的土地承包经营合同不存在违反法律强制性规定的内容,其两次签订的土地承包经营合同均合法有效。

二、王某荣对王某学代表其家庭承包的土地不享有农村土地承包经营权

土地承包经营权就是指权利人对集体所有或者国家所有由集体使用的土地,享有依照法律和合同的规定,从事种植业、林业、畜牧业等农业生产的权利,是一项重要的用益物权。土地承包经营权虽是一项用益物权,其设立又具有特殊性,自承包合同生效之日起就能有效设立,而不必采用公示的方法。在合同生效后,即使发包方没有实际交付土地也不影响土地承包经营权的设立。

因此,取得土地承包经营权的前提条件是,承包人是否具备签订土地承包经营合同的主体资格。根据《物权法》和《农村土地承包法》的规定,土地承包经营权人主要是以家庭为单位的农户,要求主体必须是集体经济组织的成员,具有一定的成员身份性。另根据《农村土地承包法》第二十六条规定,当承包方全家迁入设区的市,转为非农业户口的,应当将土地承包经营权交回。

本案中,王某荣于1992年1月25日,将户口从王某学家中迁出,落户于吉林省白城市,户口已转为非农业户口。但我国法律没有规定个人的农业户口转为非农户口,是丧失土地承包经营权的条件。最高人民法院认为,应当比照法律中最相类似的条款进行认定,而《农村土地承包法》第二十六条应当作为认定1997年三跃村开始的第二轮土地承包中,王某荣是否对王某学代表其家庭承包的4.82

---

① 《农村土地承包法》第四十四条规定:"不宜采取家庭承包方式的荒山、荒沟、荒丘、荒滩等农村土地,通过招标、拍卖、公开协商等方式承包的,适用本章规定。"

亩土地享有承包经营权的法律依据。显然,此时王某荣的户口已经迁入设区的市,成为城市居民,因此不应再享有由农村居民享有的农村土地承包经营权。

笔者赞同此观点,因签订土地承包经营合同以家庭为单位,《农村土地承包法》第二十六条规定土地承包经营权的消灭时,也以家庭为单位。但取得土地承包经营权的前提条件是,土地承包经营权人系集体经济组织的成员,具有一定的身份性。当身份发生变化时,不能成为土地承包经营权人。个人将户口迁出,转为非农业户口后,享受城市居民的待遇,不再是集体经济组织的成员,不能继续承包土地。在第一轮承包中,王某荣户口在王某学家,当时王某学代表其家庭承包 5.4 亩土地,每人平均 1.08 亩,其中包括王某荣。但在第二轮承包时,因王某荣户口已迁出,所以签订土地承包经营合同时,不包括王某荣,王某荣不能取得土地承包经营权。

因此,因第一轮土地承包经营合同签订时,王某荣户口尚未迁出,其因该土地承包经营合同取得土地承包经营权。但第二轮土地承包经营合同签订时,王某荣因户口已迁出,不具备签订合同的主体资格,所以其未取得第二轮土地承包经营权,符合《物权法》第一百二十七条第一款①的规定。

三、本案属于人民法院的受案范围

因土地承包经营合同系民事合同,所以平等主体因土地承包经营合同发生的纠纷属于人民法院的受案范围。但如果当事人因未取得土地承包经营权起诉村委会的,应当由行政部门解决。

四、《土地承包经营权证》不是物权的公示方法,是法院审理时认定当事人是否具有土地承包经营权的重要依据

土地承包经营权合同生效,土地承包经营权就得以设立,不需

---

① 《物权法》第一百二十七条第一款规定:"土地承包经营权自土地承包经营权合同生效时设立。"

要进行登记。《物权法》第一百二十七条规定设立土地承包经营权时应当登记造册，但登记造册不是土地承包经营权设立的公示方法，只是政府出于管理需要，对土地承包经营权的确认。土地承包经营权设立后，各级地方人民政府都有义务向土地承包经营权人颁发土地承包经营证书。

一般来说，土地承包经营权应当通过承包合同来证明。但是，在承包合同丢失的情况下，土地承包经营证也可以间接证明该承包关系的存在。由于证书是县级以上政府统一印制的，所以其表明了国家对于公民权利的认可和保护。当然，证书作为权利凭证，仅具有证明承包经营权的证据效力，领取证书不是权利的成立要件。人民法院在案件的审理中，可以将其作为一项重要依据。

[思政解读]

法律具有稳定性，相对静止的法律条文同运动着的社会生活条件之间的矛盾不可避免，前者要涵盖后者极为困难。但频繁地修改法律并非良策，需要"民法基本原则"这样的弹性条款弥补法律的不足。诚实信用原则根据不同的形势需要，可作出广泛的解释，以解决现实的矛盾。本案中，可以通过土地承包经营合同、土地承包经营证证明承包关系的存在，但领取证书不是证明权利存在的必要条件，应当结合合同设立的目的、合同的性质、合同履行的具体情况等进行综合判定。王某荣户口迁出的事实，已经与土地承包经营权的形成条件相背，不能为一己私欲，既欲享有国家对城镇居民的社会保障，又贪图国家对农民利益的特殊保护，违背真诚实在的伦理观。

作者：吕姝洁

2.6 物权转让协议的效力问题——建设用地使用权转让合同纠纷案[①]

[案情简介]

2011年5月,豪韵公司为公司股东王某东出具委托书,授权王某东代表豪韵公司就其名下的位于辉县市百泉路与迎泽路交叉口(编号为2009-06宗地,总面积为50556.36平方米)计75.835亩土地的转让事宜与高某、段某进行协商。委托书中还注明上述土地每亩单价385000元,合计29196475元,并表示对王某东所签订的相关协议内容"承认并同意执行"。2011年5月19日,高某、段某(甲方)与王某东(乙方)签订协议书,约定甲方先支付12000000元定金,乙方(王某东)收到定金后,一周内按甲方(高某、段某)指定的开发资质办理好土地过户手续或所有股权转让事项。待将土地变更给甲方(高某、段某)后,甲方(高某、段某)两天之内将余款全部付清。

2011年5月20日,豪韵公司出具承诺书,内容为:"王某东代表本公司与高某、段某签订的协议,我公司同意执行,并作出如下承诺:1.收到12000000元定金后,我公司保证积极履行合同义务,在一周之内按甲方(高某、段某)指定的开发资质,办好过户手续或所有股权转让事项。2.关于办好过户手续问题。就是在一周之内补交土地出让金,取得土地使用权证,并过户到甲方(高某、段某)

[①] 河南省新乡市中级人民法院,(2011)新民五初字第8号;河南省高级人民法院,(2012)豫法民一终字第130号;最高人民法院,(2013)民申字第276号。

指定的具有开发资质的公司名下。如果满足过户的法定条件确需时间，要主动说明情况，请求延期。3.关于办好所有股权转让事项。就是在确定办理过户手续无法短时间完成的情况下，要在一周之内召集全体股东将所持有的股权全部无偿转让给甲方（高某、段某）。4.完成2、3项中其中一项，视为我公司履行了合同义务。如不能完成，可视为我公司违约。5.如果我公司违约，愿意双倍返还定金，赔偿损失，并从定金交付之日起，按土地总价款每日千分之五支付违约金。"

2011年5月19日，高某、段某通过银行转账方式向豪韵公司支付定金，两次转账金额分别为6710000元、5290000元，共计12000000元。2011年7月8日，豪韵公司通过转账、解汇方式将定金分两次（各6000000元），退还给高某。

高某、段某起诉豪韵公司，认为豪韵公司单方终止协议是严重的违约行为，请求法院判令豪韵公司赔偿其定金及损失共计7300000元。

豪韵公司认为：1.高某、段某与豪韵公司股东王某东于2011年5月19日签订的协议书，违反了《中华人民共和国城市房地产管理法》第三十七条、第三十八条和《中华人民共和国公司法》第七十二条之规定，且高某、段某二人也不具备取得涉案土地使用权的主体资格，即不具备相应的开发资质，该协议应属无效；2.即使该协议有效，因该协议是公司股东王某东与高某、段某签订的，定金也交付给了王某东，而王某东不是公司的法定代表人，若承担责任也是王某东个人承担，与公司无关。另外，因高某、段某未找到具有开发资质的公司，经王某东与之协商，双方已同意解除上述协议。综上，涉案协议应认定为无效协议。

[争议焦点]

本案中争议的焦点是高某、段某与王某东于2011年5月19日签订的土地使用权转让协议是否有效。

经法院审理查明豪韵公司授权其股东王某东代表该公司就涉案地块的转让事宜与高某、段某进行协商，2011年5月19日，高某、段某与豪韵公司股东王某东签订《协议书》，后豪韵公司出具承诺书，承诺执行《协议书》内容。《协议书》的出让方为豪韵公司，受让方为高某、段某，但豪韵公司因未补交土地使用权出让金，而未取得土地使用权证书。因此，本案争议的焦点为出让方豪韵公司未取得土地使用权，其与受让方高某、段某所签订的土地使用权出让合同是否有效。

[法院判决]

河南省新乡市中级人民法院认为，《协议书》违反《城市房地产管理法》第三十九条[①]的规定，未同时具备所规定的条件的，其转让合同应属无效。依据无效合同处理原则，豪韵公司应当返还依据《协议书》取得的财产。

河南省高级人民法院认为，本案双方约定进行土地过户和股权转让的目的都是为了转让建设用地使用权，因此，本案合同为建设用地使用权转让合同。《城市房地产管理法》第三十八条[②]、第三十九条之规定是对土地使用权转让合同标的物设定的于物权变动时的限制性条件，未达到此种条件的，属合同标的物的瑕疵，并不直接

---

①《城市房地产管理法》第三十九条规定："以出让方式取得土地使用权的，转让房地产时，应当符合下列条件：（一）按照出让合同约定已经支付全部土地使用权出让金，并取得土地使用权证书；（二）按照出让合同约定进行投资开发，属于房屋建设工程的，完成开发投资总额的百分之二十五以上，属于成片开发土地的，形成工业用地或者其他建设用地条件。转让房地产时房屋已经建成的，还应当持有房屋所有权证书。"

②《城市房地产管理法》第三十八条规定："下列房地产，不得转让：（一）以出让方式取得土地使用权的，不符合本法第三十九条规定的条件的；（二）司法机关和行政机关依法裁定、决定查封或者以其他形式限制房地产权利的；（三）依法收回土地使用权的；（四）共有房地产，未经其他共有人书面同意的；（五）权属有争议的；（六）未依法登记领取权属证书的；（七）法律、行政法规规定禁止转让的其他情形。"

影响土地使用权转让合同的效力。根据《物权法》第十五条①规定的不动产物权变动的原因与结果相区分的原则,物权转让行为不能成就,并不必然导致物权转让的原因即债权合同无效。本案双方只要积极履行约定,就能满足转让条件并转让建设用地使用权,使其转让行为符合法律规定。因此,双方当事人签订的协议书未违反法律强制性规定,应为有效合同。原审判决对此问题的认定适用法律不当,应予纠正。

最高人民法院认为,涉案《协议书》内容表明双方欲转让土地使用权,转让的标的物系国有建设用地使用权。本案中,豪韵公司并未缴纳土地出让金,亦未办理土地登记手续,未取得该地块的物权。根据《物权法》第十五条的规定,豪韵公司未缴纳土地出让金、未办理土地登记手续的事实不影响涉案《协议书》的成立和法律效力。本案双方当事人只要严格履行约定,就能满足转让条件并转让建设用地使用权。《城市房地产管理法》第三十八条、第三十九条的规定针对的是土地使用权进行物权变动时的条件;《最高人民法院关于审理涉及国有土地使用权合同纠纷案件适用法律问题的解释》第九条的规定,仅仅是强调起诉前转让方取得土地使用权证书或经过政府批准同意转让的合同有效,并未明确没有取得或者没有经过政府批准的法律后果。因此,二审判决认定涉案《协议书》合法有效,适用法律并无不当。

[法理分析]

本案系涉及土地使用转让合同纠纷,争议的焦点是转让方未取得土地使用权证时,土地使用权转让合同是否有效,对此有三种观点。

---

① 《物权法》第十五条规定:"当事人之间订立有关设立、变更、转让和消灭不动产物权的合同,除法律另有规定或者合同另有约定外,自合同成立时生效;未办理物权登记的,不影响合同效力。"

第一种观点认为《协议书》无效，即本案一审判决所采用的观点。该观点认为《城市房地产管理法》第三十八条、第三十九条的规定，是对出让土地使用权转让行为的强制性规定，如果转让方未取得土地使用权证书，则土地使用权不得转让。而《合同法》第五十二条第五项规定："违反法律、行政法规的强制性规定的合同无效"，因此《协议书》应认定为无效。

在《物权法》和《最高人民法院国有土地使用权合同纠纷司法解释》出台之前，人民法院司法实践中对土地使用权转让合同的效力认定，普遍将法律、行政法规规定的土地使用权转让的限制性条件作为土地使用权转让合同有效的必要条件，土地使用权转让合同不符合《城市房地产管理法》所规定的两个条件时，土地使用权转让合同无效。一审判决持该观点，认为豪韵公司没有取得土地使用权证书，土地使用权转让合同无效。

第二种观点认为《协议书》有效。根据《物权法》第十五条的规定，物权变动采取的是债权形式主义的物权变动模式。在这种模式下，登记行为与签订债权合同的行为是相互独立的两个行为，登记行为只是物权取得与转移的证明，其作用是将物权变动的时间界限确定在标的物登记之时，故登记行为不是合同的生效要件。因此，《城市房地产管理法》第三十八条、三十九条关于土地使用权转让的条件的规定，仅是针对登记行为，并不影响债权合同的效力。如果转让方没有取得土地使用权证书，只是导致出让方与受让方无法在行政机关办理登记手续，并不影响合同本身的效力。

本案二审和再审持该观点，虽然豪韵公司没有取得土地使用权证书，但这并不影响债权合同即土地使用权转让合同的效力。

第三种观点认为《协议书》效力待定。《最高人民法院关于审理涉及国有土地使用权合同纠纷案件适用法律问题的解释》第九条所持的就是该观点。第九条规定："转让方未取得出让土地使用权证书与受让方订立合同转让土地使用权，起诉前转让方已经取得出让土地使用权证书或者经有批准权的人民政府同意转让的,应当认定合同有效。"最高人民法院民事审判第一庭在其编著的《最高人民法院国有土地使用权合同纠纷司法解释的理解与适用》一书中对该条进一步明确:转让方尚未取得土地使用权证书,这就表明转让方未取得出让土地使用权,其与受让方订立的合同就是效力待定的合同。起诉前没有取得土地使用权证或者有批准权的人民政府同意转让的,土地使用转让合同不能认定有效。①也就是说,土地使用权转让合同效力待定的时间点是起诉前。

笔者赞同第三种观点。关于物权变动,在大陆法系国家主要有两种模式,一是债权意思主义的物权变动模式,二是形式主义的物权变动模式。债权意思主义的物权变动模式认为,除当事人的债权意思外,物权变动无需其他要件。物权变动的法律根据与债权变动的法律根据是同一的,即一项法律行为,如果能够发生债权法上的效力,也就能够发生物权法上的效力。形式主义的物权变动模式认为物权变动需要当事人的债权法上的意思表示一致,并具备物权的公示形式,即动产的交付和不动产的登记。

根据《物权法》第十五条规定的不动产物权变动的原因与结果相区分的原则,物权转让行为不能成就,并不必然导致债权合同无效,但物权的取得应当以他人既存的权利为依据。土地使用权转让是基于合同发生的物权变动,是当事人以转让土地使用权的意思表示为内容,以发生债权法上的给付义务为效果的民事法律行为。出让人未取得土地使用权证书,即没有取得土地使用权的,出让人不具备对国有土地占有、使用、处分、收益的权利,其转让行为无法实现。基于此,出让人在起诉前取得土地使用权证书,才具备法律上的处分的权利;未取得土地使用权证书,当然无法处分该权利,

---

① 最高人民法院民事审判第一庭编著:《最高人民法院国有土地使用权合同纠纷司法解释》,人民法院出版社 2005 年版,第 104 页。

其签订的土地使用权转让合同应当认定为无效。

如果采取第二种观点,对受让方来说也显失公平。出让方与受让方签订土地使用权转让合同后,受让方积极履行合同义务,出让方因未补交土地使用权出让金或其他原因,长期无法取得土地使用权证书,此时,受让方只能行使合同解除权,无法主张合同无效。而《合同法》关于合同的解除有明确的程序及时间规定,受让方的权利很有可能无法得到保障。

[思政解读]

诚信原则作为法律和道德的要求,在合同法中的作用非常突出。它要求当事人必须具有诚实、守信、善意的心理状态,在交易活动中,应当忠于真相,不得欺骗他人、损人利己,不能为了自身的利益而利用法律上的漏洞。在司法实践中,对于利用法律漏洞的现象,法院应当以诚信原则的要求平衡当事人之间的各种利益、冲突和矛盾。当善意的一方依约履行合同义务时,另一方当事人应当根据合同的性质、目的和交易习惯,诚实、善意地履行义务,否则就要承担法律上的不利后果。本案中,豪韵公司至起诉之日仍未取得土地使用权证书,即使认定合同有效,也无法完成合同设立的义务。而法律之所以规定将起诉日前取得土地使用权证作为合同生效的时间点,也是从促进合同订立、保障合同目的实现的角度进行考量。因此,只要出让方积极取得土地使用权证,保证合同目的的实现,且明确告知受让方实际情况的,由出让方和受让方分别承担合同不能履行的后果。如果出让方故意不取得土地使用权证或故意隐瞒其没有土地使用权证,应当赔偿受让方的损失。

作者:吕姝洁

2.7 质权设立的条件——中国农业发展银行安徽分行等民间借贷纠纷案①

[案情简介]

2009年4月7日,中国农业发展银行安徽省分行(以下简称"农发行安徽分行")与第三人安徽长江担保公司(以下简称"长江担保")签订《信贷担保业务合作协议》,约定:甲方(长江担保)向乙方(农发行安徽分行)提供的保证担保为连带责任保证;甲方在乙方开立担保保证金专户,担保保证金专户行为农发行安徽分行营业部;甲方需具体担保约定的保证金在保证合同签订前存入担保保证金专户,甲方缴存的保证金不低于所担保贷款额度的10%;未经乙方同意,甲方不得动用担保保证金专户内的资金;甲方在乙方处开立的担保专户的余额无论因何原因而小于约定的额度时,甲方应在接到乙方通知后三个工作日内补足,补足前乙方可以中止本协议项下业务。

2009年10月30日、2010年10月30日,农发行安徽分行与长江担保还分别签订与上述合作协议内容相似的两份协议。2009年4月7日的合作协议签订后,农发行安徽分行同长江担保就信贷担保业务进行合作,长江担保在农发行安徽分行处开立担保保证金账户。长江担保按照协议约定缴存规定比例的担保保证金,并据此为相应额度的贷款提供了连带保证责任担保。自2009年7月至2012年12

---

① 安徽省合肥市中级人民法院,(2012)合民一初字第00505号;最高人民法院,(2014)民申字第1239号。

月，上述账号发生一百余笔贷方业务和借方业务，借方业务主要涉及两大类：一类是贷款归还后长江担保公司申请农发行安徽分行退还的保证金，部分退至债务人的账户；另一类是贷款逾期后农发行安徽分行从该账户内扣划的保证金。

2011年12月19日，安徽省合肥市中级人民法院在审理张某诉长江担保等民间借贷纠纷一案的过程中，根据张某的申请，对长江担保上述保证金账户内1495.7852万元资金进行保全。该判决生效后，合肥市中级人民法院将上述保证金账户内的资金1338.313257万元划至该院账户。农发行安徽分行作为案外人提出执行异议，2012年11月2日被合肥市中级人民法院裁定驳回异议。随后，农发行安徽分行提起本案诉讼，诉称长江担保在农发行安徽分行处开设的担保专户内的资金是长江担保向其提供的质押担保，请求判令其对该账户的资金享有质权。被告张某辩称，《贷款担保业务合作协议》没有质押的意思表示，涉案账户资金是浮动的，不符合金钱特定化要求，农发行安徽分行对涉案账户内资金不享有质权。

[争议焦点]

本案争议的焦点是农发行安徽分行与长江担保之间是否存在质押关系以及质权是否设立。

农发行安徽分行认为法律并未强制性地规定质押合同必须命名为质押合同，而是列举了质押合同的一般条款。《贷款担保业务合作协议》中约定的保证金条款明确了所担保债权的种类和数量、债务履行期限、质押财产数量、担保范围等内容，完全符合《物权法》第二百一十条[①]及《中华人民共和国担保法》（以下简称《担保法》）

---

① 《物权法》第二百一十条规定："设立质权，当事人应当采取书面形式订立质权合同。质权合同一般包括下列条款：（一）被担保债权的种类和数额；（二）债务人履行债务的期限；（三）质押财产的名称、数量、质量、状况；（四）担保的范围；（五）质押财产交付的时间。"

第六十五条①的规定。双方已明确约定长江担保需在该行开立担保保证金账户,并存入保证金,长江担保公司也是据此履行,是否设立"保证金专用账户"对是否构成"特定化"并不构成任何影响。安徽省高级人民法院、最高人民法院亦认为农发行安徽分行与长江担保之间存在质押关系,质权已设立。

张某认为,农发行安徽分行与长江担保之间没有书面的质押合同,《贷款担保业务合作协议》不具备《担保法》第六十五条规定的质押合同应当具备的一般条款,没有质押的意思表示。安徽省合肥市中级人民法院认为,双方当事人之间不存在质押关系。

[**法院判决**]

一审法院认为,根据《担保法》及其司法解释的规定,金钱作为特殊的动产质押须具备以下要件:一是双方当事人要签订质押合同,有将金钱作为质押的意思表示;二是要对质押物的金钱进行特定化,并移交债权人占有。首先,长江担保与农发行安徽分行签订的是合作协议,并非质押合同,且约定的保证方式为连带责任保证,合同中没有质押条款,表明双方没有将金钱视为质押的意思表示。其次,合同约定长江担保向约定账户存入一定数额的保证金,但没有约定农发行安徽分行就保证金在债务人不清偿到期债务时享有优先受偿权。再次,保证金账户是长江担保开立,在形式上不符合法定的"移交债权人占有"。最后,涉案保证金账户多次存在进出账的情形,账户内的资金的数额不断浮动,不符合法律规定的特定化的要件。上述事实表明,长江担保并无就涉案账户的资金提供质押担保的意思表示,驳回农发行安徽分行的诉讼请求。

---

① 《担保法》第六十五条规定:"质押合同应当包括以下内容:(一)被担保的主债权种类、数额;(二)债务人履行债务的期限;(三)质物的名称、数量、质量、状况;(四)质押担保的范围;(五)质物移交的时间;(六)当事人认为需要约定的其他事项。 质押合同不完全具备前款规定内容的,可以补正。"

安徽高院认为，农发行安徽分行与长江担保之间协商一致，达成对长江担保为担保业务所缴存的保证金设立担保保证金专户，长江担保按照贷款额度的一定比例缴存保证金；农发行安徽分行作为开户行对长江担保存入该账户的保证金取得控制权，长江担保不能自由使用该账户内的资金；长江担保未履行保证责任，农发行安徽分行有权从该账户中扣划相应的款项优先受偿的合意。该合意具备质押合同的一般要件。

另据法律规定，金钱质押生效的条件包括金钱特定化和移交债权人占有两个方面。长江担保在农发行安徽分行设立的账号与涉案《贷款担保业务合作协议》约定的账号一致，即双方当事人已经按照协议约定为出质金钱开立了担保保证金专用账户，该账户亦未作日常结算使用，故符合金钱以特户形式特定化的要求。另占有是指对物进行控制和管理的事实状态，因涉案账户开立在上诉人农发行安徽分行，农发行安徽分行作为质权人，取得对该账户的控制权，实际控制和管理该账户，符合出质金钱移交债权人占有的要求。故涉案质权依法设立。账户内的资金处于浮动状态不影响金钱作为质权的特定化和移交占有的要求。综上，一审判决认适用法律不当，故撤销（2012）合民一初字第00505号民事判决，农发行安徽分行对长江担保账户内的13383132.57元资金享有质权。

最高人民法院认为，《贷款担保业务合作协议》具备质押合同的一般条款，且涉案保证金账户由长江担保在农发行安徽分行开立，专门用于《货款担保业务合作协议》所约定的担保业务，未作日常结算使用，农发行安徽分行依据约定实际控制该账户。故涉案金钱质押符合《担保法司法解释》第八十五条有关规定，应认定双方已就涉案保证金账户内之金钱设立质权，驳回张某的再审申请。

[法理分析]

一、农发行安徽分行与长江担保公司是否存在质押关系

《物权法》第二百一十条规定："设立质权，当事人应当采取书面形式订立质权合同。质权合同一般包括下列条款：（一）被担保债权的种类和数额；（二）债务人履行债务的期限；（三）质押财产的名称、数量、质量、状况；（四）担保的范围；（五）质押财产交付的时间。"根据上述规定，出质人和质权人应当以书面形式订立质押合同，而《物权法》上所有设立担保物权的合同都要采用书面形式，合同的一般条款包括《物权法》第二百一十条的内容。《物权法》第二百一十条第二款的规定，修改了《担保法》的相关规定，《担保法》第六十五条规定为"合同内容应当包括"，而《物权法》第二百一十条第二款使用"合同的内容一般包括"的规定，即上述内容是质押合同一般包括的内容，并不是说没有约定条款中所约定的内容，质押合同就无效。

关于质押合同的生效，《物权法》第二百一十二条的规定，"质权自出质人交付使用质押财产时设立"。动产质权的设立以实际交付为判断标准。该条款修改了《担保法》第六十四条第二款"质押合同自质物移交质权人占有时生效"的规定，即是否交付质押财产并不影响质押合同的效力。质押合同的生效，只是指当事人依据法律的规定，就质押合同的主要条款达成了合意即可。

本案中，农发行安徽分行与长江担保之间虽没有单独订立带有"质押"字样的合同，但依据该协议第四条、第六条、第八条约定的条款内容，农发行安徽分行与长江担保之间约定：长江担保为担保业务所缴存的保证金设立担保保证金专户，长江担保按照贷款额度的一定比例缴存保证金；农发行安徽分行作为开户行对长江担保存入该账户的保证金取得控制权，未经同意，长江担保不能自由使用该账户内的资金；长江担保未履行保证责任，农发行安徽分行有权从该账户中扣划相应的款项。该合意明确约定了所担保债权的种类和数量、债务履行期限、质物数量和移交时间、担保范围、质权行使条件，具备《物权法》第二百一十条规定的质押合同的一般条款，故应认定农发行安徽分行与长江担保公司之间订立了书面质押合同。

二、涉案质权是否设立

质权是指债务人或第三人将其财产移交给债权人占有，以其作为债权担保的担保物权。《物权法》第二百一十二条规定："质权自出质人交付质押财产时设立。"出质人交付质物，质权成立。出质人没有交付质物会影响质权的设立，但不影响质押合同的生效。在债务人不履行债务时，债权人可以依法以其占有的债务人或第三人提供担保的财产变价优先受偿。质权和抵押、留置一样都是担保物权，其公示方法有移转占有、登记和交付权利凭证。动产质权的成立，必须以标的物的占有移转至质权人为前提。

金钱不同于一般的动产，实践中，很多情形下又存在金钱质押。《最高人民法院关于适用〈中华人民共和国担保法〉若干问题的解释》第八十五条[①]规定，认可了金钱特定化后，可以成立质押。无论是特户、封金还是保证金，都是将高度种类物的金钱特定化，没有任何的特定性的金钱，不能成立质押。所谓特定化，实际上是承认账户的质押，即允许将一定数额的金钱封存在银行账户，然后以此账户用作质押。所以，成立账户质押应当满足一定的条件。首先，账户内的资金必须已经特定化，与其他资金区别，只能专款专用，债权人和债务人不能自由使用。其次，债权人已经占有账户，即控制和管理账户，但不能处分该账户内的金钱。最后，在实现质权时，质权人可以直接就该账户中的金钱受偿，而不需变现。

本案中，首先，金钱以保证金的形式特定化。长江担保于2009年4月3日在农发行安徽分行开户，且与《贷款担保业务合作协议》约定的账号一致，即双方当事人已经按照协议约定为出质金钱开立

---

① 《最高人民法院关于适用〈中华人民共和国担保法〉若干问题的解释》第八十五条规定："债务人或者第三人将其金钱以特户、封金、保证金等形式特定化后，移交债权人占有作为债权的担保，债务人不履行债务时，债权人可以以该金钱优先受偿。"

了担保保证金专户。保证金专户开立后,账户内转入的资金为长江担保公司根据每次担保贷款额度的一定比例向该账户缴存保证金;账户内转出的资金为农发行安徽分行对保证金的退还和扣划,该账户未作日常结算使用,故符合《最高人民法院关于适用〈中华人民共和国担保法〉若干问题的解释》第八十五条规定的金钱以特户等形式特定化的要求。

其次,特定化金钱已移交债权人占有。占有是指对物进行控制和管理的事实状态。涉案保证金账户开立在农发行安徽分行,长江担保公司作为担保保证金专户内资金的所有权人,本应享有自由支取的权利,但《贷款担保业务合作协议》约定未经农发行安徽分行同意,长江担保不得动用担保保证金专户内的资金。同时,《贷款担保业务合作协议》约定在担保的贷款到期未获清偿时,农发行安徽分行有权直接扣划担保保证金专户内的资金,农发行安徽分行作为债权人取得了涉案保证金账户的控制权,实际控制和管理该账户,此种控制权移交符合出质金钱移交债权人占有的要求。据此,应当认定双方当事人已就涉案保证金账户内的资金设立质权。

关于账户资金浮动是否影响金钱特定化的问题。保证金以专门账户形式特定化并不等于固定化。涉案账户在使用过程中,随着担保业务的开展,保证金账户的资金余额是浮动的。长江担保开展新的贷款担保业务时,需要按照约定存入一定比例的保证金,必然导致账户资金的增加;在长江担保的贷款到期未获清偿时,农发行安徽分行扣划保证金账户内的资金,必然导致账户资金的减少。虽然账户内资金根据业务发生情况处于浮动状态,但均与保证金业务相对应,除缴存的保证金外,支出的款项均用于保证金的退还和扣划,未用于非保证金业务的日常结算。即农发行安徽分行可以控制该账户,长江担保对该账户内的资金使用受到限制,故该账户资金浮动仍符合金钱作为质权的特定化和移交占有的要求,不影响该金钱质权的设立。

[思政解读]

我国市场化步伐在加快，诚信缺失成为一个不可避免的问题。在微观方面，其表现为个人和企业信用的缺乏，致使经济活动的交易成本居高不下；在宏观层面，是社会"失信"现象的存在。个人失信，将影响其商业、金融等活动，而银行业本身的失信，会导致其经营风险上升。在个人和企业的诚信问题中，涉及个人的消费信贷业务和企业的贷款业务，而且随着社会信用体系的不断完善，信用报告将被广泛地用于各种商业赊销、信用交易等领域。个人和企业的信用存在问题，必定不能获得银行的服务，且个人和企业的失信行为也会导致银行业的不健康发展。银行的失信，将直接成为居民和企业失信的加速器，也将成为经济体系整体信用滑坡的重要因素。个人、企业、银行都依约规范行为，守信、守法，才能促进我国金融业甚至整个经济活动的健康良性的发展。

作者：吕姝洁

2.8 权利质押之法律关系——何某等委托理财纠纷案[①]

[案情简介]

何某与建兴公司签订《借款合同》，先后向建兴公司共借款1000万元。建兴公司将借款划付至华夏证券南坪营业部开立的 A 资金账户；何某将保证金划付到双方指定营业部开立的 B 资金账户。双方

---

① 最高人民法院，(2011) 民提字第 305 号。

在合同中还约定，何某向建兴公司支付一定的借款利息，建兴公司在双方指定的营业部开立的 B 资金账户经营产生的净利润，双方按一定比例分配。同时约定，用彭某等人账户上的证券和资金作抵押，保证到期还款和付息，并承诺建兴公司有到期在何某账户中主动卖出何某证券并取回本息的权利。何某承诺：建兴公司有权卖出何某上述关联账户上的证券并提前取回借款本金和利息，卖出过程中造成的一切损失由何某承担。何某、建兴公司共同向华夏证券南坪营业部出具《委托书》，请华夏证券南坪营业部按照《借款合同》的约定，监督何某、建兴公司的行为。

程某、彭某向何某出具《授权书》，约定：兹全权委托何某代理证券账户的存取、运作、抵押融资。程某在华夏证券南坪营业部开立的资金账户转让保证金 77.7 万元。后何某（甲方）以"凌峰"代表人身份，与建兴公司（乙方）签订《协议书》，约定甲方向乙方借款 100 万元，并用凌峰资金账户上的证券和资金作抵押。

建兴公司向重庆市第一中级人民法院提起诉讼，请求判令何某返还所借的借款本金及利息，程某等人以其提供的担保财产对建兴公司承担清偿责任。

[争议焦点]

本案中争议的焦点主要有以下两个。

一、程某等人授权何某用其资金账户进行抵押融资的行为，是否构成权利质押的法律关系

一审法院认为，何某借款，将程某等人的账户用作抵押实为权利质押，权利质押是以出质人提供的财产权利为标的而设定的质权，只能用账户内的股票或资金进行融资。二审法院认为，资金账户系证券账户进行证券交易的基础，只有在券商处开设资金账户并存入相应资金后才能进行证券交易。程某等人授权何某的行为属于委托理财行为，在授权何某进行证券交易时，已经授权何某运用该证

所对应的资金账户。故何某以程某等人的账户向建兴公司提供担保，该担保行为有效。本案中以账户里的证券和资金进行担保，并非质押。担保人应当承担合同约定的保证责任。

最高人民法院认为，程某等人的《授权书》载明："兹全权委托何某代理以下账户的存取、运作、抵押融资。"授权证券账户抵押融资，就是授权资金账户抵押融资。程某等人书面授权何某使用其证券账户抵押融资，即以资金账户中所有的资金和证券抵押担保，且没有违反《担保法》的禁止性规定，抵押民事法律关系成立。

二、何某以程某等人资金账户设立的担保物权是否生效

程某等人认为，本案中程某与何某的关系虽是委托理财关系，但若何某要用程某账户中的证券或资金去做质押担保，就必须有程某等人的书面授权，其担保才有效。何某与建兴公司约定用的是程某等人非授权的资金账户作借款质押担保，并未用授权的证券账户作借款质押担保，因此，担保物权并未生效。

最高人民法院认为，何某以程某等人的资金账户设立抵押担保行为，没有超出程某等人的授权范围或违背二人真实意思表示，也没有违反《担保法》的禁止性规定，故本案抵押民事法律关系成立，抵押权依法设立。程某等人关于授权证券账户不能等同授权资金账户，以证券账户中的证券或资金作质押担保须有书面授权并办理登记才有效的再审申请理由，与其授权何某时的真实意思表示不符。

[法院判决]

一审法院认为，程某和彭某各交给何某一份《授权书》，授权何某代理其股票账户的运作。根据《担保法》的规定，以依法可以转让的股票出质的，出质人与质权人应当订立书面合同，并向证券登记机构办理出质登记，质押合同自登记之日起生效。双方对股票质押没有订立书面合同且未依法向证券登记机构办理出质登记的，质押担保未生效。

二审法院认为，何某以程某、彭某、凌峰等账户向建兴公司进行抵押担保，不违背程某、彭某对其授权。故何某以程某等人账户向建兴公司提供担保的担保行为有效。本案中何某是以账户里的证券和资金进行担保，并非质押。

重庆市高级人民法院再审认为，何某以程某、彭某账户内的证券和资金进行担保，虽然未经登记，质权尚未设立，但存在基于程某、彭某的相关行为，建兴公司才将资金交由何某进行运营的客观事实，故对建兴公司因此受到的损失，程某、彭某应以其账户对应的证券和资金价值为限分别向建兴公司承担赔偿责任。

最高人民法院再审认为，程某、彭某书面授权何某使用其证券账户进行资金存取、交易并可以抵押融资，那么何某以程某、彭某证券账户对应的资金账户向建兴公司抵押融资，即是以资金账户中所有的资金和证券抵押担保。何某以程某、彭某账户抵押担保的行为，没有超出程某、彭某的授权范围或违背二人的真实意思表示，也没有违反《担保法》的禁止性规定，故本案抵押民事法律关系成立。

[法理分析]

本案的审理过程中，关于何某以程某等人的资金账户进行"抵押融资"的行为，形成了三种观点：第一种观点认为，该"抵押融资"行为系权利质押；第二种观点为认为，该"抵押融资"行为系保证担保；第三种观点认为，该"抵押融资"行为系抵押担保。

首先，权利质押是指以可以转让的权利为标的而设定的质权。《物权法》在"质权"一章中没有对"质权"统一给出定义，而仅仅规定了动产质权的定义，对权利质押的概念缺乏规定，而《担保法》中也没有关于权利质押的规定。学界对权利质押的标的存在两种不同的看法：一是认为权利质押的标的是所有权以外的财产权；二是认为权利质押的标的是可转让的权利。王利明认为，权利质押是指在依法可以质押且可以转让的权利之上设立的质押。动产所有权、不动产有所权、用益物权以外的可以让与的财产权，因具有交换价值，都可以作为权利质押的标的。根据《物权法》第二百二十三条①的规定，可以质押的权利包括：汇票、支票、本票；债券、存款单；仓单、提单；可以转让的基金份额、股权；依法可以转让的注册商标专用权、专利权、著作权等知识产权中的财产权；应收账款；法律、行政法规规定可以出质的其他财产权利。可以说，权利质权的标的包括了所有权、用益物权以外的可让与的财产权。

本案中，何某将程某等人的账户资金进行抵押，但资金账户并非《担保法》和《物权法》规定的可以质押的权利，因为《担保法》和《物权法》都以列举的方式明确规定了可以质押的权利范围，即汇票、支票、本票；债券、存款单；仓单、提单；可以转让的基金份额、股权；依法可以转让的注册商标专用权、专利权、著作权等知识产权中的财产权；应收账款。其他可以质押的权利必须是法律、行政法规规定可以出质的其他财产权利。根据法律的规定，可以质押的权利范围系法定，即法律没有规定的权利不可以设定质押。所以，本案中的资金账户并不属于可以设立质押的权利范围，何某以程某等人账户资金"抵押融资"的行为，并非权利质押。

其次，保证是指保证人和债权人约定，当债务人不履行债务时，保证人按照约定履行债务或承担责任的行为，有一般保证和连带责任保证两种方式。保证属于人的担保，即保证人以自己的财产对被保证人承诺承担保证责任。本案中，重庆高院二审时认为，以账户里的证券和资金进行担保，并非质押，担保人应当承担合同约定的保证责任。该观点对保证的设立及保证责任的承担存在误解。何某

---

① 《物权法》第二百二十三条规定："债务人或者第三人有权处分的下列权利可以出质：（一）汇票、支票、本票；（二）债券、存款单；（三）仓单、提单；（四）可以转让的基金份额、股权；（五）可以转让的注册商标专用权、专利权、著作权等知识产权中的财产权；（六）应收账款；（七）法律、行政法规规定可以出质的其他财产权利。"

以程某等人的账户资金设立的担保,并非是程某等人承诺以其资产对被保证人承担保证责任。所以,何某以程某等人账户资金"抵押融资"的行为,并不构成保证的法律关系。

最后,抵押权是指债权人对于债务人或者第三人不移转占有而提供担保的财产,在债务人不履行债务时,依法就担保财产变价并优先受偿的权利。《民法通则》第八十九条第(二)项规定依照法律的规定或者按照当事人的约定,可以采用债务人或者第三人提供一定的财产作为抵押物,债务人不履行债务的,债权人依照法律的规定以抵押物折价或者以变卖抵押物的价款优先得到偿还的方式担保债务的履行。《物权法》第一百七十九条第一款规定:"为担保债务的履行,债务人或者第三人不转移财产的占有,将该财产抵押给债权人的,债务人不履行到期债务或者发生当事人约定的实现抵押权的情形,债权人有权就该财产优先受偿。"通常情况下,抵押物是不移转占有的财产,该财产包括:建筑物和其他土地附着物,建设用地使用权,以招标、拍卖、公平协商等方式取得的"四荒"土地承包经营权。

关于抵押物的范围,根据《物权法》第一百八十条的规定,只要法律、行政法规没有规定不得抵押的财产都可以抵押。何某以程某等人的证券账户的资金和证券设立"抵押融资"应当认为是以该账户的资金和证券设立抵押担保,且该抵押物并不违反《物权法》和《担保法》的规定,不是法律禁止抵押的财产,所以抵押权依法设立。

此外,根据《中华人民共和国证券法》的规定,证券登记结算机构履行为投资人设立证券账户并对证券账户中的证券进行托管和过户、对证券持有人名册登记以及证券交易后进行清算和交收的职能。证券账户既是投资人的身份证明文件,也是证券投资的记账凭证,对投资人而言,证券账户具有唯一性。资金账户是投资人在证券账户设立后,选择证券公司进行交易前存入交易资金并与银行账户对应而设立的账户。资金账户可以因在不同证券公司开户发生变化，但当选定证券公司营业部开户设立后，资金账户便具体固定。资金账户从属且对应于证券账户，是证券账户进行证券交易的基础，仅有证券账户不能进行证券交易，二者不可分割。程某等人授权何某对其证券账户资金进行存取和运作，即是授权何某使用证券账户在证券公司设立的资金账户并进行证券交易。在此前提下，授权证券账户抵押融资，即是授权证券账户对应的资金账户抵押融资。因此，程某等人书面授权何某使用其证券账户资金和证券抵押担保，何某以程某等人资金账户进行抵押担保的行为，没有超出程某等人的授权范围。

[思政解读]

诚信原则的基本原则属性在我国已得到较为充分的体现，不仅在《民法总则》《民法通则》中规定了诚实信用原则，在多数单行民事立法中也规定了诚信原则或诚信问题，诚信原则可谓民法基本原则的帝王条款，指导着民事活动。本案中，何某以程某、彭某账户内的证券和资金进行担保，并不符合质权设立的条件。程某等人授权何某对其证券账户资金进行存取和运作，即是授权何某使用证券账户在证券公司设立资金账户并进行证券交易，何某以程某等人资金账户进行抵押担保的行为，没有超出程某等人的授权范围。从双方订立合同及合同履行的角度来看，并不存在背信弃约的情形，虽不符合法律的相关规定，但设立合同的初衷仍是以他人之优势实现自己财产之增值，并设立相应的保障机制。在案件的裁判中，不能抛开合同设立的目的，简单地认定法律关系。

作者：吕姝洁

2.9 公序良俗原则在返还原物请求权中的适用——不动产物权返还纠纷案[①]

[案情简介]

陶某、曹某系陶某一的父亲、母亲。陶某一自幼残疾,初中辍学后一直在陶某于溧水区明觉集镇经营的理发店内帮忙。2000年10月30日陶某一与丈夫诸某离婚,此后陶某一、诸某某(陶某一与诸某所生女)与陶某、曹某一直在明觉集镇共同生活。陶某一也在陶某的理发店里与陶某、曹某共同劳动。陶某、曹某负担陶某一的日常开支,但不支付报酬。陶某、曹某考虑陶某一自幼残疾,没有经济来源,多给陶某一点财产有利于其生存和发展,故于2005年2月21日,曹某以陶某一的名义签订了商品房买卖合同,购买荣昌花园某幢1037号门面房(以下简称门面房),后缴纳了购房款14万元及维修基金、契税等相关费用,并以陶某一的名义领取该门面房的房屋所有权证和土地使用权证。陶某、曹某对该门面房进行了装修(在室内增设一阁楼,具有一定的居住功能,但条件十分简陋),并在该门面房经营理发店。陶某一与诸某某、曹某、陶某在该门面房共同生活,并在理发店内劳动,不收取报酬。2006年9月4日陶某一与彭某登记结婚,次年6月24日生育陶某某,一家三口在外租房居住至今。因再婚及房产归属问题,陶某一、彭某与陶某、曹某产生矛盾。经查明,2010年3月2日陶某、曹某将溧水区永阳镇毓秀

[①] 南京市溧水区人民法院,(2010)溧民初字第599号;南京市溧水区人民法院,(2013)溧民再字第1号;南京市中级区人民法院,(2014)宁民再终字第27号。

路 11 号天生福邸某幢 605 室（二人于 2005 年 4 月 24 日购买）以 40 万元价格出售给他人。

原告陶某一诉至法院，要求被告陶某、曹某搬出门面房，将该房归还给陶某一。原审法院经审理认为，不动产权属证书是权利人享有该不动产物权的证明，陶某一据此主张自己系门面房的所有权人，合法有据。陶某、曹某不服上述判决，向检察机关申诉。南京市溧水区人民法院依法对案件进行再审。南京市溧水区人民法院依据《物权法》第七条①和《民法通则》第七条规定，判决驳回原审原告陶某一要求原审被告陶某、曹某搬出永门面房，并返还该房产的请求。陶某一不服再审一审判决向江苏省南京市中级人民法院提出上诉。江苏省南京市中级人民法院判决驳回上诉，维持南京市溧水区人民法院（2013）溧民再字第 1 号民事判决。

[**争议焦点**]

本案中的争议焦点是：陶某、曹某对门面房是否享有居住权，如果享有，其依据是什么？

[**法院判决**]

原审、再审、上诉法院都认为，陶某一为门面房的所有权人。

原审法院经审理认为，不动产权属证书是权利人享有该不动产物权的证明，故法院支持陶某一的主张。

再审法院认为，陶某一父母陶某、曹某全额出资购买该房产，后又出钱装潢，一直使用该房产开办理发店，并与陶某一的女儿一起居住在此处，且陶某、曹某在溧水城区没有其他房产。虽然目前法律对居住权没有明确的规定，但依据《物权法》第七条的规定，

---

① 《中华人民共和国物权法》第七条规定："物权的取得和行使，应当遵守法律，尊重社会公德，不得损害公共利益和他人合法权益。"

物权的行使应尊重社会公德,《民法通则》第七条①规定民事活动应尊重社会公德。陶某、曹某考虑到自己年事已高,可以照顾身有残疾女儿陶某一的时间有限,为了陶某一今后有一定经济基础,以维持生计和养老之用,用辛苦积攒的14万元全额出资为陶某一购买涉案门面房,充分体现了父母对子女的大爱,同时陶某在该门面房经营理发店维持全家生计,并供应陶某一女儿读书、生活。可见陶某一要求亲生父母陶某、曹某从他们全额出资购买的房屋中迁出的请求,不符合社会公德,有违公序良俗,不应予以支持。

江苏省南京市中级人民法院认为,公民的合法权益受法律保护。本案中,陶某一自幼残疾,陶某、曹某出于对女儿今后生存和发展的考虑,经过家庭成员共同商定,以陶某一的名义签订商品房买卖合同,购买门面房,缴纳了全部购房款及维修基金、契税等相关费用,并以陶某一的名义领取该房的房屋所有权证和土地使用权证,赠与法律关系成立。此后,陶某、陶明在该门面房开办理发店用于维持全家生计,并供养陶某一与前夫所生之女诸某某,涉案房屋一直由陶某、曹某及陶某一等五人居住使用。即便该房屋已登记在陶某一名下,也不能剥夺陶某、曹某对涉案房屋的居住权和使用权。同时作为陶某、曹某女儿的陶某一,尽管有残疾,但已结婚生子,为人父母,依法有责任赡养自己的父母,抚育自己的儿女,在其未尽到法定义务的前提下,还要求父母迁出受赠房屋,违背公序良俗,有悖社会公德。再审一审根据本案的实际情况,适用《物权法》第七条及《民法通则》第七条的规定并无不当。综上,陶某一的上诉理由,缺乏事实和法律依据,不能成立。再审一审判决认定事实清楚,适用法律正确,应予维持。

---

① 《中华人民共和国民法通则》第七条规定:"民事活动应当尊重社会公德,不得损害社会公共利益,破坏国家经济计划,扰乱社会经济秩序。"

[**法理分析**]

我国《民法总则》第八条①、《民法通则》第七条、《合同法》第七条②以及《最高人民法院关于确定民事侵权精神损害赔偿责任若干问题的解释》第一条③等均对于违反"社会公共利益""社会公德"的行为的效力和后果作出了规定,因此普遍认为我国民法已确立了公序良俗原则。然而,对于公序良俗原则的基本内涵是什么,我国的现行法律规定得较为模糊。

公序良俗观念肇源于罗马法。罗马法规定,标的作为法律行为的构成要素之一,必须具备确定性、可能性、正当性和利益性等要件。④民事主体在行使权利、履行义务时,应当兼顾对方当事人利益和社会一般利益,在不损害他人利益和社会公共利益的前提下,追求自己的利益。⑤《法国民法典》第六条规定了公序良俗原则,《德国民法典》则仅表达为善良风俗,在英美法系中类似的概念是公共政策。⑥我国学界通说认为公序良俗是"公共秩序"与"善良风俗"两个概念的合称。

公共秩序一般被认为是维护国家和社会正常发展所需要遵守的秩序和规则,它所代表的是社会和国家的公共利益。公共秩序也叫社会公共利益,是指全体社会成员的共同利益。法律维护公共秩序、

---

① 《中华人民共和国民法总则》第八条规定:"民事主体从事民事活动,不得违反法律,不得违背公序良俗。"

② 《中华人民共和国合同法》第七条规定:"当事人订立、履行合同,应当遵守法律、行政法规,尊重社会公德,不得扰乱社会经济秩序,损害社会公共利益。"

③ 《最高人民法院关于确定民事侵权精神损害赔偿责任若干问题的解释》第一条规定:"违反社会公共利益、社会公德侵害他人隐私或者其他人格利益,受害人以侵权为由向人民法院起诉请求赔偿精神损害的,人民法院应当依法予以受理。"

④ 李双元、温世扬:《比较民法学》,武汉大学出版社2016年版,第51页。

⑤ 李永军:《民法总论》,法律出版社2006年版,第96页。

⑥ 张新宝:《〈中华人民共和国民法总则〉释义》,中国人民大学出版社2017年版,第15页。

保障社会公共利益,就是保护全体公民的共同利益,也就是保护每一个公民的自身利益。我国《民法通则》和《民法总则》都有关于违反社会公共利益的规定。《民法通则》第五十八条第(五)项明确规定,违反社会公共利益的民事行为无效;《民法总则》第一百四十三条也明确规定,有效的民事法律行为不得违背公序良俗。法律强调违反公共秩序的行为无效,是从正面强调了其对公共秩序的维护。①

善良风俗应当是在一定的时期和一定的地域内存在的最低道德规范。一般认为善良风俗的含义可以从两方面来理解,一方面是指社会普遍认同的伦理道德,如我国民法提倡尊重人格尊严,提倡家庭成员在生活中互相帮助、和睦团结、尊老爱幼,等等;另一方面是指某个地域所普遍遵守的风俗习惯。社会普遍承认的伦理道德也相对统一,而风俗习惯则具有地域性和时差性,并且在多元化的文化背景下,很可能因法官个人的文化背景、价值准则、生活环境等不同而出现对风俗习惯有不同的认识。

本案陶某、曹某考虑到自己年事已高,可以照顾身有残疾女儿陶某一的时间有限,为了陶某一今后有一定经济基础,以维持生计和作养老之用,用辛苦积攒的14万元全额出资为陶某一购买涉案门面房,充分体现了父母对子女的大爱。陶某在该门面房经营理发店维持全家生计,并供应陶某一女儿诸某某读书、生活。陶某一父母陶某、曹某又出钱装潢且一直使用该房产开办理发店,并与陶某一的女儿诸某某一起居住此处,且陶某、曹某在溧水城区没有其他房产。陶某一父母的种种行为,无不体现父母对子女无私的爱。此外,百善孝为先,子女在家庭中要尊敬老人,尊敬老人、孝敬父母也是中华民族的传统美德。故陶某一不知恩义要求亲生父母陶某、曹某

---

① 杨立新:《〈中华人民共和国民法总则〉要义与案例解读》,中国法制出版社,2017年,第59页。

从他们全额出资购买的房屋中迁出违反了中华民族传统美德,不符合社会公德,有违公序良俗。

公序良俗原则可以克服法律规则的僵硬性缺陷,弥补法律漏洞,保证个案正义,在一定程度上填补了规范与事实之间,或者法与道德的缝隙。但由于公序良俗原则内涵高度抽象,外延宽泛,所以当这一法律原则直接作为裁判案件的标准发挥作用时,会赋予法官较大的自由裁量权,从而不能完全保证法律的确定性和可预测性。为了将公序良俗原则的不确定性缩小在一定范围之内,需要对法律原则的适用设定严格的条件:第一,穷尽法律规则,方得适用法律原则;第二,除非为了实现个案正义,否则不得舍弃法律规则而直接适用法律原则。

本案如仅适用《物权法》第三十四条①的规定,无权占有不动产的,权利人可以请求返还原物,那么陶某一就可以要求亲生父母陶某、曹某从他们全额出资购买的房屋中迁出。陶某一父母对其无私的爱,却换来陶某一的不知恩义,要求其父母搬离门面。此外,陶某一父母年事已高,在溧水城区没有其他房产,搬离后的生存权也难以实现。原审法院判决违反了中华民族传统美德,不符合社会公德,有违公序良俗。本案的二审判决符合法律原则适用的条件,除非为了实现个案正义,否则不得舍弃法律规则而直接适用法律原则,适用公序良俗原则也有充分的理由。该判决结果适用公序良俗原则是以维护家庭和睦团结、弘扬社会公共道德、实现个案正义为唯一目的。

[思政解读]

家庭是国家的基本组成单位,家庭关系的和谐是构建和谐社会的核心要素。处理涉及亲属间交易关系的纠纷时,在意思自治和公

---

① 《物权法》第三十四条规定:"无权占有不动产或者动产的,权利人可以请求返还原物。"

序良俗的利益考量中应更强调公序良俗的价值取向，案件的处理结果应符合社会主义家庭道德观念与善良习俗，符合社会正义的要求，实现法律层面和道德层面的双重保护。一个案件的判决，乃至一个法律的颁布，除了定纷止争的现实意义，更是对社会主义核心价值观和社会公共道德的宣扬。一个优秀的法律人才，必然具备爱护父母，知恩图报的优秀品质；一部完善的法律规范，必然是符合自由、公正、和谐的社会发展态势；一个和谐的社会，需要法律的维护，更加需要每一个个体对公共道德和善良风俗的不懈追求和遵守。大学时光正是你们人生的黄金时期，所以你们不仅要有求学求知的热情，而且要有心系家庭、心系国家的担当，做到知行合一、学以致用。

作者：齐恩平

3 债权纠纷

3.1 民间借款合同与买卖合同混合情形下合同性质的认定——商品房买卖合同纠纷案①

[**案情简介**]

2013年7月15日—2014年4月22日,彦海公司与汤某等共签订了6份借款合同。并于2013年7月15日、2014年4月22日,分别签订了两份《补充协议》,约定担保还款,房产预告登记在汤某等名下,如彦海公司未按期回购,双方依《商品房买卖合同》的规定办理相关产籍手续。2013年3月18日和2014年3月27日,汤某等分别与彦海公司签订了15份《商品房预售合同》,并办理了预告登记。

2014年6月18日,汤某等与彦海公司签订了《商品房买卖合同》,总价款为人民币肆亿元整,房屋范围大于预告登记。同日,双方签订《预售商品房补充协议》。该协议约定:甲方(彦海公司)与乙方(汤某等)签订的《借款合同》因甲方长期拖欠利息,已确定无能力偿还借款本金及利息(多份借款合同约定同期贷款利息4倍

---

① 新疆维吾尔自治区高级人民法院,(2016)新民初62号;最高人民法院,(2015)民一终字第180号。

或月息 2.2%、月息 3%等），双方确定借款期限提前到期，甲方同意以物抵债，并确认《商品房买卖合同》在《商品房预售合同》的基础上形成。本补充协议为《商品房买卖合同》的补充协议。经甲乙双方对账确认乙方已付房款共计人民币 361398017.78 元，剩余房款待甲方给乙方办理完毕全部标的物房屋产权证书及土地使用权证书后的 30 日内，再由乙方一次性支付给甲方人民币。

2014 年 6 月 23 日，彦海公司出具《承诺书》，承诺给买受方办理交房，使用日期为 2014 年 9 月 30 日前。并承诺如未按期向买受方交房，每月向买受方支付 1200 万元的利息及违约金，直到交房完毕之日止。

汤某等诉称，根据双方合同约定，彦海公司应于 2014 年 9 月 30 日向四人交付符合合同约定的房屋，但至今未交付，请求判令彦海公司支付违约金等。彦海公司辩称，汤某等与彦海公司并没有购买和出售房屋的意思表示，15 份房屋预售合同实际是名为买卖合同，实为借贷关系，商品房买卖实为借贷关系的担保。《预售商品房补充协议》约定以流质的方式将之前预告登记房屋于 2014 年 9 月 30 日前交付四人，违反了法律规定，该抵押行为无效。

[争议焦点]

本案争议的焦点是汤某等人与彦海公司之间是借款法律关系还是商品房买卖法律关系。彦海公司认为，其与汤某等人签订了借款合同，为保证及时还款，双方签订了《补充协议》，约定将紫荆公馆第一至十九层以预售的方式出售给汤某等四人，彦海公司以约定的价格回购，作为借款担保。根据《最高人民法院关于审理民间借贷案件适用法律若干问题的规定》第二十四条的规定，双方之间系借款法律关系。而双方约定的借款担保的方式具有流质性质，违反《物权法》第一百八十六条①和《担保法》第四十条②的禁止性规定，应当认定为无效。汤某等人认为，双方当事人之间存在合法有效的商品房买卖法律关系，《中华人民共和国合同法》（以下简称《合同法》）第四十四条③中规定，依法成立的合同，自成立时生效。本案中的《商品房预售合同》《商品房买卖合同》等合同，未违反法律关于流押禁止的规定，不存在合同无效的情形。《最高人民法院关于审理民间借贷案件适用法律若干问题的规定》第二十四条规定的情形，与本案事实不一致，不适用于本案。

[法院判决]

一审法院认为，双方对签订《商品房买卖合同》前存在借贷关系均不持异议，双方就借款期限未届满的部分债务确定于2014年6月18日提前到期，将借款本息数额转为购房款。折抵后的剩余房款，双方约定待彦海公司给四人办理完产权证时一次性支付。双方借贷关系通过协商一致予以解除，双方当事人之间系商品房买卖法律关系。彦海公司合法取得商品房预售许可后，将其开发的"紫荆公馆"的在建房产，与汤某等签订《商品房买卖合同》及《预售商品房补充协议》，合同的内容具备商品房买卖合同的条款，是双方真实的意思表示，双方当事人并未就涉案房屋设定抵押担保，不涉及《担保法》的"流质赴约禁止"问题，故并不违反《物权法》第一百八十六条和《担保法》第四十条的禁止性规定。因彦海公司违约，应当支付违约金，但违约金约定的过高，酌定参照人民银行同期贷款利率。

---

① 《物权法》第一百八十六条规定："抵押权人在债务履行期届满前，不得与抵押人约定债务人不履行到期债务时抵押财产归债权人所有。"

② 《担保法》第四十条规定："订立抵押合同时，抵押权人和抵押人在合同中不得约定在债务履行期届满抵押权人未受清偿时，抵押物的所有权转移为债权人所有。"

③ 《合同法》第四十四条规定："依法成立的合同，自成立时生效。法律、行政法规规定应当办理批准、登记等手续生效的，依照其规定。"

二审法院认为,在《预售商品房补充协议》和《商品房买卖合同》签订前,彦海公司与汤某等之间确实存在借款合同关系。但双方签订了《商品房预售合同》,办理了预告登记,且根据《预售商品房补充协议》的约定内容及双方的对账情况,双方签订了《商品房买卖合同》,就借款无力偿还等情形进行了约定,双方之间的借款合同关系转变为商品买卖合同关系。该《商品房买卖合同》并非为双方之间的借款合同履行提供担保,而是借款合同到期彦海公司难以清偿债务时,双方协商通过将彦海公司所有的商品房出售给汤某等四位债权人的方式,实现双方权利义务平衡的一种交易安排。

《预售商品房补充协议》中确认的已付房款为361398017.78元,系依据双方之间的借款利息计算,而该笔借款利息明显高于法律规定的民间借贷利率保护的上限,本院依法不能确认。故认定汤某等四人作为购房人,并未足额支付合同中约定的首付购房款,彦海公司未按约定时间交付房屋,不视为违约。

最高院再审认为,汤某等四人尚未足额付款,彦海公司未交房不构成违约,二审法院适用法律亦无不当。

[法理分析]

一、民事法律关系的产生、变更与消灭

民事法律关系,是根据民事法律规范确立的以民事权利义务为内容的社会关系。其产生、变更、消灭,除法律另有规定外,需要通过法律关系参与主体的意思表示一致而形成。通常情况下,在民事交易活动中,民事主体通过意思表示确定了双方之间的法律关系,但当事人的意思表示也会发生变化,导致双方的民事法律关系发生变化。在合同法律关系中,民事法律关系的变更必须基于双方当事人的协商一致,只要有一方不同意变更,原有的法律关系就不会发生变化。

本案中,双方当事人先签订了借款合同,约定了借款期限、还款日期、利息、违约责任等内容,形成了借款法律关系。为担保债务的履行,双方签订了《补充协议》,约定若彦海公司不能按约定日期回购其房产,涉案房屋便归汤某等人所有。因涉案房屋系在建项目,无法登记在个人名下,汤某等人又与彦海公司签订了《商品房预售合同》,约定将涉案房屋预售给汤某等人,并办理了商品房预告登记。第二年,汤某等人与彦海公司签订了《商品房买卖合同》。此时签订的《商品房买卖合同》与之前《商品房预售合同》涉及的范围基本相同。签订《商品房买卖合同》同时,双方又签订了《预售商品房补充协议》,对之前借款及归还本息的情形进行对账,约定了涉案房屋的首付款数额等事项。

  由于《商品房买卖合同》及《预售商品房补充协议》签订时,双方之间的部分借款已经到期,剩余部分的借款双方一致同意提前到期,将彦海公司尚欠汤某等人的款项作为购买涉案房屋的购房款,仍需支付的购房款待彦海公司办理完产权证后,再行支付。汤某等人与彦海公司签订的《商品房买卖合同》真实有效,且根据《预售商品房补充协议》、彦海公司出具的《承诺书》来看,都是双方就购买涉案房屋做出的意思表示,合同的内容亦符合《商品房买卖合同》的要件。因此,汤某等人与彦海公司之间构成商品房买卖法律关系。虽然之前,双方系借款法律关系,但在彦海公司归还一部分欠款后,双方通过对账的方式,明确了尚欠的款项,并一致同意将尚欠的款项作为购买涉案房屋首付款。所以,原借款法律关系的民事主体通过协商一致的意思表示,将双方的法律关系变更为商品房买卖法律关系。正如最高院裁判所言:"《商品房买卖合同》并非双方之间的借款合同履行提供担保,而是借款合同到期彦海公司难以清偿债务时,双方协商通过将彦海公司所有的商品房出售给汤某等四位债权人的方式,以实现双方权利义务平等的一种交易安排。"

  二、民间借款合同与买卖合同混合情形的认定与处理

  实践中,常有双方当事人基于同一笔款项先后签订商品房买卖

合同和借款协议,并约定如借款到期,偿还借款的,商品房买卖合同不再履行;不能偿还借款的,则履行商品房买卖合同,债权人可以按照合同的约定取得房屋所有权。对于此类争议,司法实践中存在两种观点。第一种观点认为,在合同、协议均依法成立并已经生效的情况下,应当认定当事人之间同时成立商品房买卖和借贷两个法律关系。借款到期后债务人不能偿还的,由债权人取得商品房所有权,不违反《担保法》第四十条及《物权法》第一百八十六条禁止流质的规定。第二种观点认为,应当结合双方当事人的证据,探究双方当事人的真实意思表示,判断法律关系的性质。在借贷关系成立的前提下,双方签订商品房买卖合同,债权人依照合同的约定请求直接获得房屋所有权的主张,违反了禁止流质的规定,应属无效。

2015年《最高人民法院关于审理民间借贷案件适用法律若干问题的规定》第二十四条第一款①规定,债权人应该根据民间借贷的法律关系提出诉讼请求,否则人民法院将驳回起诉。也就是说,债权人不可以直接根据买卖合同的约定,对标的物主张请求权。

最高人民法院在审理本案时,认为本案作为二审案件,原则上不适用上述司法解释的规定。而且依前所述,涉案《商品房买卖合同》是在借款到期后,双方当事人经协商对账后签订的,目的在于将双方之前的借款本金及利息转变为购房款,由原出借人向借款人购买标的房屋,而并非为借款合同提供担保,故本案情形亦不属于上述司法解释第二十四条规定的适用情形。最高人民法院在审理时,也是采取的第二种观点,即结合双方当事人的证据,探究双方当事人的真实意思表示,判断法律关系的性质。

---

① 《最高人民法院关于审理民间借贷案件适用法律若干问题的规定》第二十四条第一款规定:"当事人以签订买卖合同作为民间借贷合同的担保,借款到期后借款人不能还款,出借人请求履行买卖合同的,人民法院应当按照民间借贷法律关系审理,并向当事人释明变更诉讼请求。当事人拒绝变更的,人民法院裁定驳回起诉。"

笔者赞同第二种观点，双方之间的真实法律关系，应当根据双方当事人的真实意思表示和合同的实质内容来判定。在案件的审理中，不能机械地适用《最高人民法院关于审理民间借贷案件适用法律若干问题的规定》第二十四条的规定，认为当事人只要签订了商品房买卖合同，且有关于担保的约定时，就应当确定为借贷法律关系。该司法解释，也仅是规定了当事人在借贷法律关系中，以商品房买卖合同为债务提供担保的情形。这种情形下，双方当事人之间还是借款法律关系，只是为借款做了一个担保。而本案中，双方当事人已经就借款及还款等事项进行了重新约定，债务提前到期，并就剩余款项作为购房款进行了明确的约定，后签订的《商品房买卖合同》涉及了购房款，房产交付等具体事宜，不能简单地适用《最高人民法院关于审理民间借贷案件适用法律若干问题的规定》第二十四条，认定为借贷法律关系，而应当根据《商品房买卖合同》等合同，认定双方为商品房买卖合同法律关系。通过分析具体案件中的证据，探究双方当事人的真实意思表示，是对双方意思自治最大的尊重。

三、关于用商品房买卖合同来为借贷提供担保

《物权法》规定了几类担保方式，用商品房买卖合同来为借贷提供担保，并非属于《物权法》规定的几种法定的担保物权类型，属于非典型的担保形式。对于非典型的担保、《物权法》与《担保法》并未明确规定，从民法、合同法原理的角度出发，如果没有违背法律、行政法规的强制性规定，即可承认非典型担保的合同效力，认为其符合《合同法》关于合同效力的认定。但我国禁止流质条款，即《物权法》第一百八十六条以及《担保法》第四十条规定，旨在保护债务人的利益，禁止债权人获取标的物与债务之间的差额，暴力得利。实践中，当事人为了规避《物权法》关于"禁止流质"条款的规定，采取变通的做法，通过订立一份买卖合同来担保借款合同的履行。本案并不涉及此问题，双方当事人并未就涉案房屋设定

抵押担保，不涉及担保法关于"流质契约禁止"的问题。

[思政解读]

《合同法》第六条是关于当事人行使权利、履行义务应当遵循诚实信用原则的一般规定，是《民法通则》第四条在《合同法》中的具体化。《合同法》第四十二条[①]、第六十条[②]、第九十二条[③]3个条文从合同的角度分别规定了合同订立阶段、合同履行阶段以及合同终止后的诚信义务。在合同订立阶段，当事人不得恶信订约，捉弄他方当事人；在合同履行阶段，当事人应严格履约，并承担附随义务；在合同终止后，当事人在合同履行完毕后须履行后契约义务。关于合同的解释方面，《合同法》第一百二十五条[④]规定，应当以诚实信用作为合同解释的原则，从平衡双方当事人利益的角度解释合同。依据我国对诚实信用原则的规定及《合同法》具体关于合同履行过程中的规定可以看出，诚信原则贯穿于合同的始终。合同当事人应当秉持诚信，以合理公正的方式行事。

作者：吕姝洁

[①]《合同法》第四十二条规定："当事人在订立合同过程中有下列情形之一，给对方造成损失的，应当承担损害赔偿责任：（一）假借订立合同，恶意进行磋商；（二）故意隐瞒与订立合同有关的重要事实或者提供虚假情况；（三）有其他违背诚实信用原则的行为。"

[②]《合同法》第六十条规定："当事人应当按照约定全面履行自己的义务。当事人应当遵循诚实信用原则，根据合同的性质、目的和交易习惯履行通知、协助、保密等义务。"

[③]《合同法》第九十二条规定："合同的权利义务终止后，当事人应当遵循诚实信用原则，根据交易习惯履行通知、协助、保密等义务。"

[④]《合同法》第一百二十五条规定："当事人对合同条款的理解有争议的，应当按照合同所使用的词句、合同的有关条款、合同的目的、交易习惯以及诚实信用原则，确定该条款的真实意思。合同文本采用两种以上文字订立并约定具有同等效力的，对各文本使用的词句推定具有相同含义。各文本使用的词句不一致的，应当根据合同的目的予以解释。"

3.2 债权优先实现之条件——长富投资、中森华房地产、中森华投资等合同纠纷案[①]

[案情简介]

2013年9月27日,长富基金与兴业银行武汉分行、中森华房地产、中森华投资、郑某、陈某签订《投资合作协议》,约定长富基金以委托贷款方式委托兴业银行武汉分行向中森华房地产公司发放贷款6.3亿元,用于完成徐东村城中村综合改造项目,借款分两期发放。同日,长富基金、兴业银行武汉分行与中森华房地产签订《委托贷款合同》,约定第一期发放借款4亿元,发放条件为"中森华房地产将拥有的位于武汉市洪山区徐东村K1地块土地使用权、K5地块在建工程及土地使用权抵押给兴业银行武汉分行,抵押手续办理完毕;中森华投资以其持有的49%的股权为中森华房地产在本协议项下的全部债务提供质押担保并质押给兴业银行武汉分行,质押登记手续办理完毕"。第二期发放借款2.3亿元,发放条件为"中森华房地产将其拥有的位于武汉市洪山区徐东村K2地块土地使用权、K3地块土地使用权、K4地块在建工程及土地使用权抵押给兴业银行武汉分行,抵押手续办理完毕"。

此后,兴业银行武汉分行又与中森华投资签订《股权质押合同》,约定中森华投资以其拥有的中森华房地产的49%股权为主合同项下6.3亿元债务本金及利息提供担保。合同签订后,双方于2013年11月26日办理了质押登记。2013年9月27日,兴业银行武汉分行

---

① 最高人民法院,(2016)最高法民终124号。

与中森华投资、郑某、陈某签订《连带保证合同》，约定中森华投资、郑某、陈某为债务人中森华房地产的借款本金 6.3 亿元及利息、违约金、赔偿金等提供担保，担保方式为不可撤销的连带责任担保。

上述合同签订后，双方办理了 K1 地块土地使用权、K5 地块土地使用权在建工程的抵押登记。2013 年 12 月 12 日，长富基金通过兴业银行武汉分行向中森华房地产发放了第一期委托贷款 4 亿元。中森华房地产于 2014 年 3 月 21 日通过兴业银行武汉分行向长富基金支付利息 1600 万元。中森华房地产未办理 K2、K3、K4 地块及在建工程的抵押登记，兴业银行武汉分行亦未发放第二期 2.3 亿元借款。

徐东集团向长富基金出具《承诺函》称：其对中森华房地产的所有债权劣后于贵方因通过委托贷款方式对中森华房地产融资 6.3 亿元而享有的债权本息及其他相关权益。祥和公司向长富基金出具《承诺函》称：其对上述 K2、K3、C2、C3、C4 工程项目的建筑工程款的受偿权劣后于贵方通过委托贷款方式对中森华房地产融资 6.3 亿元而享有的债权本息及其他相关权益。湖北省武汉市中星公证处对以上两份《承诺函》作出了《公证书》。

长富基金提起本案诉讼，主张中森华房地产未按《委托贷款合同》及《抵押合同》的约定办理 K2、K3、K4 地块土地使用权及在建工程抵押，且抵押的在建工程大部分被出售，已构成违约，应承担违约责任并支付违约金；中森华投资、郑某、陈某承担质押担保责任及连带保证责任。

湖北省武汉市江岸区城乡统筹发展工作办公室提出异议称：长富基金申请保全的 K4、K5 地块的在建公寓已出售给该办。

[争议焦点]

本案涉及委托贷款协议纠纷中主体资格和委托贷款协议中的违约责任问题，以及其他债权人承诺其债权劣后于长富基金债权的效力问题。

关于主体资格问题,中森华房地产认为,《委托贷款合同》第1.4条约定,"借款人不能按期偿还本金及利息时,受托人应按照委托人的要求以受托人的名义向借款人、担保人及相关联人员提起诉讼",该约定符合最高人民法院《关于如何确定委托贷款协议纠纷诉讼主体资格的批复》的相关规定,本案中长富基金作为原告直接对中森华房地产提起诉讼,不符合合同约定。长富基金认为《委托贷款合同》第1.4条是选择性条款,第4.4条明确约定长富基金有权提起诉讼,长富基金可以自行起诉,也可以要求受托人起诉,其并没有违反法律规定,是适格的主体。

关于长富基金是否违约的问题,中森华房地产认为,长富基金没有向中森华房地产发放第二期2.3亿元借款,致使其项目资金出现问题,给中森华房地产公司造成重大损失,应当承担违约责任。长富基金认为其不发放第二期贷款是因为中森华房地产未按约定办理抵押登记。

关于徐东集团、祥和公司承诺其债权劣后于长富基金的问题,徐东集团认为徐东村城中村综合改造项目C地块产业项目登记在徐东集团名下,只有符合联合开发的三个条件,中森华房地产才能取得产权。《承诺函》仅是确认中森华房地产在该地块中可能存在的权利,该权利并非本案应当查明的事实,应当另案解决。

[法院判决]

原审法院认为,本案所涉《投资合作协议》《委托贷款合同》等,是各方当事人的真实意思表示,合法有效。兴业银行武汉分行受长富基金委托向中森华房地产公司发放委托贷款,三方当事人之间建立了委托贷款合同关系。本案中《抵押合同》《股权质押合同》《连带保证合同》和抵押、质押登记的名义权利人是兴业银行武汉分行,但因中森华房地产及担保人对发放贷款及担保的实际权利人是长富基金均是已知的，故本案的担保合同直接约束长富基金、中森华房地产及担保人。

中森华房地产未按约定办理 K2、K3、K4 地块及在建工程的抵押登记，属于"未履行或者未完全履行借款人与委托人签订的其他合同项下义务"；中森华房地产未按合同约定的按季度支付利息，支付 2014 年一季度利息后，自 2014 年 3 月 22 日起未付利息，属于"明确表示或者以行为表明不愿清偿其已到期或未到期债务"；在实施本案诉讼保全时，中森华房地产已涉及多起诉讼，向长富基金提供的抵押物已被其他债权人查封。因此，长富基金请求终止合同履行、提前收回贷款符合《投资协议》《委托贷款合同》中"借款人或保证人违约，借款人或者保证人还款能力可能发生重大不利变化，抵押物、质押物可能遭受重大损害或者价值减损等，可以停止发放借款，提前收回已发放借款"的约定，应当予以支持。徐东集团、祥和公司向长富基金作出书面承诺，承诺其建设工程价款受偿劣后于长富基金债权，该承诺系徐东集团公司、祥和公司的真实意思表示，亦不存在法律规定的法律行为无效的情形，应认定为有效。

最高人民法院再审认为，本案中长富基金与中森华房地产之间通过兴业银行武汉分行签订《委托贷款合同》，并不违反《合同法》第五十二条①和最高人民法院《关于审理民间借贷案件适用法律若干问题的规定》第十四条关于合同无效的规定，涉案《委托贷款合同》合法有效。中森华房地产构成根本违约，长富基金请求终止合同履行、提前收回贷款符合《投资协议》《委托贷款合同》的约定。

关于《承诺函》的问题，再审法院认为，徐东集团在《承诺函》中表示：对中森华房地产的所有债权劣后于长富基金的债权。从设

---

① 《合同法》第五十二条规定："有下列情形之一的，合同无效：（一）一方以欺诈、胁迫的手段订立合同，损害国家利益；（二）恶意串通，损害国家、集体或者第三人利益；（三）以合法形式掩盖非法目的；（四）损害社会公共利益；（五）违反法律、行政法规的强制性规定。"

置的义务内容看,该《承诺函》系徐东集团对长富基金在《委托贷款合同》中的债权作出的一种担保性质的承诺,虽不具有物权法上的排他性物权效力,不能对抗第三人,但该承诺不违反法律、法规的禁止性规定,合法有效,在当事人之间具有约束力。

[法理分析]

一、委托贷款法律关系中委托人系抵押权人

本案中,中森华房地产与长富基金、兴业银行武汉分行、中森华投资、郑某、陈某签订《投资合作协议》,中森华房地产与兴业银行武汉分行签订《委托贷款合同》,中森华已明知长富基金系委托人、兴业银行武汉分行系受托人,而根据《合同法》第四百零二条"受托人以自己的名义,在委托人的授权范围内与第三人订立的合同,第三人在订立合同时知道受托人与委托人之间的代理关系的,该合同直接约束委托人和第三人,但有确切证据证明该合同只约束受托人和第三人的除外"的规定,《委托贷款合同》中关于借款、抵押等内容直接约束委托人长富基金与第三人中森华房地产。因此,长富基金系抵押关系中抵押权人。

长富基金作为抵押权人,享有抵押权,可以依法行使抵押权。在债务人不履行债务时,依法享有就担保财产变价并优先受偿的权利。

二、抵押合同与抵押权的关系

《物权法》第十五条确立了合同效力和登记效力的区分原则,即抵押合同生效与抵押权的设立是相分离的。抵押人允诺以其财产为债权人提供抵押,在订立抵押合同之后,却又违反允诺拒不办理抵押登记手续,致使抵押权不能设立,抵押人理应承担由此给债权人造成的损失;抵押权人有权基于抵押合同要求抵押人承担违约责任。

本案中,《委托贷款合同》约定,中森华房地产办理 K2、K3、K4 地块及在建工程的抵押登记,兴业银行武汉分行亦发放第二期

2.3亿元借款。但中森华房地产未办理上述抵押物的抵押登记,违反抵押合同的约定,应当承担违约责任。因中森华房地产未办理上述地块的抵押,虽然抵押合同成立,但就上述地块的抵押权尚未设立,长富基金不能基于上述地块行使抵押权。

三、祥和公司承诺其债权劣后于长富基金债权清偿的效力问题

关于抵押物上设立数个抵押权的问题。《担保法》第三十五条①在法律上确认了当事人可以在同一物之上设定数个抵押权,但抵押人提供的抵押财产的价值必须大于或者等于担保的债权额。《物权法》第一百九十九条②对《担保法》进行了修改,解除了对重复抵押的限制,《物权法》规定的优先顺位,其实是允许一物之上重复设置抵押。先顺位的抵押权人可以放弃其抵押权,使后顺位的抵押权人实现抵押权。

同时,《最高人民法院关于建设工程价款优先受偿权问题的批复》第一条规定:"人民法院在审理房地产纠纷案件和办理执行案件中,应当依照《合同法》第二百八十六条③的规定,认定建筑工程承包人的优先受偿权优于抵押权和其他债权。"实践中,常有类似本案的情形发生。对于此类问题,目前有两种观点:第一种观点认为,建设工程价款优先受偿权是承包人的对自己民事权利的处分行为,只要不违反法律、法规的规定,就应当认定为有效;第二种观点认为,建设工程价值优先受偿权是合同法赋予的法定权利,目的在于

---

①《担保法》第三十五规定:"抵押人所担保的债权不得超出其抵押物的价值。财产抵押后,该财产的价值大于所担保债权的余额部分,可以再次抵押,但不得超出其余额部分。"

②《物权法》第一百九十九条规定:"同一财产向两个以上债权人抵押的,拍卖、变卖抵押财产所得的价款依照下列规定清偿:(一)抵押权已登记的,按照登记的先后顺序清偿;顺序相同的,按照债权比例清偿;(二)抵押权已登记的先于未登记的受偿;(三)抵押权未登记的,按照债权比例清偿。"

③《合同法》第二百八十六条规定:"发包人未按照约定支付价款的,承包人可以催告发包人在合理期限内支付价款。发包人逾期不支付的,除按照建设工程的性质不宜折价、拍卖的以外,承包人可以与发包人协议将该工程折价,也可以申请人民法院将该工程依法拍卖。建设工程的价款就该工程折价或者拍卖的价款优先受偿。"

保护农民工的权益，不能放弃其优先受偿的顺位，否则有违立法目的。笔者认为，建设工程价款优先受偿权的权利性质是为担保债权的实现，是一种民事权利，应当根据当事人的意思自治予以行使或放弃。

本案中，祥和公司出具《承诺函》，承诺其债权劣后于长富基金的债权，徐东集团承诺其建设工程价款受偿劣后于长富基金的债权。上述承诺系徐东集团公司、祥和公司的真实意思表示，亦不存在法律规定的法律行为无效的情形，应认定为有效。根据《物权法》第一百九十四条①规定，抵押权作为一种财产权，抵押权顺位本身体现了一定的财产权益，按照私法自治的原则，既然权利人可以放弃抵押权，抵押权人自然也可以在不损害其他抵押权人利益的情况下放弃其顺位利益。法律规定建设工程价款优先受偿权的目的在于保护民工工资等合法权益的实现，但仍然属于一种可以由权利人自由处分的民事权利。

四、关于所有权、使用权有争议的财产

在设置抵押时，用于抵押的财产的权利归属不明确时，禁止设立抵押。《物权法》禁止所有权、抵押权不明或有争议的财产设立抵押，主要原因在于：抵押是一种处分行为，抵押人将某项财产抵押的前提是对该项财产享有处分权，所有权、使用权有争议的财产，抵押人对其是否享有处分权尚未确定，因此不能抵押。另一方面，以此类财产抵押，可能会侵犯所有权人或使用权人的合法权益。

本案中，C地块产业项目登记在徐东集团名下，由双方联合开发，约定中森华房地产根据拆迁还建协议应当交付23万平方米还建

---

① 《物权法》第一百九十四条规定："抵押权人可以放弃抵押权或者抵押权的顺位，抵押权人与抵押人可以协议变更抵押权顺位以及被担保的债权数额等内容，但抵押权的变更，未经其他抵押权人书面同意不得对其他抵押权人产生不利影响。 债务人以自己的财产设定抵押抵押权人放弃抵押权，抵押权顺位或者变更抵押权的，其他担保人在抵押权人丧失优先受偿权益的范围内免除担保责任，但其他担保人承诺仍然提供担保的除外。

面积及 C 地块 15000 平方米商铺。后徐东集团向长富基金出具《承诺函》，承诺无论是否超出规划设计条件，徐东村城中村综合改造项目(包括 K 地块开发项目、H 地块还建项目、C 地块产业项目)其余部分的土地使用权、在建工程和房屋所有权以及相关一切权益，均由中森华房地产公司享有，中森华房地产公司有权对外进行销售。同时承诺，其对中森华房地产的所有债权均劣后于长富基金因通过委托贷款方式对中森华房地产公司融资 6.3 亿元而对中森华房地产享有的债权本息及其他相关权益受偿。上述承诺虽非设置担保，但并不违反法律，应当认可其效力。

因此，根据《承诺函》中确认的事实，中森华房地产享有 C 地块除 15000 平方米商铺外的土地使用权、在建工程和房屋所有权及相关一切权益。上述财产所有权、使用权不存在争议，可以设立抵押权。长富基金作为抵押权人有权对中森华房地产在涉案 C 地块产业项目的全部权益进行处置以清偿债务。

[思政解读]

诚信是事业兴旺的重要原因。古人对于诚信在事业兴旺中的作用十分重视，荀子说"商贾敦慤无诈则商旅安，货通财，而国求给矣"，孔子将事业之道归结为"信以成之"。明清两代最有影响力的晋商和徽商，始终把诚信作为事业发展的信条，才使他们的生意越做越大。企业的诚信关乎企业的发展，它是能够为企业带来经济效益的重要资源。塑造和坚持企业诚信作为企业文化的核心价值观，对形成支撑企业健康发展的独特文化特征、推动企业从优秀迈向卓越具有巨大的促进作用。只有坚持做到"内诚外信"的企业才能拥有更多的合作客户并与其建立"共生共赢"的合作关系。而一个失信的企业只能是搬起石头砸自己的脚，在未来市场竞争中被淘汰。

作者：吕姝洁

3.3 根本违约的认定与公平正义——汤某诉周某股权转让纠纷案①

[案情简介]

原告汤某与被告周某于 2013 年 4 月 3 日签订《股权转让协议》及《股权转让资金分期付款协议》。双方约定：周某将其持有的青岛变压器集团成都双星电器有限公司 6.35%股权转让给汤某。股权合计 710 万元，分四期付清，即 2013 年 4 月 3 日付 150 万元，2013 年 8 月 2 日付 150 万元，2013 年 12 月 2 日付 200 万元，2014 年 4 月 2 日付 210 万元。此协议双方签字生效，永不反悔。协议签订后，汤某于 2013 年 4 月 3 日依约向周某支付第一期股权转让款 150 万元。因汤某逾期未支付约定的第二期股权转让款，周某于同年 10 月 11 日，以公证方式向汤某送达了《关于解除协议的通知》，以汤某根本违约为由，提出解除双方签订的《股权转让资金分期付款协议》。次日，汤某即向周某转账支付了第二期 150 万元股权转让款，并按照约定的时间和数额履行了后续第三、四期股权转让款的支付义务。周某以其已经解除合同为由，如数退回汤某支付的 4 笔股权转让款。汤某遂向人民法院提起诉讼，要求确认周某发出的解除协议通知无效，并责令其继续履行合同。

另查明，2013 年 11 月 7 日，青岛变压器集团成都双星电器有限公司的变更（备案）登记中，周某所持有的 6.35%股权已经变更

---

① 四川省成都市中级人民法院，(2013) 成民初字第 1815 号；四川省高级人民法院，(2014) 川民终字第 432 号。

登记至汤某名下。

[**争议焦点**]

本案的争议焦点为周某是否享有《合同法》第一百六十七条规定的合同解除权。

汤某认为,《合同法》第一百六十七条①规定买卖合同分期付款的根本特征是先款后货,但涉案股权转让与实物交付不同,且周某发出合同解除通知之时,股权还没有变更至汤某名下,因此,原审判决参照《中华人民共和国合同法》第一百六十七条关于买卖合同分期付款的规定,判定汤某逾期付款超过总价款的五分之一,周某有权解除合同,属适用法律错误。此外,涉案诉争股权已过户到汤某名下,且汤某愿意支付股权转让款,从维护秩序和促进交易的角度出发,《股权转让资金分期付款协议》不宜判决解除,请求撤销原审判决。

周某认为,汤某逾期支付第二笔股权转让款构成根本违约。工商机关对涉案股权进行变更登记,无须周某到场配合,且从股权变更登记已完成也能印证周某在股权变更登记过程中并无过错,并非汤某所陈述其迟延支付第二笔股权转让款是依法行使抗辩权。涉案股权转让款的支付分成四期支付,汤某无正当理由拒不支付第二笔股权转让款,且经周某催告并给予合理期限后仍不支付,汤某的行为已构成根本违约,依据《中华人民共和国合同法》第九十四条②及

---

① 《中华人民共和国合同法》第一百六十七条规定:"分期付款的买受人未支付到期价款的金额达到全部价款的五分之一的,出卖人可以要求买受人支付全部价款或者解除合同。 出卖人解除合同的,可以向买受人要求支付该标的物的使用费。"

② 《合同法》第九十四条规定:"有下列情形之一的,当事人可以解除合同:(一)因不可抗力致使不能实现合同目的;(二)在履行期限届满之前,当事人一方明确表示或者以自己的行为表明不履行主要债务;(三)当事人一方迟延履行主要债务,经催告后在合理期限内仍未履行;(四)当事人一方迟延履行债务或者有其他违约行为致使不能实现合同目的;(五)法律规定的其他情形。"

第一百六十七的规定，周某有权要求解除合同，故请求驳回上诉，维持原判。

[**法院判决**]

四川省成都市中级人民法院于 2014 年 4 月 15 日作出（2013）成民初字第 1815 号民事判决：驳回原告汤某的诉讼请求。汤某不服，提起上诉。四川省高级人民法院于 2014 年 12 月 19 日作出（2014）川民终字第 432 号民事判决：一、撤销原审判决；二、确认周某解除双方签订的《股权转让资金分期付款协议》行为无效；三、汤某于判决生效后十日内向周某支付股权转让款 710 万元。有限责任公司的股权分期支付转让款中发生股权受让人延迟或者拒付等违约情形，股权转让人要求解除双方签订的股权转让合同的，不适用《中华人民共和国合同法》第一百六十七条关于分期付款买卖中出卖人在买受人未支付到期价款的金额达到合同全部价款的五分之一时即可解除合同的规定。

法院认为，《中华人民共和国合同法》第一百六十七条之规定，系关于买卖合同分期付款的内容，其最根本的特征是标的物先行交付，即在出卖人交付货物、买受人实际控制货物后，出卖人收回款项的风险加大，法律允许出卖人在一定情形下规避风险的措施，包括解除合同和要求一次性支付货款，立法宗意在于平衡出卖人、买受人之间的利益。结合双方 2013 年 4 月日所签《股权转让资金分期付款协议》的约定，周某将其持有的青岛变压器集团成都双星电器有限公司 6.35%股权转让给汤某，股权转让款合计 710 万元分四次支付，但没有明确约定股权交付与分期付款的时间先后顺序，故本案《股权转让资金分期付款协议》不具备分期付款买卖合同中关于标的物先行交付的基本特征，故本案《股权转让资金分期付款协议》不适用《中华人民共和国合同法》第一百六十七关于买卖合同分期付款的规定。原审判决参照《中华人民共和国合同法》第一百六十七条的规定,判定涉案合同解除,属适用法律不当,予以纠正。

此外,因涉案股权转让合同属双务、有偿合同,汤某要求继续履行的诉讼请求,包含了要求周某转让股权和汤某支付股权转让款两方面的内容。结合本案事实,涉案股权已变更过户到汤某名下,但因周某全部退还汤某所支付的股权转让款,截至目前周某没有收到股权转让款,故汤某应履行支付股权转让款的义务,考虑到涉案股款支付的截止日期早已届满,故汤某应一次性支付周某股权转让款710万元。至于汤某逾期支付第二笔股款构成违约,应承担违约责任,因周某在本案中未提起反诉,本院在本案中不予处理。

周某不服四川省高级人民法院的判决,以二审法院适用法律错误为由,向最高人民法院申请再审。最高人民法院于2015年10月26日作出(2015)民申字第2532号民事裁定,驳回周某的再审申请。

[法理分析]

一、根据《合同法》第一百六十七条以及最高人民法院《关于审理买卖合同纠纷案件适用法律问题的解释》第三十八条①规定,分期付款买卖的主要特征为:买受人向出卖人支付总价款分三次以上,出卖人交付标的物之后买受人分两次以上向出卖人支付价款;多发、常见在经营者和消费者之间,一般是买受人作为消费者为满足生活消费而发生的交易;出卖人授予了买受人一定信用,而作为授信人的出卖人在价款回收上存在一定风险,为保障出卖人剩余价款的回收,出卖人在一定条件下可以行使解除合同的权利。

本案系有限责任公司股东将股权转让给公司股东之外的其他人。尽管涉案股权的转让形式也是分期付款,但由于本案买卖的标

---

① 最高人民法院《关于审理买卖合同纠纷案件适用法律问题的解释》第三十八条规定:"合同法第一百六十七条第一款规定的'分期付款',系指买受人将应付的总价款在一定期间内至少分三次向出卖人支付。 分期付款买卖合同的约定违反合同法第一百六十七条第一款的规定,损害买受人利益,买受人主张该约定无效的,人民法院应予支持。"

的物是股权，因此具有与以消费为目的的一般买卖不同的特点：一是汤某受让股权是为参与公司经营管理并获取经济利益，并非满足生活消费；二是周某作为有限责任公司的股权出让人，基于其所持股权一直存在于目标公司中的特点，其因分期回收股权转让款而承担的风险，与一般以消费为目的分期付款买卖中出卖人收回价款的风险并不等同；三是双方解除股权转让合同，也不存在向受让人要求支付标的物使用费的情况。综上特点，股权转让分期付款合同，与一般以消费为目的分期付款买卖合同有较大区别。对涉案《股权转让资金分期付款协议》不宜简单适用《合同法》第一百六十七条规定的合同解除权。

二、本案中，双方订立《股权转让资金分期付款协议》的合同目的能够实现。汤某和周某订立《股权转让资金分期付款协议》的目的是转让周某所持青岛变压器集团成都双星电器有限公司6.35%股权给汤某。根据汤某履行股权转让款的情况，除第2笔股权转让款150万元逾期支付两个月，其余3笔股权转让款均按约支付，周某认为汤某逾期付款构成违约要求解除合同，退回了汤某所付710万元，不影响汤某按约支付剩余3笔股权转让款的事实的成立，且本案一、二审审理过程中，汤某明确表示愿意履行付款义务。因此，周某签订涉案《股权转让资金分期付款协议》的合同目的能够实现。另查明，2013年11月7日，青岛变压器集团成都双星电器有限公司的变更（备案）登记中，周某所持有的6.35%股权已经变更登记至汤某名下。

三、《合同法》第六十条①规定了当事人的诚实信用义务。鉴于双方在股权转让合同上明确约定"此协议一式两份，双方签字生效，永不反悔"，因此周某即使引用《合同法》第一百六十七条的规定，

---

① 《合同法》第六十条规定："当事人应当按照约定全面履行自己的义务。 当事人应当遵循诚实信用原则，根据合同的性质、目的和交易习惯履行通知、协助、保密等义务。"

也应当首先选择要求汤某支付全部价款,而不是解除合同。

四、从维护交易安全的角度,有限责任公司的股权交易,关涉诸多方面,如其他股东对受让人的接受和信任(过半数同意股权转让),将受让人记载到股东名册和在工商部门登记股权的社会成本和影响。本案中,汤某受让股权后已实际参与公司经营管理,且股权也已过户登记到其名下,如果不是汤某有根本违约行为,周某动辄撤销合同可能对公司经营管理的稳定产生不利影响。

[思政解读]

公平正义是社会主义法治理念的价值追求,其内涵包括合法合理,这是公平正义的内在品质。从民法法律原则的角度来说,民事主体从事民事活动,应当遵循公平原则,合理确定各方的权利和义务,本着社会公认的公平观念从事民事活动。基于公平原则,民事主体充分享有平等的机会参与民事活动;民事主体在订立合同或者进行其他活动时,所享有的权利和义务应该具有对应性,不得显失公平。在本案中,双方在股权转让合同上明确约定"此协议一式两份,双方签字生效,永不反悔",汤某虽有逾期支付的行为,但最多因此承担违约责任,而不是被解除合同,否则汤某作为买受人,动辄被解除合同,其承担的义务过于沉重,不符合权利义务对应的要求。

作者:马驰

3.4　合同效力认定中的效力性规范与管理性规范——丁某与石某违法建筑买卖合同纠纷案①

[案情简介]

2008年10月7日，石某与丁某签订买卖合同，约定：丁某向石某购买其名下的上海市长宁区某某路189号某幢房屋及该房屋占用范围内的土地使用权，房地产权证号为长2008002×××，房屋类型为花园住宅，建筑面积661.96平方米，该房屋占用范围内的土地使用权2052.9平方米，转让价款共计人民币5600万元；石某应于2008年12月18日前腾出该房屋并通知丁某进行验收交接；双方于2008年11月8日前共同向房地产交易中心申请办理转让过户手续；石某如未按约定的期限将上述房屋交付（包括房地产交接及房地产权利转移）给丁某，应当按丁某已付款的日万分之五，向丁某支付自合同约定的交付日起至实际交付日止的违约金；双方应于签订合同并申请办理公证手续之当日，通过上海中原物业顾问有限公司（以下简称"中原公司"）支付首期房价款100万元，于2008年10月10日支付剩余首付款2000万元（该款项由中原公司代为保管至双方进入交易中心后转付石某），尾款100万元由中原公司暂为保管；丁某以贷款方式支付剩余3500万元。上述买卖合同签订当日，上海市某公证处向上海市房地产登记机构查询，确认上述房屋无抵押及其他权利受限制的登记记录。丁某按约支付房款。

---

① 上海市长宁区人民法院，（2009）长民三（民）初字第1020号；上海市第一中级人民法院，（2010）沪一中民二（民）终字第3692号。

11月18日，上海市长宁区房屋土地管理局向上海市长宁区房地产交易中心发出通知单，认定上述房屋附有违法建筑并结构相连，根据《上海市住宅物业管理规定》第四十二条第三款的规定，不予办理房地产转移以及抵押登记手续。

丁某认为应继续履行买卖合同，石某可按现状交付房屋，由其自行恢复至房地产权证登记状态，石某应于房屋恢复原状后协助其办理产权变更手续。但石某未按约交付房屋，应承担违约责任。而石某则认为其前妻的妹妹于2006年已将上述房屋拆除并重建，因原建筑已灭失，目前存在的是违法建筑，双方所签买卖合同应归无效。

[争议焦点]

本案的争议焦点为以违法建筑为标的物订立的买卖合同是否有效。

丁某认为订立的违法建筑买卖合同是有效的，应继续履行。违法建筑的违法性不能阻却买卖合同的有效成立。违法建筑无法进行初始登记导致无法办理产权过户登记，亦不能影响买卖合同的效力。石某可按现状交付房屋，由丁某将该房屋自行恢复至房地产权证登记状态，石某应于房屋恢复原状后协助丁某办理产权变更手续。但石某未按约交付房屋，应承担违约责任。

石某认为，原房屋已拆除并重建，原建筑已灭失，目前存在的是违法建筑，而违法建筑违反行政性法律法规的规定，具有先天的违法性。双方订立的违法建筑买卖合同违反法律、行政法规的强制性规定，买卖合同应归无效。

[法院判决]

上海市长宁区人民法院经审理认为，不动产登记簿记载的内容具有公示、公信效力，丁某因信赖不动产登记而与权利人石某签订买卖合同，石某未将上述房屋现状与登记信息不符的事实如实告知丁某,丁某的信赖利益应受保护。根据物权区分原则,双方的买卖合同虽因行政机关限制交易而存在履行障碍,但并不当然无效,除法律另有规定或合同另有约定,该合同自成立时生效。且该合同不具备我国合同法第五十二条①规定的无效情形,应属有效。虽然行政机关认定上述房屋附有违法建筑并限制其交易,但不动产物权未灭失,继续履行买卖合同在法律上和事实上均有可能。石某明知房屋附有违法建筑仍予出售,应依诚实信用原则自行采取措施消除违法状态并将房屋交付给丁某。丁某自愿按现状接受房屋并替代石某承担恢复原状的义务,于法不悖,可予准许。石某应于房屋恢复原状并通过行政机关审查认可、撤销交易限制后,协助丁某办理过户手续。石某应承担迟延交付房屋的违约责任,但房屋权利交付取决于能否撤销行政机关的交易限制,此系丁某自愿承担的交易风险,因此石某的违约责任应计算至实际交付房屋时止;又因丁某已支付给中原公司的购房款2000万元,尚不具备转交给石某的条件,违约金的计算基数应以石某实际收到的数额为准。据此,判决:被告石某将上述房屋交付原告丁某;被告石某支付原告丁某逾期交房违约金,以人民币100万元为本金,从2008年11月9日至实际交付房屋时止,按每日万分之五计算;被告石某于原告丁某将上述房屋恢复至产权登记状态且行政机关撤销上述房屋房地产转移登记限制后,协助原告丁某办理上述房屋的房地产权变更登记手续;原告丁某支付被告石某剩余购房款人民币3500万元;驳回被告石某的反诉请求。宣判后,石某不服一审判决,提起上诉。

上海市第一中级人民法院经审理认为:双方交易上述房屋的意思表示及交易价格系属真实,结合不动产登记的公示、公信效力,

---

① 《合同法》第五十二条规定:"有下列情形之一的,合同无效:(一)一方以欺诈、胁迫的手段订立合同,损害国家利益;(二)恶意串通,损害国家、集体或者第三人利益;(三)以合法形式掩盖非法目的;(四)损害社会公共利益;(五)违反法律、行政法规的强制性规定。"

买卖合同当属有效。在石某未能将房屋恢复原状的情况下，丁某同意按现状交付房屋，并自愿承担恢复原状的义务，因此在行政机关撤销交易限制后，双方完成权利交付是可行的，买卖合同能够继续履行。判决驳回上诉，维持原判。

[法理分析]

一、违法建筑买卖合同并未违反效力性规范

根据合同法第五十二条第（五）项①规定，只有违反法律、行政法规的强制性规定，才导致合同无效。对于强制性规定而言，从最高人民法院《关于适用〈中华人民共和国合同法〉若干问题的解释（二）》第十四条中可以看出，其专指效力性强制性规定。效力性强制性规定是指法律法规明确规定违反强制性规定将导致合同不成立或无效的规范。在《最高人民法院关于当前形势下审理民商事合同指导意见》第十五条中可以看出与效力性规范相对立的是管理性规范。正确理解、识别和适用合同法第五十二条第（五）项中的"违反法律、行政法规的强制性规定"，关系到民商事合同的效力维护以及市场交易的安全和稳定。违反效力性强制性规定的，人民法院应当认定合同无效；违反管理性强制性规定的，人民法院应当根据具体情形认定其效力。

法官在判断时没有进行一定的论证，而是直接给出了结论，认为本案中该合同不具备我国合同法第五十二条规定的无效情形，应属有效。这难免有主观上随意断定的嫌疑，这样一来，很容易造成不同的裁判者对同一强制性规范的不同定性。效力性强制性规定与管理性强制性规定在司法实务中的区分标准有以下几种：一是是否损害国家利益和社会公共利益；二是规范目的，当规范目的仅是为

---

①《合同法》第五十二条第（五）项规定："违反法律、行政法规的强制性规定订立的合同无效。"

了管理时，强制性规定为管理性强制性规定；三是规制对象，司法实务中一般认为当规制的对象是合同行为内容时，此规定就是效力性强制性规定，而当规制对象为主体资格时，在司法实务中有不同认定。

《上海市住宅物业管理规定》是为了规范住宅物业管理活动，维护业主和物业服务企业的合法权益，规范房屋交易、便于管理，本案中违法建筑虽然违反的是国家法律的强制性规定，但从法条以及实际操作来看，违法建筑的买卖违反的并非效力性强制性规定，而只是管理性强制性规定，因此违法建筑的违法性并不能导致其买卖合同的必然无效。

二、违法建筑下的负担行为效力不受处分行为效力的影响

《物权法》第十五条明确规定了物权设立、变更、转移、消灭的负担行为与处分行为的效力相区分的原则。房屋买卖合同实质上存在两个法律事实：一是作为物权变动原因的买卖合同成立；二是作为订立合同目的的所有权转移。买卖合同的成立表示当事人之间建立了债权债务关系，此种行为是双方当事人设定的负担行为，是物权变动的原因行为。转移所有权的行为是当事人的处分行为，是物权变动的结果行为。根据物权区分原则，作为原因行为的负担行为与作为结果行为的处分行为分别依不同的法律规范来调整，违法建筑买卖合同的效力与违法建筑物权的设立或变动应当依据不同的法律规范来确定。因此，违法建筑买卖合同的效力只取决于合同本身的效力。

违法建筑买卖合同不同于一般买卖合同的特殊之处就在于其标的物的违法性，但标的物的违法性不能等同也不能决定法律行为的违法性。标的物违法是指标的物的产生不符合法定的程序、法定的方式或其他法律禁止性规定，而法律行为被宣布无效或被撤销是由于该行为有损他人的利益或社会公共利益。因此，对于违法建筑买卖而言，买卖合同的标的具有违法性，并不能否定买卖合同的效力。

只有那些违反法律法规强制性规范中的效力性规范,构成对他人或公共利益的重大侵害的买卖合同,才可否定其效力。不论是违法建筑无法进行初始登记还是签订买卖合同后无法完成过户登记,均不影响买卖合同的效力。

买受人在与违法建筑出卖人签订合同时要尽到购买者的当心义务,即买受人要实地查看房屋并查阅房屋登记簿。在违法建筑被确定为违法后,行政机关应采取相应的行政行为,而不能断然地否定当事人之间的意思表示的合意,进而认定买卖合同无效,否则必然会影响交易安全和市场秩序,是公权力对私权利的干涉,不利于对私有财产的保护,也违背物权法的基本宗旨。

三、附有违法建筑的房屋买卖合同的效力及履行

一些建筑物整体上是合法建筑,但在合法建筑存续期,业主或所有人的逐利行为或因其他种种原因,将合法建筑私自改建、搭建或扩建,远远不同于原有的合法建筑,行政机关往往将此类建筑称为"附有违法建筑并结构相连的房屋"。在实践中,附有违法建筑并结构相连的房屋,是指建造人未取得建设工程许可或者未按照建设工程规划许可证的规定,在合法房屋上搭建、改建、扩建相应建筑物或构筑物而形成的房屋,此时的房屋由合法部分和违法部分共同构成,并且合法部分与违法部分是结构相连的。在法律性质上,此时的房屋具有双重性,其原有房屋的性质是合法的,而未取得建设工程许可或者未按照建设工程规划许可证的规定在合法房屋上搭建、改建、扩建的相应建筑物或构筑物不具有合法性,属于违法建筑或违法构筑物。建筑人对于违法部分的建筑物或构筑物也享有所有权,理由如前文所述,但是在处分时应有所区别。实践中,当事人要完成过户登记必须要恢复原状,将违法的部分予以拆除,方可完成过户。在认定附有违法建筑房屋的买卖合同的效力时,一定要将负担行为与处分行为区分开来。在当事人订立附有违法建筑房屋的买卖合同前,买受人应尽买主当心义务,查看登记簿,并实地查

看。由于在登记簿上仅体现合法建筑部分的权利状况,对于违法建筑的部分无法体现,在实地查看时往往也无法察知。当事人签订买卖合同是基于合法建筑部分的登记状况,买受人善意信赖登记的公示公信力,即使物权登记状况与房屋的实际状况不一致,也推定物权登记的正确性,当事人信赖登记而订立的合同,法律应该予以保护,对于合同的效力也应给予肯定。

虽然行政机关对附有违法建筑房屋的权利转移做出限制,但物权未灭失,不能就此认定买卖合同在法律上或事实上履行不能。出卖人应依诚实信用原则全面履行合同义务;对于房屋存在的违法状态,应自行采取相应措施予以消除,并将房屋交付买受人。买受人在本案中同意出卖人按现状交付房屋,并自愿替代出卖人承担恢复原状的义务,买受人的意思表示不违反法律、行政法规的禁止性规定,亦符合行政机关的执法目的,但买受人在恢复原状时,房屋的外观形状、层高等应与登记内容一致,质量应符合国家规定的建筑标准。出卖人应于买受人恢复原状、通过行政机关审查认可并撤销交易限制后,协助买受人办理产权手续。

[思政解读]

司法为民是中国现代司法理念,具体就是要求法官运用现行法律真正实现包括弱者在内的法律主体地位的平等及法律应当体现的公平、正义等价值。体现在审判程序中则是法官重视个人的诉求、申辩、解答、陈述,让司法服务于社会的现实生活和人民大众的实际。在本案中,丁某因信赖不动产登记而与权利人石某签订买卖合同,虽然行政机关认定上述房屋附有违法建筑并限制其交易,但不动产物权未灭失,继续履行买卖合同在法律上或事实上均系可能,即便案件所涉不动产存在公法意义上的瑕疵,造成瑕疵的也是石某而非丁某。因此于情于理,丁某认为合同有效,继续履行合同的主张也应该得到支持。在案件处理过程中,法官充分注意到了丁某的特殊诉求，尊重了社会的现实生活和实际情况，没有依据合同法效力性强制性规定简单认定合同无效，而是区分了效力性强制性规定和管理性强制性规定，肯定了合同效力。既于法有据，又有学理上的支持，且符合公平正义的价值，充分体现了司法为民的现代司法理念。

作者：马驰

3.5 合同显失公平的主客观构成要件——商品房买卖合同纠纷上诉案①

[案情简介]

原告盖某是美国公民，长期生活在美国，盖某购买北京市朝阳区光华西里怡禾国际中心 C 座 11 层 G 号房屋（以下简称涉案房屋）一套，并在霍某帮助下办理产权证和出租。在盖某提出想出售该房屋后，霍某表示愿意购买，通过一系列邮件往来磋商后，确定霍某以 132 万元购买房屋并变更了登记。后盖某得知当时房屋的市场价格是 350—400 万，随即通过邮件向霍某提出异议，但霍某认为盖某应遵守合约与承诺。故 2010 年 11 月，盖某以霍某恶意利用其长期生活在国外，对北京房地产市场行情不了解，乘人之危，故意隐瞒房屋价格上涨的事实，造成涉案合同显失公平为由，请求法院依法撤销其与霍某于 2010 年 10 月 15 日签订的存量房买卖合同。

---

① 北京市朝阳区人民法院，（2013）朝民初字第 18221 号；北京市第三中级人民法院，（2014）三中民终字第 08727 号。

霍某辩称，双方签订房屋买卖合同不是在 2010 年 10 月 15 日，实际上早在 2009 年 10 月 11 日盖某收到霍某 4 万美金时双方就完成了协商、履行合同事宜，合同已成立。该房屋买卖合同的形成过程完全为双方自愿，价格是盖某提出的，合同文本是盖某找人制作的，受托人范某虽然是霍某介绍给盖某的，但经过了盖某的公证授权确认，且仅代理盖某办理过户手续，不做其他决定。盖某所述的显失公平不存在，其要求撤销合同的请求不合法。而且合同形成时间为 2009 年 10 月 11 日，起诉之日已超过了撤销权一年的行使期限，所以盖某的诉讼请求不应得到支持。

[争议焦点]

本案中的争议焦点是：一、原告盖某与被告霍某在签订买卖合同的时候，信息不对称，被告霍某是否存在乘人之危的主观故意，使签订的合同显失公平。

二、原被告双方签订合同的时间是 2009 年 10 月 11 日，原告向被告提出撤销合同之诉是否已经过了一年的除斥期间。

三、一审法院认为合同显示公平并作出了撤销原被告合同的判决，是否如一审被告（上诉人）认为，一审判决有误。

[法院判决]

北京市朝阳区人民法院经审理认为，显失公平的合同是指一方当事人利用优势或对方缺乏经验，在订立合同时致使双方的权利和义务明显违反公平、等价有偿原则的合同。本案中，盖某出售给霍某的房屋价格为 132 万元，而该房屋在 2010 年 10 月 15 日市场价值为 403.3001 万元，之间相差 271.3001 万元，霍某主张双方合同形成时间为 2009 年 10 月 11 日，但此一年之间北京市的房地产市场并未出现较大波动，故 132 万元的价格远远低于正常的市场价值。仅从价格上看，该合同明显违反了等价有偿的原则。因此，该合同是否构成显失公平，主要应考察在合同签订过程中盖某对于合同售价明显低于市场价值的情况是否知晓，是否存在一方当事人利用优势以及对方缺乏经验的情形。据查明情况看，盖某系美国公民，长期在美国生活，其对于涉案房屋的出租管理系委托霍某进行，其对于涉案房屋的相关信息也主要来自霍某的陈述。从双方往来邮件看，盖某对决定出售房屋时的背景认识是租赁市场并不乐观，大量高档公寓建成，房地产市场已成买方市场。其在提出不低于20万美元的售价时，明确向霍某询问价格是否合适并对价格下降提出了疑问。而霍某在回复中表示愿意以20万美元购买房屋的同时并未向盖某披露涉案房屋价格的真实情况，而是继续介绍房地产市场的不乐观。故霍某于此利用了双方在信息掌握上的不对称，属于利用盖某对北京房地产市场缺乏了解以及其信息掌握主要来源于霍某介绍的劣势，明显违背了合同交易过程中的诚实信用原则，故涉案合同构成显失公平。

就霍某主张的盖某撤销权已超过一年除斥期间问题，盖某主张撤销的合同签订时间为2010年10月15日，至盖某起诉之时并未超过一年时间；即使按照霍某主张，合同于2009年10月11日成立，但盖某知道或应当知道撤销事由的日期亦为2010年10月13日，故除斥期间起算亦不应自2009年10月11日起算，霍某此项抗辩无事实及法律依据，法院不予采纳。

综上，判决撤销盖某与霍某于2010年10月15日就涉诉房屋签订的存量房屋买卖合同。

宣判后，霍某不服一审判决，提起上诉。

北京市第二中级人民法院经审理认为，一审判决认定事实清楚，适用法律正确，判决驳回上诉，维持原判。

[法理分析]

《中华人民共和国民法总则》第一百五十一条①相较于《最高人民法院关于贯彻执行〈中华人民共和国民法通则〉若干问题的意见》第七十二条的规定，将显失公平的发生条件由"利用优势或者利用对方没有经验"修订为"对方处于危困状态或缺乏判断能力等"。据此，显失公平必须同时具备两个方面的条件：

在客观上，双方存在权利义务失衡状态。公平原则的实质在于均衡合同双方当事人的利益。因此，对合同显失公平的认定应结合双方当事人权利义务是否对等、一方获得的利益或另一方所受损失是否违背法律或者交易习惯等方面综合衡量。

在主观上，一方当事人利用了对方的危困状态或缺乏判断能力的特点。所谓利用对方的危困状态，是指当一方处于危难的窘迫状态时，其选择权受限，会产生不得不接受不公平条款的现实可能；所谓缺乏判断能力，是指由于年龄、智力、经历等限制，一方当事人欠缺通常交易所需要的生活经验或者交易经验。显失公平的合同中，利益受损的一方往往因为无经验，或缺乏对合同的相关内容正确认识的能力，或者因为某种急迫的情况，并非出于真正的自愿接受了对方提出的合同条件。

因此，判断合同是否显失公平，既要从一般的社会观念角度考察权利义务是否对等，同时也要考虑到行为人对其权利依法处分的因素。依照《中华人民共和国民事诉讼法》（以下简称《民事诉讼法》）第十三条第二款的规定，当事人有权在法律规定的范围内处分自己的民事权利和诉讼权利。如果行为人完全能够理解行为的内容并预见到行为的后果，出于真实意思表示对权利义务予以处分，那么对

---

① 《中华人民共和国民法总则》第一百五十一条规定："一方利用对方处于危困状态、缺乏判断能力等情形，致使民事法律行为成立时显失公平的，受损害方有权请求人民法院或者仲裁机构予以撤销。"

行为人来说，应当不存在显失公平的情形。

对于认定显失公平应达到何种程度以及如何确定判断的时间节点，一般认为，显失公平在程度上不仅仅是偏离，而应达到严重违背正常预期水平或可期待收益的地步。甚至《国际商事合同通则》的注释也指出："即使价值与价格之间相当失衡，或其他因素扰乱了履行与对应履行之间的平衡，尚不足以构成重大失衡。这种失衡必须非常严重，以致破坏了正常人所具有的道德准则。"同时，显失公平的判断节点应依据合同订立时的情形确定。若合同在订立时权利义务或可预期损失及可期待收益并未严重失衡，在履行过程中，发生正常的情势变更或任一方恶意地促成这种不公平的情况，导致合同显失公平的，应根据情势变更原则予以撤销或变更，而不属于显失公平的范畴。

对于显失公平的处理，在可撤销合同中，意思表示不真实的一方当事人可以通知对方解除合同，如果对方对撤销合同有异议，撤销权人需请求法院或仲裁机构撤销合同，诉讼时只能以另一方当事人为被告。在合同的保全中，因撤销权的行使，债务人与第三人的法律行为发生自始无效的效力，对第三人的影响颇大，为慎重起见，《合同法》特别规定撤销权的行使应由债权人以自己的名义并以诉讼形式进行。根据《最高人民法院关于适用〈中华人民共和国合同法〉若干问题的解释（一）》第二十四、二十五条之规定，债权人依照《合同法》第七十四条的规定提起撤销权诉讼的只以债务人为被告，受益人或受让人为诉讼第三人；两个或两个以上债权人以同一债务人为被告，就同一标的提起诉讼的，可以合并审理。由此可见，债权人为数人时，各债权人可以单独行使撤销权，也可以共同行使。

民法中对显失公平的规定就像一把"双刃剑"，在审判实践中应审慎认定显失公平，一方面要保护合同的公平正义，另一方面也要避免公权力对意思自治的干涉，避免危害合同自由和交易稳定。至于显失公平的认定标准，学者或司法实践中主要有两种观点：客观说和主客观统一说。

客观说认为，只要合同履行后的利益严重失衡，合同结果在客观上导致显失公平，处于劣势的一方当事人便可以取得变更或者撤销合同的请求权。主客观统一说认为，显失公平的构成要件包括两个方面：一是客观要件，即客观上当事人之间的利益不平衡；二是主观要件，即一方故意利用其优势或另一方的轻率、无经验等订立了显失公平的合同。

有学者认为我国目前采取主客观统一说，但实践中却并非如此。因为虽然以主客观统一为标准认定合同显失公平的案例十分常见，但近年来仍然有部分法院在审判实践中倾向于以客观要件为唯一标准，即采"客观说"来判断合同是否构成显失公平，而不再考察一方当事人是否利用其优势或者对方轻率、没有经验。也有观点提出，对于显失公平的合同，应当区分消费者合同和公司之间的商事合同，在消费者合同中，消费者只要能够举证证明合同关系失衡，自己处于不利境地，即可主张合同显失公平；而对合同双方当事人均为理性且有能力和实力的商人来说，仅仅以合同客观上产生了权利义务明显不对等的结果为由主张合同显失公平不应予以支持。[1]

实际上，这种在认定合同显失公平时应区分消费者合同和商事合同的观点，在我国部分法院判决中也有所体现。本人亦赞同区分不同案件类型来确定认定显失公平的标准。因为在不同种类的合同当中，当事人身份看似平等，实际未必真正平等，比如劳务与消费类，且法律已有明确规定，立法本意不仅区分强势地位和弱势地位而且意在保护弱者，因此在司法实践中不宜僵硬地适用主客观统一说的标准来认定各种合同在履行过程中存在的显失公平的情形。

---

[1] 崔建远：《合同法总论（上卷）》，中国人民大学出版社2011年版，第308页。

[思政解读]

　　诚实信用是民法的基本原则,是民事交易赖以生存的基础,是社会主义市场经济的制度保障。作为中华人民共和国的公民,既受本国法律的保护,也受本国法律的制约,特别是在与外国人进行交易的过程中,本国公民还是本国形象的一种反映。我国是社会主义法治国家,遵守国际法上的同等待遇以及国民待遇等国家法规则,外国公民在我国与我国公民享有同等的权利与义务。案例中霍某利用美国人盖某对信息不了解的状态,隐瞒我国市场情况,用远低于市场的价格购买房屋的行为,不仅违法了我国民法的有关规则,还损害了我国的国际形象。北京市第二中级人民法院的判决合法合理。作为中国公民,必须遵守本国法律,在法律的框架下,进行合法交易,不做违反法律和有损国家形象的事情。

作者:娄超

3.6　民间借贷中的刑民交叉责任认定——民间借贷、担保合同纠纷案①

[案情简介]

　　2008年11月4日,原告吴某与被告陈某签订了一借款协议,被告陈某共向原告吴某借款人民币200万元,借款期限为2008年

---

① 浙江省湖州市中级人民法院,(2009)浙湖商终字第××号,《中华人民共和国最高人民法院公报》2011年第11期(总第181期)。

11月4日至2009年2月3日,并由被告王某和被告中建公司提供连带责任担保,当日原告履行了出借的义务,陈某于当日收到原告200万元的借款。后因陈某拖欠其他债权人的款项无法及时偿还,且数额较大,已严重丧失信誉。2008年12月14日陈某因故下落不明。原告认为陈某拖欠其他债权人款项数额巨大,已无能力偿还,2008年12月22日陈某因涉嫌合同诈骗和非法吸收公众存款被公安机关立案侦查,依照协议,遂要求陈某提前归还,王某、中建公司承担连带责任,直至开庭时,三被告均未履行还款义务。

  2009年4月8日,浙江省德清县人民法院作出一审判决。

  被告人王某、中建公司不服一审判决,向浙江省湖州市中级人民法院提起上诉,主要理由是:1.如原审被告陈某经人民法院审理后确定涉及合同诈骗罪和非法吸收公众存款罪,那么根据《中华人民共和国合同法》第五十二条①的规定,本案借款协议存在"违反法律、法规的强制性规定""以合法形式掩盖非法目的"两种情形,借款协议显然无效,由此担保当然无效;2.根据最高人民法院《关于适用〈中华人民共和国担保法〉若干问题的解释》第八条②的规定,本案导致担保合同无效的责任不在王某和中建公司,二上诉人没有过错。但原审判决未对借款协议的效力进行认定,直接侵犯了其合法权益。因此,请求二审撤销原审判决第三项,依法改判担保无效,二上诉人不承担担保责任,并驳回被上诉人吴某针对二上诉人的诉请。2010年8月2日,湖州市中级人民法院作出二审判决。

---

  ① 《中华人民共和国合同法》第五十二条条规定:"有下列情形之一的,合同无效:(一)一方以欺诈、胁迫的手段订立合同,损害国家利益;(二)恶意串通,损害国家、集体或者第三人利益;(三)以合法形式掩盖非法目的;(四)损害社会公共利益;(五)违反法律、行政法规的强制性规定。"

  ② 《关于适用〈中华人民共和国担保法〉若干问题的解释》第八条规定:"主合同无效而导致担保合同无效,担保人无过错的,担保人不承担民事责任;担保人有过错的,担保人承担民事责任的部分,不应超过债务人不能清偿部分的三分之一。"

[争议焦点]

本案中的争议焦点是：一、涉案民间借贷合同和担保合同的效力认定；二、本案是否需要中止审理；三、一审判决认定是否有误。

[法院判决]

浙江省德清县人民法院一审认为，本案原、被告之间的借贷关系成立且合法有效，应受法律保护。本案中，单个的借款行为仅仅是引起民间借贷这一民事法律关系成立的民事法律事实，并不构成非法吸收公众存款的刑事法律事实，因为非法吸收公众存款的刑事法律事实是数个"向不特定人借款"行为的总和，从量变到质变。《合同法》第五十二条规定了合同无效的情形，其中符合"违反法律、法规的强制性规定""以合法形式掩盖非法目的"两种情形的合同无效。

当事人在订立民间借贷合同时，主观上可能确实基于借贷的真实意思表示，不存在违反法律、法规的强制性规定或以合法形式掩盖非法目的的情形。非法吸收公众存款的犯罪行为与单个民间借贷行为并不等价，民间借贷合同并不必然损害国家利益和社会公共利益，两者之间的行为极有可能呈现为一种正当的民间借贷关系，即贷款人出借自己合法所有的货币资产，借款人自愿借入货币，双方自主决定交易对象与内容，既没有主观上要去损害其他合法利益的故意和过错，也没有客观上对其他合法利益造成侵害的现实性和可能性。根据《合同法》的相关规定，建立在真实意思表示基础上的民间借款合同受法律保护。因此，被告陈某向原告吴某借款后，理应按约定及时归还借款。陈某未按其承诺归还所欠原告借款，是引起本案纠纷的原因，陈某应承担本案的全部民事责任。

对于王某、中建公司提出的被告陈某可能涉及非法吸收公众存款，其不应再承担责任的观点，根据《担保法》有关规定，如债权人与债务人恶意串通或债权人知道或应当知道主合同债务人采取欺诈手段，使保证人违背真实意思提供保证的，保证人应免除保证责任。现王某和中建公司未能提供相关证据证明原告吴某与陈某之间具有恶意串通的事实，亦未能提供相关证据证明吴某知道或应当知道陈某采取欺诈手段欺骗王某和中建公司为其提供担保，主合同（借款合同）有效，从合同（担保合同）本身无瑕疵的情况下也属有效。从维护诚信原则和公平原则的法理上分析，将与非法吸收公众存款罪交叉的民间借贷合同认定为无效会造成实质意义上的不公，担保人以无效为由抗辩其担保责任，即把自己的担保错误作为自己不承担责任的抗辩理由，更不利于保护不知情的债权人，法律维护诚信、公平的作用也无从体现。涉嫌非法吸收公众存款的犯罪嫌疑人（或被告人、罪犯）进行民间借贷时，往往由第三者提供担保，且多为连带责任担保。债权人要求债务人提供担保人，这是降低贷款风险的一种办法。保证人同意提供担保，应当推定为充分了解行为的后果。若因债务人涉嫌非法吸收公众存款而认定借款合同无效，那么根据《担保法》，主合同无效前提下的担保合同也应当无效，保证人可以免除担保责任，债权人旨在降低贷款风险的努力没有产生任何效果，会造成事实上的不公。因此，对于王某和中建公司的抗辩理由，法院不予支持。

原告吴某根据借款协议给被告陈某 200 万元后，其对陈某的债权即告成立。至于陈某可能涉及非法吸收公众存款的犯罪，与本案中的合同纠纷属于两个法律关系，公安部门立案侦查、检察院起诉以及法院判决其构成刑事犯罪，并不影响法院依据《民事诉讼法》审理本案当事人间的民事合同纠纷。对合同效力进行判断和认定属于民商事审判的范围，判断和认定的依据也应当是民事法律规范。非法吸收公众存款罪和借款合同的效力是两个截然不同的法律问题。

判定一个合同的效力如何，应从民事法律的角度去考虑，从有效合同的三个要件来考察，即：1. 行为人是否具有相应的民事行为能力；2.意思表示是否真实；3.是否违反法律或者社会公共利益。且本案涉嫌的是非法吸收公众存款罪，涉嫌犯罪的当事人单个的借贷行为不构成犯罪，只有达到一定量后才发生质变，构成犯罪，即犯罪行为与合同行为不重合，故其民事行为应属有效。鉴于此，法院受理、审理可以"刑民并行"。"先刑后民原则"并非法定原则，没有任何一部法律对这一原则作出明确规定。实行"先刑后民"有一个条件：只有符合《民事诉讼法》第一百三十六条规定，即"本案必须以另一案的审理结果为依据。而另一案尚未审结的"，才"先刑后民"。不符合《民事诉讼法》第一百三十六条规定的，应"刑民并行"审理。先刑后民并非审理民刑交叉案件的基本原则，而只是审理民刑交叉案件的一种处理方式。据此，对于被告王某和被告中建公司提出本案在未确定本案借款的性质时应该中止审理的诉讼主张，法院不予支持。因此，本案原、被告之间的民间借贷法律关系明确，被告对该借款应当予以归还，王某和中建公司自愿为陈某借款提供担保，应承担本案连带清偿责任。据此，浙江省德清县人民法院根据《中华人民共和国民事诉讼法》第一百三十一条①、《中华人民共和国合同法》第二百零六条②、最高人民法院《关于人民法院审理借贷案件的若干意见》第六条、《中华人民共和国担保法》第十二条、第十八条、第二十一条、第三十一条之规定，于2009年4月8日判决：1.被告陈某在判决生效后十日内归还原告吴某200万元的借款；2.被告王某、中建公司对上述债务承担连带清偿责任。

浙江省湖州市中级人民法院二审认为，合同效力的认定应遵循

---

①《中华人民共和国民事诉讼法》第一百三十一条规定："人民法院在必要时可以委托外地人民法院调查。 委托调查，必须提出明确的项目和要求。受委托人民法院可以主动补充调查。 受委托人民法院收到委托书后，应当在三十日内完成调查。因故不能完成的，应当在上述期限内函告委托人民法院。"

②《中华人民共和国合同法》第二百零六条规定："借款人应当按照约定的期限返还借款。对借款期限没有约定或者约定不明确，依照本法第六十一条的规定仍不能确定的，借款人可以随时返还；贷款人可以催告借款人在合理期限内返还。"

当事人意思自治的原则，只要订立合同时各方意思表示真实，又没有违反法律、行政法规的强制性规定，就应当确认合同有效。最高人民法院《关于正确适用〈中华人民共和国合同法〉若干问题的解释（二）》第十四条对《中华人民共和国合同法》第五十二条第（五）项规定的"强制性规定"解释为效力性强制性规定，本案原审被告陈某触犯刑律的犯罪行为，并不必然导致借款合同无效。因为借款合同的订立没有违反法律、行政法规的效力性强制性规定。效力上采取从宽认定，是该司法解释的本意，也可在最大程度上尊重当事人的意思自治。因此，原审判决陈某对本案借款予以归还，王某、中建公司承担连带清偿责任，并无不当。王某、中建公司的上诉理由不能成立。

据此，浙江省湖州市中级人民法院依据《中华人民共和国民事诉讼法》第一百五十三条第一款第（一）项[①]之规定，于 2010 年 8 月 2 日判决驳回上诉，维持原判。

[法理分析]

《中华人民共和国民法总则》第一百八十七条规定，民事主体因同一行为应当承担民事责任、行政责任和刑事责任的，承担行政责任或者刑事责任不影响承担民事责任；民事主体的财产不足以支付的，优先用于承担民事责任。据此确立了民刑责任并行不悖的法律原则。

本案涉及的是民事借款合同中的还款和担保之民事责任，与非法集资罪成立后退赔之刑事责任的适用问题。《最高人民法院关于审理民间借贷案件适用法律若干问题的规定》第五条规定，人民法院立案后，发现民间借贷行为本身涉嫌非法集资犯罪的，应当裁定驳回起诉，并将涉嫌非法集资犯罪的线索、材料移送公安或者检察机

[①]《中华人民民事诉讼法》第一百五十三条第一款第（一）项规定："裁定适用于下列范围：（一）不予受理。"

关。公安或者检察机关不予立案，或者立案侦查后撤销案件，或者检察机关作出不起诉决定，或者经人民法院生效判决认定不构成非法集资犯罪，当事人又以同一事实向人民法院提起诉讼的，人民法院应予受理。也就是说，在民间借贷案件审理中，同一行为涉嫌犯罪的，不宜再由民事审判庭审理，而应移送刑事侦查机关办理。

而《最高人民法院关于刑事裁判涉财产部分执行的若干规定》第十三条第一款规定："被执行人在执行中同时承担刑事责任、民事责任，其财产不足以支付的，按照下列顺序执行：（一）人身损害赔偿中的医疗费用；（二）退赔被害人的损失；（三）其他民事债务；（四）罚金；（五）没收财产。"据此可知，在同一责任人同时承担民事责任和刑事责任时，民事责任的赔偿是具有优先顺序的。

结合《民法总则》的规定，判决执行过程遵循民事责任优先的原则，通常不存在争议。但本案的另一个争议的焦点问题，是担保人是否仍需承担担保责任。

依照法律规定，借款人涉嫌犯罪或者生效判决认定其有罪，出借人起诉请求担保人承担民事责任的，人民法院应予受理。《合同法》第五十二条规定了合同无效的情形，即符合"违反法律、法规的强制性规定""以合法形式掩盖非法目的"两种情形的合同才无效。当事人在订立民间借贷合同时，主观上确实基于借贷的真实意思表示，不存在违反法律、法规的强制性规定或以合法形式掩盖非法目的，民间借贷合同应当有效。即当没有依据或者证据证明合同无效或效力待定或可撤销时，则一般应认定合同有效。根据《担保法》相关规定，如债权人与债务人恶意串通或债权人知道或应当知道主合同债务人采取欺诈手段，使保证人违背真实意思提供保证的，保证人应免除保证责任。若因债务人涉嫌非法吸收公众存款而认定借贷合同无效，根据《担保法》相关规定，主合同无效前提下的担保合同也应当无效，保证人免除担保责任。笔者认为，提供担保，是降低贷款风险的一种途径和法定保障。保证人同意提供担保，除有相反证据，应当推定其充分了解行为后果，然后自愿提供相应担保。同时担保的重要目的在于保障债权人的合法权益，尽可能减低借贷风险，当其价值选择出现冲突时，也应优先保护债权人而非担保人。此时因债务人违法犯罪行为而剥夺债权人行使担保权利，有伤及无辜之嫌，且准许债权人主张担保权实际上并未加重担保人的负担或超出其担保本意范围，亦未损害其救济权利。因此，若因债务人的过错而使得债权人担保权的行使没有产生任何效果，会造成事实上的不公。

综上，在民间借贷合同效力的认定上应遵循当事人意思自治的原则，只要订立合同时各方意思表示真实，又没有违反法律、行政法规的强制性规定，就应当确认合同有效。《最高人民法院关于正确适用〈中华人民共和国合同法〉若干问题的解释（二）》第十四条对《中华人民共和国合同法》第五十二条第（五）项规定"强制性规定"解释为效力性强制性规定，债务人触犯刑法的犯罪行为，并不必然导致借贷关系无效。在借贷关系主合同有效的情况下，担保合同关系亦应当依法有效。债权人以有效的担保合同起诉担保人、主张权利并无不妥。

[思政解读]

具有完全民事行为能力的民事主体都应当为自己的民事行为负责，既享有权利，也应当承担责任。每一个合法的债权都是受法律保护的，借债还钱天经地义。法律是合法权益的保护伞，诉讼是法律保障的最后一道屏障。一部完善的法律规范，必然是符合自由、公正、和谐的社会发展态势的；任何想通过法律制度来规避不当利益的行为终会失败。一个案件的判决，乃至一部法律的颁布，除了定纷止争的现实意义，更是对社会的回应、对违法行为的制裁和对合法权益的保护。

作者：娄超

3.7 赠与合同的撤销权以及撤销后的违约责任问题——刘一诉刘二、刘三、刘六、刘四、刘七、刘五共有权确认纠纷案①

[案情简介]

倪某一与刘某某系夫妻关系,二人生育子女七人,长子刘二、次子刘三、三子刘十、四子刘一、五子刘四、长女刘五、次女刘七。刘十与案外人宋某某系夫妻关系,二人生育一女刘六。刘某某、刘十、倪某一分别于1966年、2010年5月11日、2014年1月26日死亡。

坐落天津市红桥区西于庄常关胡同26-1号房屋(建筑面积16.27平方米),原产权人为倪某一之兄长倪某二。1971年红桥区西于庄街道办事处通过倪某二将该房屋借给许某暂住,倪某二于1975年死亡后,许某一直未搬离该住房。为获得该房屋的所有权,倪某一与原告刘一以《字据》约定,由刘一帮助其取得上述房屋的所有权,除去必要费用后刘一与倪某一各占该房屋一半产权。其后,在刘一及其配偶顾某的协助下,倪某一于1999年12月3日通过继承的方式取得上述房屋的所有权,并诉至天津市红桥区人民法院,法院(1999)红民初字第2698号民事判决书判令许某将上述房屋腾空交予倪某一。

2001年5月18日,倪某一在刘一书写的《协议书》中签字,将诉争房屋全部产权赠与刘一。其后,刘一按上述《协议书》内容

---

① 天津市第一中级人民法院,(2016)津01民终442号。

制作了电脑打印件,并书写"注:西于庄房产权退还给本人,按原和四子办理产权时订的协议执行",刘一、刘三、刘十、刘四、刘七、刘五在其上签字。

2012年9月5日,倪某一与被告刘三签订《房产赠与合同》,约定倪某一将上述房屋无偿赠与被告刘三,该赠与行为经天津市红桥区公证处公证,天津市红桥区公证处于2012年9月10日出具(2012)津红桥证字1719号公证书。2012年10月30日被告刘三依上述赠与将该房屋产权转移至其名下。

2014年1月16日,刘一以倪某一为被告诉至天津市红桥区人民法院,要求倪某一履行承诺,将上述房屋的房屋产权确认为原、被告共同共有,因倪某一于2014年1月26日死亡,依刘一申请,该案依法追加刘二、刘三、刘六、刘四、刘七、刘五为被告,同时刘一变更诉讼请求,要求六被告履行原始协议承诺,即诉争房屋50%份额归刘一所有,同时要求六被告共同分担刘一为追讨房屋所花费的费用15620元。本案重审后,刘一再次变更诉讼请求,要求判令天津市红桥区西于庄街常关胡同26-1号房屋16.27平方米(另增加约5平方米自建厨房,具体面积以国家丈量为准)中的50%归原告所有,同时撤回在原审中主张的为追讨房屋所花费的费用。

[争议焦点]

本案在审理的过程中对于倪某一与刘一之间《字据》的性质界定存在分歧,一种观点认为是当事人双方互负权利义务的合意,一种观点认为是倪某一对于刘一的赠与。

[法院判决]

一审法院认为:刘一提供的证据不足,判决驳回其诉讼请求。
二审法院认为:原审判决认定事实不清,发回一审法院重审。
重审后生效判决认为:原告在本案中主张权利的事实依据为倪

某一所立《字据》，即承诺在原告帮助倪某一取得诉争房屋的所有权后，倪某一将给予原告诉争房屋的50%产权，原告亦实际帮助倪某一获得了诉争房屋的所有权，经原告举证及被告自认，天津市红桥区人民法院对于上述事实予以确认，但原告能否依据上述事实主张诉争房屋50%产权，则需要对上述《字据》的性质进行分析认定。根据该《字据》的内容，倪某一的承诺实际为附条件的赠与，即倪某一给予原告诉争房屋50%产权附有条件，需要原告帮助其取得诉争房屋的所有权，当所附条件成就时赠与生效。其后，原告实际帮助倪某一取得了诉争房屋的所有权时，上述赠与已发生效力，但根据《中华人民共和国合同法》第一百八十七条"赠与的财产依法需要办理登记等手续的，应当办理有关手续"以及《中华人民共和国物权法》第九条"不动产物权的设立、变更、转让和消灭，经依法登记，发生效力；未经登记，不发生效力"之规定，诉争房屋因未进行所有权变更登记，上述赠与行为尚未完成；而又依《中华人民共和国合同法》第一百八十六条"赠与人在赠与财产的权利转移之前可以撤销赠与"之规定，在原告未按上述赠与对诉争房屋进行所有权变更登记之前，倪某一有权撤销其对原告的赠与。倪某一虽于2001年5月18日将诉争房屋全部所有权赠与原告，但原告仍未办理所有权变更登记，此次赠与行为仍未完成。其后，倪某一又于2012年以公证赠与方式将诉争房屋赠与被告刘三，原告及其他被告虽认为倪某一进行该公证赠与时无民事行为能力，但原告仅以倪某一于2006年患脑萎缩的检查报告单不能证实其抗辩主张，法院对此不予采纳，倪某一与原告之间的赠与行为已被倪某一所撤销。现被告刘三依据上述公证赠与已将诉争房屋所有权转至其名下，此项赠与行为已经完成，原告再以倪某一所立《字据》主张诉争房屋50%产权于法无据，法院对其该项主张不予支持。

[法理分析]

一、赠与合同的类型及特征

《合同法》第一百八十五条规定了赠与合同的定义，即"赠与人将自己的财产无偿给予受赠人，受赠人表示接受赠与的合同"。理论上，赠与合同被认定为是单务合同、无偿合同、诺成合同，为双方法律行为。但现实中的案件总会在法律规定之外出现各种不同的情形，这些合同被称为非典型赠与合同。在现有的理论当中，除了典型的赠与合同之外，还有三类非典型的赠与合同，即：附义务赠与合同；附条件赠与合同；附期限赠与合同。

（一）附义务赠与合同

我国《合同法》第一百九十条规定："赠与可以附义务。赠与附义务的，受赠人应当按照约定履行义务。"具体而言，赠与合同所附之义务，是在赠与合同已经生效，且赠与人履行其义务后，受赠人才需要履行的附加的义务。[①]义务可以是法律规定的义务也可以是双方约定的义务，当然，约定的义务不得违反法律规定。既然为义务，便具有一定的强制性，受赠人如果未履行约定的义务则要承担相应的后果，即赠与人可以行使法定撤销权撤销赠与或者是通过司法渠道要求受赠人继续履行义务。司法实践当中，最为典型的附义务赠与就是附赡养义务的赠与：将自己的财产赠与受赠人的前提是受赠人履行了赡养义务，这种义务可以是法定的，例如子女负有法定的赡养义务；同样也可以约定由没有赡养义务的其他人进行赡养，这就是约定的赡养义务。如果受赠人不履行赡养义务，赠与人可以行使撤销权，撤销对受赠人的赠与，或者赠与人可以通过司法途径要求受赠人继续履行赡养义务。

---

① 俞佳：《论附义务的赠与合同》，载《法制与社会》2010年2月，第37页。

(二) 附条件赠与合同

附条件赠与合同源于民事法律行为当中的附条件的民事法律行为。附条件的民事法律行为分为附生效条件的民事法律行为和附解除条件的民事法律行为,因而附条件赠与合同可以再具体分为附生效条件的赠与合同和附解除条件的赠与合同。对于附生效条件的赠与合同而言,所附的条件是否成就关系到赠与合同是否能够生效:"附条件赠与合同所附条件不成就时,赠与合同不生效,而在附义务的赠与合同中所附义务的履行与否并不影响赠与合同的生效。"[①]只有当所附条件成就时,赠与合同才能生效。因此,附生效条件的赠与合同所附条件的成就一定发生在赠与合同生效之前。这就与附义务的赠与合同有所分别。在附生效条件的赠与合同当中,受赠人要先实现条件,然后赠与合同才生效,进而受赠人才能依据赠与合同取得赠与人的财产。而在附义务的赠与合同当中,受赠人是在赠与合同生效之后,才需要履行义务。

而附解除条件的赠与合同则是赠与合同已经生效,只不过当所约定的条件成就时,赠与合同就失去效力。笔者认为日常当中遇到的"彩礼"的问题就可以认定为附解除条件的赠与。彩礼已经交付,财产权利就已经转移,赠与合同就已经发生法律效力。虽然不能以双方是否结婚作为判断赠与彩礼是否生效的条件,但是应将婚约是否解除作为赠与彩礼的解除条件。换言之,在彩礼赠与已经生效的情况下,如果双方依约结婚,彩礼的赠与效力不发生任何改变;但如果双方没有依照婚约成就婚姻,那么彩礼的赠与合同就失去法律效力,赠与人可以依据不当得利要求受赠人返还所得财产。

(三) 附期限赠与合同

附期限赠与合同源于民事法律行为当中的附期限的民事法律行

[①] 费安玲:《委托、赠与、行纪、居间合同实务指南》,知识产权出版社2002年版,第178页。

为。虽然附期限赠与合同与附条件赠与合同有跟多相似的特性,但两者也有很明显的区别:附条件赠与合同所附条件是有可能成就的,但是也有可能无法实现,条件的发生有着不确定性;而附期限赠与合同所附的期限则是一个时间或者是必然会发生的事件,期限有着确定性,只不过是实现的早晚的问题。如果赠与合同所附的条件是必然能够实现的条件,那么该合同就不是附条件的赠与合同,而是附期限的赠与合同。

就本案而言,虽然倪某一答应在刘一帮助倪某一取得房屋所有权后给予刘一50%的房屋产权,看似刘一也付出了相应的代价,但是通过诉讼取得房屋所有权所花费的成本与50%的房屋所有权相比较,明显50%房屋所有权的价值要远远大于取得所有权所花费的成本。双方的义务完全不对等,所以在本案当中不能将倪某一与刘一的约定视为双方互附给付义务的普通合同,而应将其认定为赠与合同。

但本案显然不是典型的赠与合同。首先,刘一能否帮助倪某一通过诉讼的方式取得涉诉房屋的所有权是一个具有不确定因素的事件,所以双方之间的这个约定不是附期限的赠与合同。其次,刘一帮助倪某一取得涉案房屋所有权与倪某一赠与刘一50%的房屋产权有着明显的时间上的先后顺序。赠与合同是把自己的财产无偿赠送给其他人,其前提条件就是赠与人要有财产的所有权。而如果倪某一没有涉诉房屋的所有权,就无法实施赠与行为。只有当"刘一帮助倪某一取得涉案房屋所有权"这个条件成就时,才能够有"倪某一赠与刘一50%的房屋产权"的生效问题。所以本案当中,倪某一和刘一之间的协议属于附生效条件的赠与合同,而不是附义务的赠与合同。当刘一帮倪某一取得涉诉房屋的所有权后,双方之间的赠与合同才生效。

二、赠与人享有任意撤销权

赠与合同作为一种有名合同,其具备合同的一般特性,即具有双方意思表示的合意,但同时也具有其自身的特性。我国《合同法》

第一百八十六条第一款明确规定:"赠与人在赠与财产转移之前可以撤销赠与。"即法律赋予了赠与人任意撤销权。之所以这样规定是因为赠与人的行为是无偿的行为,所以与传统的合同相比较,受赠人无需付出相应的代价就可以获得赠与。但这样对于赠与人的要求就相对苛刻,有失公平,根据"权利义务相一致的原则",法律便赋予赠与人任意撤销权,允许其反悔。①这是大多数学者对于赠与人享有任意撤销权的法理解释。

从法律经济学的角度,也可以对赠与人的任意撤销权进行分析。赠与的承诺从主观的角度可以分为真心实意的赠与承诺、虚情假意的赠与承诺和试探性的赠与承诺。执行真心实意的赠与(经过公证的赠与),既能保护受赠人的利益,又能提高赠与人的预期效益,②对于双方都是有益的,双方必然都希望赠与合同能够履行,因而也就无需给予赠与人撤销权。而社会上数量最多的赠与承诺是虚情假意的赠与承诺,也就是随意许诺、信口开河的行为。受赠人应该对赠与人的承诺抱有合理的信任,而不是过度的信任。如果法律对于这样信口开河的承诺一律执行,就会减少谎言数量取得一定的社会效益,但同时也会增加诉讼数量,提高执行的成本,两者相比较而言,法律则不会保护受赠人的利益。而在试探性的赠与承诺中,绝大多数承诺人的真实意图是不希望承诺被强制执行。③所以,对于虚情假意的赠与承诺和试探性的赠与承诺规定赠与人有任意撤销权,能够使整个社会效益最大化。

然而在司法实践当中,赠与合同不仅仅是简单的无偿赠与,赠与人在将自己的财产赠与受赠人的时候往往会附带一些义务或者条

---

① 韩世远:《合同法学》,高等教育出版社2010年版,第428页。
② 桑本谦:《法律经济学视野中的赠与承诺——重解〈合同法〉第186条》,载《法律科学》,2014年第4期,第53页。
③ 桑本谦:《法律经济学视野中的赠与承诺——重解〈合同法〉第186条》,载《法律科学》,2014年第4期,第55页。

件。在这种情况下,虽然受赠人也履行了一些义务或者条件,但是双方主要还是就赠与财产的所有权转移达成合意,受赠人所负担的义务或者履行的条件,其性质并不是为了得到赠与人的财产所支付的对价或者报酬。而且在实践当中,受赠人所负担的义务或者所履行的条件与其得到的赠与人所赠的财产相比,往往并不等价。受赠人所获得的财产价值要大于其所负担的义务或者是所履行的条件,换言之,受赠人以较小的代价获得更大的收益。因而,虽然受赠人会承担一些义务或者履行一些条件,但不会有损赠与合同的单务合同和无偿合同的特点,也不会因此而对赠与人的任意撤销权产生限制。在本案当中,虽然刘一已经完成约定的条件,但倪某一仍然享有任意撤销权,有权在房屋所有权没有发生变动的情况下,撤销赠与。

三、公证赠与行为的界定

学者们普遍认为赠与人的任意撤销权是一种形成权。"赠与之撤销,属于形成权之行使。"[1]形成权,是指得依权利人一方的意思而使法律关系发生、内容变更或消灭的权利。[2]由此可知,形成权是一种单方法律行为,拥有形成权的一方当事人单方的意思表示就可以使权利发生、变更或者是消灭,不需要得到对方当事人的同意或者参与。形成权的行使,以当事人的意思表示为之(称之为单纯形成权)。然若干形成权的行使,须提起诉讼(形成之诉),由法院作成形成判决,学说上称为形成诉权。[3]但是在我国的《合同法》当中,并没有对赠与人行使任意撤销权的形式加以规定,只要赠与人的撤销赠与的意思表示到达受赠人就可以撤销赠与。既然法律对撤销的意思表示方式没有作出规定,那么任何方式都可以达到撤销的结果,包括书面的通知、口头的通知,甚至以默示的行为撤销都应

---

[1] 黄立主编、杨芳贤等合著:《民法债编各论》,元照出版社2002年版,第272页。
[2] 王泽鉴:《民法概要》,中国政法大学出版社2003年版,第40页。
[3] 王泽鉴:《民法概要》,中国政法大学出版社2003年版,第40页。

该得到支持。

在本案当中,虽然刘一与倪某一之间已经有了将涉案房屋50%的所有权赠与给刘一约定,但两人并没有到房屋管理部门变更登记,之后刘一甚至提出倪某一要将涉案房屋的全部所有权赠与给自己,但是也没有到房管部门进行变更登记,因此房屋的所有权一直没有发生过转移。既然房屋的所有权没有发生转移,倪某一就享有撤销对刘一的赠与的权利。而倪某一通过公证的方式将涉案房屋赠与给刘三,实际上就是通过这个行为表明自己行使了撤销权,她自己的房屋不想赠给刘一而是要赠给刘三。只不过倪某一行使任意撤销权的方式是一种默示的行为,而不是通过明示的方式实现的。

此外,从另一个角度来看,倪某一通过书面形式将房屋赠与给刘一,通过公证的形式将房屋赠与给刘三,两种形式的赠与哪一种应该得到法律的支持?其实这一问题可以类推《中华人民共和国继承法》(以下简称《继承法》)当中有关书面遗嘱和公证遗嘱效力的规定。笔者之所以认为可以类推,一是因为两者都涉及财产的处分问题,二是两者对于财产的处分方式都是通过书面和公证的形式,三是对于本案而言,赠与双方之间为母子关系,身份上的特殊性也使类推遗嘱的规定更为妥帖。除此之外,之所以要支持公证的赠与,是因为公证赠与的程序比书面赠与的程序更为严谨,赠与人选择公证程序说明赠与人对赠与行为已经过深思熟虑,不会轻易改变,其赠与的决心要比书面赠与的决心更强。同时,公证赠与是毫无利害关系的第三方机构做出的证明,其证明力本身就高于书面赠与。所以公证赠与和书面赠与两者之间更应该保护公证赠与的效力。

四、条件履行后的赔偿问题

本案本就是重审案件,宣判之后,原告刘一不服判决再次提出上诉,经天津市第一中级人民法院审理后维持原判而生效。刘一之所以不断地诉讼,原因不过是他为了获得50%的房屋所有权而进行诉讼及维护,比其他子女付出了更多的代价,却没有取得相应的对价——50%的房屋所有权,故其心里必然认为案件处理并不公平。这就涉及附条件赠与合同中条件履行后的赔偿问题。虽然根据赠与人的任意撤销权无法满足刘一的诉讼请求,但其可以通过主张倪某一的违约责任来维护自己的权利。

前文对于本案的定性为附生效条件的赠与合同。赠与人仍然享有任意撤销权,但任意撤销权撤只是撤销了受赠人要求强制履行赠与合同的权利,并没有撤销受赠人在赠与合同中的要求赠与人承担缔约过失责任或者是违约责任的权利。既然是合同,当然就可以适用《合同法》当中对于违约事项的规定。《合同法》第一百零七条规定:"当事人一方不履行合同义务或者履行合同义务不符合约定的,应当承担继续履行、采取补救措施或者赔偿损失等违约责任。"附生效条件的赠与合同当中,所附条件成就,赠与合同才能生效。而本案中刘一已经通过(1999)红民字第2698号判决,帮助倪某一取得房屋所有权,完成了赠与合同中所附条件,又有双方之间的字据,所以倪某一与刘一之间的赠与已经生效。倪某一通过公证的形式行使撤销权,虽然是法律赋予其的权利,但同时也是倪某一没有履行赠与合同当中的义务的表现,是违约行为。既然是违约行为,对方即可要求其承担违约责任。《合同法》当中规定的承担违约责任有三种形式,继续履行、采取补救措施和赔偿损失。在本案当中,由于房产已经通过公证的形式赠与给刘三,并且已经在房管部门做了变更登记,这一行为导致房屋所有权已经发生变化,继续履行和采取补救措施这两种违约责任就已经丧失履行的基础,同时这一行为也明确表示赠与人不想继续履行合同或者采取补救措施,所以这两种违约责任就不再适用。但刘一可以主张赔偿损失,就为取得房产而进行诉讼的相关费用以及事后的维修费用向倪某一主张赔偿损失,因倪某一已经在诉讼过程中去世,刘一可以向其继承人主张。

其实只要是赠与合同当中的赠与人行使任意撤销权,无论是典型的赠与合同还是非典型的赠与合同,都可以视为违约,进而适用违约责任。只不过在典型的赠与合同当中，受赠人不需要支付任何对价即可获得赠与人的赠与，其只是纯粹的获取利益，所以当赠与人撤销赠与时，受赠人并没有任何的损失，既然没有损失也就无法要求赠与人进行赔偿。而在附义务的赠与合同当中，有学者认为根据"权利义务相一致"的原则，既然受赠人已经履行义务，为获得赠与物支付了对价，那就可以对抗赠与人的任意撤销权，即受赠人履行了约定义务，赠与人则不再具有任意撤销权，须按照赠与合同内容继续履行合同，将赠与物赠与受赠人。其实这一观点也是源于赠与合同的违约责任。在附条件赠与合同当中，受赠人已经根据合同内容履行了相应的义务，那么赠与人也应该继续履行自己的义务，当其不想将赠与物赠与受赠人时，就是赠与人违反合同约定。既然是赠与人违约，那么受赠人就可以要求赠与人承担违约责任。违约责任当中就有继续履行合同这一内容。所以在受赠人履行义务之后赠与人的任意撤销权受到限制的说法其实就是要求赠与人承担违约责任。只不过违约责任采用的形式是继续履行而已。

那么如何选择违约责任的形式？合同法之所以会允许违约方在继续履行合同和赔偿被违约方损失之间做出选择，目的是不想阻止一些有效率的违约。违背赠与合同同样也可能是有效率的，法院需要在继续履行合同和赔偿损失之间做出一个最佳选择。[1]例如，附赡养义务的赠与合同，如果受赠人已经履行了赡养义务，赠与人想要违约撤回赠与，此时要计算损失则不太现实。因为在赡养过程中，受赠人的花费是融入生活的点滴之中，不好进行计算和统计。同时，在赡养过程中，受赠人花费的时间、精力以及感情都是无法用金钱衡量的，在这种情况下，让赠与人继续履行赠与合同就是比较妥善的做法。而前文中已经进行分析，对于本案来讲，继续履行和采取

---

[1] 桑本谦：《法律经济学视野中的赠与承诺——重解〈合同法〉第186条》，载《法律科学（西北政法大学学报）》，2014年第4期，第57页。

补救措施这两种违约责任已经丧失履行的基础无法适用,所以本案可以采用赔偿损失的违约责任。

[思政解读]

　　家,是社会的细胞。中国自古是礼仪之邦,家庭观念尤其深重,古人素有"修身""齐家"才能"治国""平天下"的说法,可见家庭稳定是社会稳定的基础。保护家庭的自治功能是治理社会的重要方式。家庭自治不是靠强制,而是需要"友善",目标是家庭利益最大化,而非个人意思自由。不能照搬照抄市场规则,而是需要充分考虑家庭成员的切身需求。家庭成员之间的赠与不是交易,本质是"友善",是互助,是创造、美化家庭生活的手段。赠与的社会价值已经不仅仅是财富本身,而是蕴含着家庭和睦的迫切期待和需求。受赠人需要支付的"对价"并非金钱,而是亲情,需要长久保持与赠与人之间的和睦。这既是赠与应该产生的社会价值,也是晚辈对长辈应尽的家庭义务,更是需要法律保护的价值,鼓励受赠人在接受赠与的同时体会和满足赠与人的期待。否则就不能做到彼此"友善"。法律赋予赠与人任意撤销权的道理就在于充分发挥赠与的社会治理功能。

作者:王婧

3.8 虚假意思表示的法律后果——覃某某与吴某某房屋买卖合同纠纷案①

[案情简介]

2002年10月17日,原告覃某某将环江县思恩镇桥西路38号的房屋以3万元的价格出卖给案外人韦某某,当日覃某某收到购房款3万元并向韦某某出具收条,同时把该房屋及其房产证交付韦某某。2002年10月20日,以原告覃某某为甲方与韦某某为乙方补充签订《协议书》约定:"甲方将一套三室一厅住房转让给乙方,并达成如下协议:1、甲方转让该套住房给乙方,房价是3万元,房款一次性付清;2、乙方负责缴纳办理转移房产证所需的各项费税,甲方不再付任何费用。"协议签订后不久,韦某某搬进该房屋居住直至2011年初,但期间一直未与原告覃某某办理该房屋的过户登记手续。2011年5月8日,以韦某某为甲方与以被告吴某某为乙方签订《房屋转让协议》,协议约定:1、甲方现将环江县思恩镇桥西路38号的房屋转让给乙方。房屋转让价人民币12.5万元。协议签订后,乙方首次支付给甲方购房款2.5万元,待办理过户手续后,乙方再将购房余款一次性支付给甲方;2、办理房屋过户手续由乙方自理,在办理有关过户手续中若有纠纷问题,甲方必须负责解决,并积极协助乙方办理过户手续。协议签订当天,吴某某向韦某某支付购房款2.5万元。2011年6月初,韦某某向吴某某催款,吴某某又向韦某某支付1.5万元。2011年6月9日,以覃某某为甲方与以吴某某

---

① 广西壮族自治区河池市中级人民法院,(2015)河市民一终字第456号。

为乙方签订《房产转让协议书》，协议书约定：1.甲方把位于环江县城桥西路 38 号的房屋转让给乙方，转让价为 4.8 万，办理房屋过户手续由乙方自理，但在办理过户手续中若有纠纷问题，甲方须负责解决，并协助乙方办好过户手续；2.乙方须一次性付清房屋转让款给甲方，乙方付清全部房屋转让款后，甲方要把房屋权属等证件交给乙方。当日覃某某和吴某某均在协议书上签字。2011 年 8 月 5 日，覃某某在吴某某未向其支付购房款 4.8 万元的情况下仍协助吴某某办理该房的过户登记手续，当日涉案房屋登记过户到吴某某的名下。2011 年 8 月 24 日，吴某某以该房作为抵押担保向银行贷款 10 万元，2011 年 8 月 26 日，吴某某分两次向韦某某转账支付购房余款共 8.5 万元。另查明，2014 年 10 月 26 日，吴某某将涉案房屋以 21 万元的价格出卖给案外人莫某某。2014 年 12 月 1 日，莫某某将涉案房屋过户至其名下。2015 年 4 月 24 日，覃某某向该院起诉，请求吴某某支付购房款 4.8 万元及逾期付款损失 12864 元。

[争议焦点]

本案的争议焦点有两个：一是覃某某和吴某某就涉案房屋是否达成真实的意思表示；二是覃某某与吴某某双方当事人之间买卖房屋的民事法律行为是否有效。

覃某某上诉认为：首先，双方签订转让协议之时，该房产权属登记在覃某某名下，在签约协议主体上，只有覃某某有资格签订该《房产转让协议书》，覃某某作为房屋所有权人与吴某某签订的房产转让协议完全符合法律规定，应为有效合同；其次，双方当事人均未主张该协议意思表示不真实，吴某某在一审时提交书面答辩状明确表示其已经按照协议支付转让费 4.8 万元给覃某某，只是没有出具收条而已，因而一审判决以意思表示不真实为由驳回覃某某的诉讼请求无事实和法律依据。最后，本案《房产转让协议书》不具备法定合同无效的情形，即使本案涉及的合同"意思表示不真实"，但也属于有效合同，合同当事人可以行使撤销权撤销合同，而不能直接认定为无效合同。

[**法院判决**]

一审法院认为：本案中，覃某某与吴某某并无买卖涉案房屋的合意，而真正的房屋买卖双方为韦某某与被告吴某某，由于韦某某出卖的房屋仍登记在覃某某的名下，吴某某为了办理房屋过户手续而与覃某某签订形式上的《房产转让协议书》。因此，本案原、被告双方签订《房屋转让协议书》的目的主要是为了协助被告办理房屋过户登记。虽然双方签订了《房产转让协议书》，即在合同形式上显示意思一致，但并不存在真实的房屋买卖意思表示，而是一种虚假的意思表示。故双方签订《房产转让协议书》的意思表示不真实，其房屋买卖行为不符合民事法律行为的构成要件，为无效的民事法律行为，对双方当事人不具有法律约束力。

二审法院认为：覃某某于 2002 年已将涉案房屋出让给韦某某且未履行过户登记手续，2011 年韦某某将涉案房屋出让给吴某某，后覃某某又与吴某某就同一房屋签订《房产转让协议书》，在吴某某未支付约定的购房款的情况下，覃某某协助吴某某办理了房屋过户手续。同时，韦某某作为证人证实，其出卖涉案房屋时，房屋登记在覃某某名下，为了将涉案房屋从覃某某变更登记至吴某某名下，两人才签订《房产转让协议书》。因此，认定双方并未就涉案房屋达成买卖的真实合意。即使覃某某和吴某某签订了《房产转让协议书》，覃某某和吴某某就涉案房屋也未达成买卖的真实合意，双方外观的表示行为不存在房屋买卖的具体内容，即不存在意思表示中目的意思要素，且覃某某出卖涉案房屋、吴某某支付购房款的真实意思表示不存在。所以，双方就涉案房屋进行买卖的民事法律行为不成立，故《房产转让协议书》中吴某某向覃某某支付购房款的约定对双方没有约束力，覃某某请求吴某某支付购房款以及相应利息的诉讼请求不成立。一审判决认定双方民事法律行为无效于法无据。对民事法律行为的成立和民事法律行为效力的认定是不同领域的判断,民事法律行为是否成立是事实判断,而民事法律行为是否有效是价值判断。民事法律行为成立是民事法律行为有效的逻辑前提,如果民事法律行为不成立,则没有必要就效力问题进行认定,一审判决认定覃某某与吴某某买卖房屋的法律行为无效存在瑕疵,予以纠正。

[法理分析]

意思表示,是指民事主体向外部表明意欲发生一定的民法上的法律效果的意思行为。就是行为人进行民事法律行为的内心意愿,以一定的方式表达于外部的行为。[①]但是,表意人也许会基于某些考虑,作出有所保留的意思表示。此时,表面意思表示所指向的法律效果,其实不为表意人所追求。[②]以虚假的意思表示实施的民事法律行为,是指表意人与相对人合意,以虚假的意思表示来实施民事法律行为。虚假的意思表示是当事人双方事前进行串通的行为,其意思表示都不真实,双方进行通谋通常具有不良动机,亦称通谋虚伪表示。[③]因而其在主观上是共同故意,在意思表示上是双方的不真实,通常存在欺诈第三人的故意,但不以此为必要。通谋的虚假意思表示一般具备三个要件:(1)存在一个意思表示行为。意思表示的产生先是表意人内心具有设立、变更或者终止民事法律关系的主观动机,然后希望能把它表现出来引起私法上的一定效果,进而由表意人实施相应的行为将内心意愿通过某种方式表现于外部。(2)表意人的意思表示与其内心真意不一致。虚假即虚伪、不真实之意,表意人双方做出的意思表示非其内心真意,一般的,表意人

[①] 杨立新:《〈中华人民共和国民法总则〉要义与案例解读》,中国法制出版社 2017 年版,第 509 页。

[②] 朱庆育:《民法总论》,北京大学出版社 2016 年版,第 260 页。

[③] [日] 我妻荣:《新订民法总则》,于敏译,中国法制出版社 2008 年版,第 271 页。

双方之间存在一个隐秘的约定,而将其真意隐藏起来,表现出的行为并不代表其真意,仅仅是为了造成虚伪的表象。(3)表意人与相对人进行通谋。所谓通谋,不仅是指表意人双方有意思的联络,而且需要双方均知道该外观上的表示不是真实意思。①

判断双方当事人之间就某一法律行为是否达成真实的意思表示,需要判断构成意思表示的主客观要素是否真实一致。结合本案,由于韦某某出卖的房屋仍登记在覃某某的名下,吴某某为了办理房屋过户手续而与覃某某签订形式上的《房产转让协议书》。虽然覃某某与吴某某签订了《房产转让协议书》,即在合同形式上显示意思一致,但并不存在真实的房屋买卖的意思表示,而是一种虚假的意思表示。本案中双方当事人签订《房产转让协议书》实施的民事法律行为,符合通谋的虚假意思表示的构成要件,所以覃某某和吴某某就涉案房屋买卖未达成真实的意思表示。

民事法律行为的成立,是指一项民事法律行为在事实上已经存在,但是是否能够顺利地实现当事人在这一民事法律行为中所欲达到的私法效果,则在所不问。民事法律行为的成立仅要求存在行为人、标的与意思表示即可。而民事法律行为的无效,是指已经成立的民事法律行为,由于缺乏法律要求的有效要件并具备法律规定的无效要件,而自始、当然地不发生效力。②意思表示由目的意思、法效意思、表示意思三个主观要素和表示行为一个客观要素组成,缺乏构成要素的,则不构成意思表示。目的意思,又叫行为意思,即控制自己行为的意思,行为人自觉地控制身体的动静的意思;法效意思,即行为所追求的法律效果内容;表示意思,即明了自己行为具有某种法律意义的意思;表示行为,即行为人将自己的内心意

---

① 张新宝:《〈中华人民共和国民法总则〉释义》,中国人民大学出版社 2017 年版,第 299 页。

② 张新宝:《〈中华人民共和国民法总则〉释义》,中国人民大学出版社 2017 年版,第 291 页。

思以一定的外部行为表现出来。① 在本案中，双方当事人为了达到房屋过户登记的隐藏目的，实施了虚假的意思表示，即签订了《房产转让协议书》。结合全案来看，吴某某签订《房产转让协议》的内心意思是为了房产的过户登记，即吴某某实施的目的意思与法效意思不符，但这并不意味着当事人不存在目的意思。双方当事人之间签订的《房产转让协议书》已经明确约定吴某某一次性支付购房款后，覃某某才将房屋权属等证件交给吴某某，但在吴某某并未支付购房款的情况下，覃某某已经将涉案房屋变更登记至吴某某名下，如果双方存在买卖房屋的合意，覃某某将涉案房屋变更登记至吴某某名下的行为不符合合同的约定，虽然有违一般二手房交易习惯，也不符合常理，但当事人为了规避法律，默认了虚假意思表示背后的真实意思，所以，双方当事人之间存在虚假意思表示的"合意"。因此，覃某某与吴某某签订《房产转让协议》满足以虚假的意思表示实施的民事法律行为的构成要件。因为本案的判决发生在《民法总则》颁布之前，《民法通则》没有关于虚假意思表示的明确规定，所以，二审法院否定了一审法院关于虚假意思表示属于无效法律行为的判决，认为虚假意思表示不能成立法律行为。新颁布的《民法总则》第一百四十六条②明确规定了虚假意思表示可以成立民事法律行为，但不能发生虚假意思表示的法律后果。

[思政解读]

霍布斯说过"人的安全乃是至高无上的安全"。民法中一再强调意思表示的真实性、保护弱者的利益、保护动态的交易安全，否则

---

① 杨立新：《〈中华人民共和国民法总则〉要义与案例解读》，中国法制出版社 2017 年版，第 509 页。

② 《中华人民共和国民法总则》第一百四十六条规定："行为人与相对人以虚假的意思表示实施的民事法律行为无效。以虚假的意思表示隐藏的民事法律行为的效力，依照有关法律规定处理。"

欺行霸市、坑蒙拐骗、巧取豪夺、尔虞我诈将横行天下，没有效率可言。在社会主义市场经济体制快速发展的环境下，交易安全可谓是维持经济平稳较快发展的重中之重。这是一种行为安全，而非结果安全，是对取得利益的合法活动加以保护，也是对交易主体合理信赖利益的保护。诚实信用原则是每个个体在市场经济大潮下壮大的根基，其本质是要求一切民事主体在市场活动中都必须恪守诺言，在不损害他人利益、社会利益、国家利益的前提下，谋求自己的利益。建设诚信社会就是要减少并逐步消除民商事交易活动中的不安全因素，确保交易行为的法律效用和法律后果的可预见性。经济发展的高效率只有在安全的环境下才会产生，正确理解和适用诚信原则，对于合同当事人恰当地享受和履行自己的权利义务、保障对方的合法权益以及处理相关纠纷案件都具有重要的实际指导意义。

作者：沃耘

3.9 表见代理之认定——汪某一与柳某、王某、汪某二房屋买卖合同纠纷案[①]

[案情简介]

王某与汪某二原系夫妻关系，于2007年4月13日登记离婚。2004年3月，王某声称因丈夫汪某二的兄弟汪某一远在外地，其夫妻二人受汪某一的口头委托，出卖汪某一位于天全县城厢镇小北街26号二单元二楼3号（房产证上登记为城厢镇碉门大道31号3幢2

---

① 四川省高级人民法院，（2015）川民提字第35号。

楼）的住房一套。之后，王某准备将房屋出卖于柳某，在柳某经过先后两次看过房屋后，王某与柳某于2004年3月26日签订了《售房协议》，协议约定：该房屋价格为1.8万元，有关税费全部由柳某承担，汪某一负责开通水电、闭路，并协助柳某办理房屋产权证。王某在协议上署名"甲方：汪某一、代理人：王某"。同日，柳某交付了购房款1.8万元，王某以自己名义向其出具了一张收条。之后，柳某夫妇搬进该房屋并居住至今，其间柳某多次要求王某、汪某二协助办理房屋过户手续，均被王某、汪某二以种种借口推脱未办理。法院另查明，王某与柳某进行房屋买卖时，汪某一不在天全县居住，但之后多次回过天全县。在柳某对该诉争房屋进行管理、使用至发生诉讼长达7年时间里，汪某一多次回天全县，在回天全县期间与王某、汪某二以及长期在天全县居住的其他家人进行了联系。在庭审中，汪某一与汪某二均否认汪某一口头委托王某出卖该涉案房屋。汪某二陈述说他一直告诉汪某一该房是出租给柳某的，但以2004年的市场价格，1.8万元的租金明显不符合当时的市场价格。

被告辩称，对于王某的无权售房行为，柳某主张为表见代理，其举示的证据既不能证明王某出售涉诉房屋行为具有表见代理的客观表象，也不能证明其善意且无过失地相信王某具有代理权。其一，《售房协议》的签订过程中，柳某夫妇没有要求王某出示过房产所有权证书和土地使用权证书。在未见到涉诉房产权利证书，弄清房屋产权人的情况下，柳某夫妇不应相信王某有代理处置房产的权利。其二，王某售房时的身份不具有当然的代理权表象。售房时，王某系房主汪某一的嫂子，他们之间不具有法定的代理关系，王某处置汪某一的房产，必须经汪某一明确授权。其三，王某在向柳某售房时没有出示过房屋权利人汪某一的授权委托书，甚至连房主汪某一的身份证原件、复印件都未向柳某出示过，仅是一把房屋钥匙，不能形成王某对房屋享有处置权的表象。其四，《售房协议》系柳某和王某签订的，甲方汪某一的签字是王某代签，协议上没有汪某一的真实签字或印章。柳某交付房款1.8万元时,是王某开具的收条,收条也没有汪某一的签名或印章。综上,王某在向柳某夫妇出售房产时,不具备授权委托书、汪某一签名或印章、身份证、房屋产权证等有权代理的客观表象形式要素,仅凭房屋钥匙和王某的嫂子身份以及房产空置无人居住的事实,在客观上不能形成王某具有代理权的表象。同时,2004年,本案涉诉房产交易时柳某64岁,系完全民事行为能力人,作为房屋买受人,柳某处理涉诉房产交易事宜时应审慎。但是,如前所述,柳某明知王某系房产权利人汪某一的嫂子,非近亲属,仍不对王某是否有代理权进行核实,尤其是在没有看到房屋产权证的情况下就轻易相信王某有处置权,其主观存在过失。根据最高人民法院《关于当前形势下审理民商事合同纠纷案件若干问题的指导意见》第十三条规定①,王某的售房行为不构成表见代理。

[争议焦点]

被告无权处分行为是否构成表见代理。

[法院判决]

原审法院认为:王某当时作为房主汪某一的嫂子,持有该房屋钥匙,作为买主柳某有理由相信王某是受托卖房。同时,柳某主观上是善意的。柳某在购买该房屋后至起诉日长达七年的时间里,房主汪某一也回来过,汪某一在天全县也有亲属,对于房屋的真实状况,汪某一应当是知晓的。因此可以推断房主汪某一应当知晓房屋

---

① 最高人民法院《关于当前形势下审理民商事合同纠纷案件若干问题的指导意见》第十三条规定:"合同法第四十九条规定的表见代理制度不仅要求代理人的无权代理行为在客观上形成具有代理权的表象,而且要求相对人在主观上善意且无过失地相信行为人有代理权。合同相对人主张构成表见代理的,应当承担举证责任,不仅应当举证证明代理行为存在诸如合同书、公章、印鉴等有权代理的客观表象形式要素,而且应当证明其善意且无过失地相信行为人具有代理权。"

被出卖给柳某的事实，而他对此并未提出异议，柳某完全有理由相信王某的卖房行为是得到房主汪某一的认可的，故本案依法构成表见代理。依照《合同法》第四十四条第一款、第六十条、第一百零七条，《民事诉讼法》第六十四条第一款，最高人民法院《关于民事诉讼证据的若干规定》第二条之规定，于 2012 年 9 月 10 日作出判决：由汪某一于本判决生效之日起三十日内为柳某办理位于天全县城厢镇北城街 26 号二单元二楼 3 号（房产证上登记为城厢镇碉门大道 31 号 3 幢 2 楼）住房的产权过户手续；案件受理费 250 元，由汪某一承担。

二审法院认为：一审认定事实清楚，适用法律正确，维持原判。

四川省高级人民法院认为，根据各方当事人的举证情况及再审查明的事实，本案不能认定王某在出售诉争房屋时已经取得权利人汪某一的委托和同意，但王某当时与汪某二、汪某一分别系夫妻关系和叔嫂关系并持有诉争房屋的钥匙，柳某多次到该房屋查看均无人阻止和提出异议。之后柳某按照当时的市场价值支付了购房款，对该诉争房屋进行了实际占有、使用和管理，至发生诉讼时已长达 7 年，其间汪某一及其亲属对此亦未提出异议，上述事实足以使柳某有理由相信王某有权出卖诉争房屋，柳某应属善意取得该房屋。因此，原判认定王某出售诉争房屋的行为属于表见代理，并无不当。

[法理分析]

表见代理，是指行为人虽然没有代理权，但是相对人客观上有理由相信行为人具有代理权，进而与其进行民事法律行为，该代理行为有效，民事法律行为的效果直接归属于被代理人。[1]被代理人因疏忽的表见行为引起了善意第三人对无权代理人有代理权的合理

---

[1] 张新宝：《〈中华人民共和国民法总则〉释义》，中国人民大学出版社 2017 年版，第 372 页。

信赖，为保护这种合理信赖而让无权代理产生和有权代理相同的结果。通俗地说，就是表见代理本为无权代理，但在具备法定条件时，无需被代理人追认而直接发生对他的归属结果。①表见代理与无权代理之间既有联系又有区别。表见代理是广义的无权代理的一种，但是由于在表见代理中，善意相对人有理由相信代理人具有代理权，因而其法律后果不同于一般的无权代理。在一般的无权代理中，只有在被代理人予以追认之后，该无权代理行为才对被代理人发生效力。但是，在表见代理中，不论被代理人是否予以追认，该表见代理行为都对被代理人发生效力。②无权代理包含表见代理，表见代理是无权代理的一种特殊的表现形式。但表见代理却不适用无权代理的一般效果。无权代理旨在保护被代理人的利益，而表见代理的设立，旨在保护善意第三人的信赖利益。因为如果无例外地否认无权代理行为对本人的效力，可能使善意相对人因此所受的损害得不到弥补，从而有悖于公平正义的考虑。③

《民法通则》没有对表见代理作出规定，只规定了容忍授权代理这一特殊的表见代理类型。④新颁布的《民法总则》第一百七十二条⑤对表见代理作出了规定，其构成要件包括：

第一，代理人以被代理人名义与善意第三人订立合同时，必须符合狭义的无权代理的构成要件。就本案而言，王某主张其与汪某二是接受汪某一的口头委托出卖该涉案房屋，而汪某二与汪某一均否认汪某一委托之事实。在签订《售房协议》时，王某并未出具汪

---

① 江平：《民法学》，中国政法大学出版社2015年版，第188页。
② 张新宝：《〈中华人民共和国民法总则〉释义》，中国人民大学出版社2017年版，第372页。
③ 李双元、温世扬：《比较民法学》，武汉大学出版社2016年版，第151页。
④ 龙卫球：《民法总论（第二版）》，中国法制出版社2006年版，第589页。
⑤《中华人民共和国民法总则》第一百七十二条规定："行为人没有代理权、超越代理权或者代理权终止后，仍然实施代理行为，相对人有理由相信行为人有代理权的，代理行为有效"。

某一的委托书。王某主张自己有代理权,但是根据现有证据无法证实王某的卖房行为得到汪某一的委托,因此王某卖房行为系无权代理。

第二,存在权利外观。广义上的无权代理由表见代理与狭义的无权代理构成,而狭义的无权代理与表见代理最核心的区别在于是否存在权利外观。对比《民法总则》第一百七十一条第一款①与第一百七十二条的规定,即狭义的无权代理与表见代理的规定,可以得出,所谓权利外观,是指存在使善意第三人相信行为人有代理权的事实,也就是《民法总则》中第一百七十一条第一款规定的相对人有理由相信行为人有代理权。因权利外观的判断具有较强的主观性与表现形式的多样性,所以我国《民法总则》并没有对权利外观的判断作出具体而又详尽的规定,而是赋予法官较大的自由裁量权。在司法实践中,法官对权利外观的认定,不仅需要结合代理理论进行考量,还需要结合民法的基本原则来对具体案件进行具体分析。权利外观具有三种具体的类型(包括但不限于这三种类型):其一,被代理人有引起相对人相信其存在代理权的积极行为,如代理人拥有被代理人印章、空白合同文书等。其二,被代理人限制、撤回或者消灭代理权,善意第三人不知情。其三,容忍授权代理,即被代理人知道或者应当知道他人以自己的名义进行代理行为,而不表示反对。

在本案中,被告的行为是存在权利外观的。首先,王某在卖房时具有汪某一嫂子的特殊身份,又持有该诉争房屋的钥匙,形成了王某具有代理权的表象。其次,该诉争房屋无人居住,柳某多次到诉争房屋查看时无人阻止并提出异议,柳某在按照当时的市场价值支付购房款后,对该诉争房屋实际进行管理、使用至发生诉讼。最

---

① 《中华人民共和国民法总则》第一百七十一条第一款条规定:"行为人没有代理权、超越代理权或者代理权终止后,仍然实施代理行为,未经被代理人追认的,对被代理人不发生效力。"

后，柳某在购买该房屋后至起诉日2011年12月22日长达七年的时间里，并未遭到任何人的干预。且自王某卖房行为发生之日起七年内，房主汪某一多次回过天全县，汪某一在天全也有亲属，因此，对于房屋的真实状况，汪某一应当是知晓的。虽然汪某二在庭审中陈述说他一直告诉汪某一该房是出租给柳某的，但以2004年的市场价格，1.8万元的租金是不可能的，因此可以推断房主汪某一应当知晓房屋被出卖给柳某的事实，而他对此并未提出异议，因此柳某完全有理由相信王某的卖房行为是得到房主汪某一的认可的。结合以上三点案件事实，足以认定王某的卖房行为存在权利外观。

第三，相对人善意且无过失，即第三人不知道代理人没有代理权且尽到了合理的注意义务。在本案中，柳某通过对房屋进行实地考察并以市场价与王某进行交易，很显然，其不知王某为无权代理人，故其主观上是善意且没有过失。

第四，须权利外观的形成可归责于被代理人。就本案而言，汪某一将涉诉房屋交由与其有特殊关系的王某，且房屋被卖后七年未作出任何意思表示，使善意相对人有理由认为王某为有权代理，所以，权利外观的形成是可归责于汪某一的。

《民法总则》正式将表见代理规定在代理这一章，从而完善了代理制度的构成体系，也为司法实践提供了便利。具体到本案，汪某一在王某将房屋出卖给善意第三人的七年时间内，多次回家却未对涉案房屋提出过任何异议，足以推定其知道或者应当知道王某卖房的事实而不作反对，致使柳某有理由相信王某具有代理权，符合表见代理的构成要件，法院将王某卖房行为认定为表见代理并无不妥。故而，房屋买卖合同对汪某一与柳某双方均发生法律效力，汪某一应当履行合同义务，将涉案房屋过户于柳某。

[思政解读]

习总书记强调，"要把维护社会大局稳定作为基本任务，把促进社会公平正义作为核心价值追求,把保障人民安居乐业作为根本目标,坚持严格执法公正司法,积极深化改革,加强和改进政法工作,维护人民群众切身利益,为实现'两个一百年'奋斗目标、实现中华民族伟大复兴的中国梦提供有力保障。"[1]公平正义在所有法的价值中处于最高的位阶,如果缺乏公平正义价值,相关的制度和规则就不可能在冲突利益之间做出合理的选择。结合民法公平正义的理念,表见代理的价值就在于可以在保护本人利益和维护第三人权益及交易安全的价值衡量上寻找到一个平衡点。民商法主要通过公示主义、强制主义和外观主义来保护交易安全。其中公示主义一定程度上保证交易的透明性;强制主义一定程度上维护了民商法的权威,是保护作用发挥的重要保障;外观主义强调交易的真实性、规范性。表见代理制度对交易安全的保护一定程度上可避免交易纠纷,宣扬公平正义,从而促进交易市场的繁荣。"法不禁止即自由",但公民如果对个人的利益过分追求将使各式各样的纠纷不可避免。故将"自由、平等、公正、法治"作为社会生活的评价标准,具有十分重要的现实意义。

作者:沃耘

---

[1] 2014年1月8日,习近平出席中央政法工作会议时的重要讲话。

4 劳动纠纷

4.1 劳动合同的解除协议不得违反强制性规定——张某诉敬豪公司等劳动合同纠纷案①

[案情简介]

2010年1月,原告张某与被告敬豪公司建立劳动关系后被派遣至被告中海公司担任电焊工,双方签订最后一期的劳动合同的期限为2010年1月1日至2014年6月30日。2014年1月13日,敬豪公司(甲方)与原告(乙方)签订《协商解除劳动合同协议书》,协议中载明甲、乙双方一致同意劳动关系于2014年1月13日解除,双方的劳动权利义务终止;甲方向乙方一次性支付人民币48160元,以上款项包括解除劳动合同的经济补偿、其他应得劳动报酬及福利待遇等。敬豪公司于2014年1月21日向原告支付人民币48160元。

2014年4月,原告张某经上海市肺科医院诊断为电焊工尘肺壹期。2014年12月10日,原告经上海市劳动能力鉴定委员会鉴定为职业病致残程度柒级。

原告张某诉称,其与敬豪公司虽于2014年1月13日签订了《协

---

① "张某诉上海敬豪劳务服务有限公司等劳动合同纠纷案",《最高人民法院公报》,2017年第5期。

商解除劳动合同协议书》，但由于敬豪公司的缘故，直到 2014 年 12 月张某才被鉴定为"职业病致残程度七级"。敬豪公司未安排其在离职前体检，违反了《中华人民共和国职业病防治法》（以下简称《职业病防治法》）的相关规定，故之前不能解除劳动合同。因此，请求法院判令自 2014 年 1 月 13 日起恢复张某与敬豪公司的劳动关系。

被告敬豪公司、中海公司共同辩称：双方系经协商一致解除劳动合同，上诉人张某经鉴定为"职业病致残程度七级"，与其解除劳动关系不违反《中华人民共和国劳动合同法》的相关规定，故不同意与张某恢复劳动关系。

[争议焦点]

本案的争议焦点为：从事接触职业病危害作业的劳动者未进行离岗前职业健康检查的，用人单位与劳动者协商一致解除劳动合同是否当然有效。

[法院判决]

一审法院认为：从事接触职业病危害作业的劳动者未进行离岗前职业健康检查，或者疑似职业病病人在诊断或者医学观察期间的，用人单位不得依照《中华人民共和国劳动合同法》第四十条、第四十一条的规定解除劳动合同。现原、被告协商一致解除劳动关系，不属该法第四十条、第四十一条规定的情形，且双方的解除行为系真实的意思表示。原告张某为职业病致残程度七级，且原、被告的劳动合同也已到期，现被告敬豪公司不同意恢复劳动关系，原告要求自 2014 年 1 月 13 日起恢复与敬豪公司的劳动关系，于法无据，不予支持。

二审法院认为：根据《中华人民共和国劳动合同法》（以下简称

《劳动合同法》)第四十二条第一款①的规定,虽然没有排除用人单位与劳动者协商一致解除劳动合同的情形,但《中华人民共和国职业病防治法》第三十六条的规定:"对从事接触职业病危害的作业的劳动者,用人单位应当按照国务院安全生产监督管理部门、卫生行政部门的规定组织上岗前、在岗期间和离岗时的职业健康检查,并将检查结果书面告知劳动者……对未进行离岗前职业健康检查的劳动者不得解除或者终止与其订立的劳动合同。"因此,用人单位安排从事接触职业病危害的作业的劳动者进行离岗职业健康检查是其法定义务,该项义务并不因劳动者与用人单位协商一致解除劳动合同而当然免除。

本案中,双方于 2014 年 1 月 13 日签订的《协商解除劳动合同协议书》并未明确上诉人张某已经知晓并放弃了进行离岗前职业健康检查的权利,且张某于事后亦通过各种途径积极要求被上诉人敬豪公司为其安排离岗职业健康检查。因此,张某并未放弃对该项权利的主张,敬豪公司应当为其安排离岗职业健康检查。在张某的职业病鉴定结论未出之前,双方的劳动关系不能当然解除。因此撤销一审判决,张某与上海敬豪劳务服务有限公司自 2014 年 1 月 13 日起恢复劳动关系至 2014 年 12 月 10 日止。

[法理分析]

依据《劳动合同法》第三十六条②之规定,协议解除劳动合同为法律所认可,因其实质是以解除清算原有劳动合同关系为内容的新的民事协议,是合同自由的应有之义。但解除协议本身的效力仍需经法律检验,而不能由当事人特别是用人单位一方任意设定。依

---

① 《中华人民共和国劳动合同法》第四十二条第一款规定:"从事解除职业病危害作业的劳动者未进行离岗前职业健康检查的,用人单位不得依照该法第四十条、第四十一条的规定解除劳动合同。"

② 《劳动合同法》第三十六条规定:"用人单位与劳动者协商一致,可以解除劳动合同。"

据《劳动合同法》第二十六条第一款第（三）项之规定，违反法律、行政法规强制性规定的劳动合同无效。在本案中，该解除协议直接违反了《职业病防治法》第三十六条中的强制性规定，双方在张某未进行离岗前职业健康检查的情况下即解除了劳动合同，因此解除协议无效，原劳动合同关系并未消灭。

《劳动合同法》第二十六条第一款第（三）项，属于劳动合同领域的"适法规范"。①通过文义分析可知，对该条款的解读至少应区分以下两个层次：其一，劳动合同违反的是"法律与行政法规"；其二，劳动合同违反的是法律与行政法规的"强制性规定"。进言之，对于劳动合同适法规范的解释操作，首先要划定相应强制性规定的位阶，进而对相应的强制性规定做出具体分析，确定何种规定是得以导致劳动合同无效的"强制性规定"，或者说劳动合同违反了何种强制性规定方被确认无效。所谓（狭义的）法律，是指全国人民代表大会及其常务委员会制定颁布的法律；行政法规，是指国务院为执行法律的规定及行使行政管理职权而制定颁布的行政规范。从该项规定的文义来看，其对相关规定的位阶划分相当明确。但适法规范既是引致规范，又是授权规范。其主要作用在于使法律、行政法规的强制性规定与民法上的无效效果相结合，在被引入的强制性规定并未对相关违法行为的私法效力做出明确评价时，授权法官在个案中做出判断。依据该条款，法官享有裁量权，用以判断被引致而

---

① 谢鸿飞教授将《合同法》第五十二条第（五）项及与之具有类似模式的规范条文（如《民法通则》第五十八条第一款第（五）项、德国《民法典》第一百三十四条、《日本民法典》第九十条等）称为法律行为生效的"适法规范"。"适法规范"的概念被用以指称以"违法无效"为内容的法律规范。参见谢鸿飞：《论法律行为生效的"适法规范"——公法对法律行为效力的影响及其限度》，《中国社会科学》，2007年第6期，第124页。

耿林副教授则将此类规范称之为"强制规范违反禁止规则"。参见耿林：《强制规范与合同效力——以合同法第52条第5项为中心》，北京，中国民主法制出版社，2009年版，第201页。

出于表述便利，笔者在此使用"适法规范"的概念指称《劳动合同法》第二十六条第一款第（三）项的规定。

来的相应规范是否属于"效力性强制性规定"。法官在解释适用被引致的规范时应探究其规范目的，并在必要时做价值补充，以决定违反强制性规定是否导致合同无效。对于适法规范的操作，应当以该适法规范为管道，结合劳动合同所违反的具体强制性规定，以比例原则为导向，通过对规范目的的分析及相应的价值权衡，最终判明劳动合同是否无效。

在本案中，《职业病防治法》第三十六条的规范目的在于保护从事接触职业病危害的作业的劳动者的生命健康权，因此对用人单位科以对劳动者进行上岗前、在岗期间和离岗时的职业健康检查，并将检查结果书面告知劳动者的义务；对于未进行离岗前职业健康检查的劳动者不得解除或终止其劳动合同。《职业病防治法》第三十六条属于强制性规定，不得以协议的方式排除，而且用人单位不履行该义务意味着直接剥夺患有职业病的劳动者的后续救济权利，因此，法院判定该解除协议因违反强制性规定而无效，是正确的。

[思政解读]

劳动是财富的源泉，也是幸福的源泉。人世间的美好梦想，只有通过诚实劳动才能实现；发展中的各种难题，只有通过诚实劳动才能破解；生命里的一切辉煌，只有通过诚实劳动才能铸就。①生命健康权是劳动者享有的基本权利。《职业病防治法》的基本立法目的即在于保护劳动者的生命健康。某些特殊岗位的劳动者，其罹患职业病风险的概率较高。因此用人单位有义务在劳动者上岗前、在岗期间和离岗时的均进行职业健康检查程序，力求早发现、早救治。职业健康检查程序是法律规定必须履行的程序，当事人无权自行以协议的方式排出。如果用人单位在未履行职业健康检查程序的情况

---

① 2013年4月28日，习近平在全国总工会机关，同全国劳动模范代表座谈并发表的重要讲话。

下即解除劳动合同，其行为不能得到认可。

作者：王硕

4.2 "二倍工资"罚则不应滥用——刘某诉仁创公司劳动争议纠纷案[①]

[案情简介]

刘某于 2015 年 3 月 10 日进入被告仁创公司工作，担任人事主管，主要负责人员招聘、培训及薪酬管理工作。2015 年 7 月 23 日刘某离开仁创公司，并于同日以仁创公司未与其签订劳动合同，未依法给予其哺乳期内每天 1 小时的哺乳时间，且未足额支付其月度工资严重侵害其合法权益为由，向仁创公司寄送《关于与南京仁创物资有限公司解除劳动关系的通知函》（以下简称《解除通知函》），通知仁创公司自 2015 年 7 月 24 日起解除双方的劳动关系，并要求仁创公司给予补偿。

仁创公司认为其公司已足额发放刘某工资，不存在预留刘某的工资的行为。关于双倍工资其认为之所以未与刘某签订劳动合同是因为刘某作为其单位人事经理故意不签订劳动合同，故其对双倍工资不予认可，其没有拖欠刘某工资，故不同意支付经济补偿金。

[①] "刘某与南京仁创物资有限公司劳动争议纠纷案"，《最高人民法院公报》，2018 年第 7 期。

[争议焦点]

本案的争议焦点为：在用人单位与劳动者未签订劳动合同的情况下，劳动者是否有权依据《劳动合同法》第八十二条第一款的规定请求支付二倍工资。

[法院判决]

法院认为：本案中，被告仁创公司确实未与刘某签订劳动合同，但是，一般而言，劳动合同签订事项属于人力资源负责的事项，刘某作为仁创公司的人事主管，其工作职责范围应该包括代表单位依照法律法规处理与劳动者之间劳动合同履行方面的相关事宜，避免单位因违反法律法规被追究法律责任，也应当知晓订立书面劳动合同的相关规定及不订立书面劳动合同的法律后果，因此，刘某有义务主动向仁创公司要求订立书面劳动合同。但刘某并未提交证据证明其曾主动要求仁创公司与其签订劳动合同。故综合刘某的岗位职务因素等考量后，法院对刘某主张的未签订书面劳动合同的二倍工资的诉讼请求不予支持。

[法理分析]

《劳动合同法》第八十二条第一款①规定的"二倍工资"罚则，其直接目的在于打击用人单位故意不与劳动者签订劳动合同、侵害劳动者权益的行为。《劳动法》和《劳动合同法》均强调了劳动合同的要式性，强调了签订劳动合同是用人单位应当承担的法定义务。书面劳动合同毕竟相对准确可靠，更容易发挥证据功能，便于放在争议发生时有效率地解决纠纷，保护相对弱势的劳动者的利益。"二

---

① 《劳动合同法》第八十二条第一款规定："用人单位自用工之日起超过一个月不满一年未与劳动者订立书面劳动合同的，应当向劳动者每月支付二倍的工资。"

倍工资"罚则可以看作是用人单位未履行签订劳动合同这一法定义务所引发的不利法律后果之一。但是，由于立法规定的不完善，"二倍工资"罚则的适用前提未能明确，实践中也出现了一些劳动者利用该罚则，故意不与用人单位签订书面劳动合同，借此获取不正当利益的情形，造成了劳资双方利益关系的失衡。因此，对于《劳动合同法》第八十二条第一款"二倍工资"罚则的适用前提，应当采取目的性限缩的解释思路，将因劳动者一方的原因而未能订立书面劳动合同的情形排除在外，以此平衡劳资双方的利益，避免对劳动者一方产生反向激励，排除相关道德风险。进言之，适用"二倍工资"罚则的基本前提在于：未签订劳动合同的原因在用人单位而非劳动者一方。

在本案中，双方未签订劳动合同这一事实已经为法院所确认，但并不能仅因这一事实的存在即直接适用"二倍工资"罚则，而应进一步考察双方未签订劳动合同的原因。原告方作为用人单位的人事主管，签订劳动合同本身就属于其工作职责的范围，无论其自身与用人单位未签订劳动合同的具体原因如何（究竟是刻意"碰瓷"以获得双倍工资的赔偿，还是纯粹出于自身的失职行为），未签订劳动合同的原因都在劳动者一方而非用人单位。用人单位不能提供书面劳动合同是由劳动者的原因所导致，因此本案不应适用"二倍工资"罚则。

[思政解读]

倾斜保护劳动者是劳动法律的基本价值取向。但倾斜保护劳动者的利益，并不等于无原则地纵容劳动者一方谋取不当利益的行为。劳动者一方滥用"二倍工资"罚则以获得额外利益的道德风险是客观存在的，对于此种有悖诚信的行为，法律上应予否认，以维护用人单位一方的合法权益，维护劳动关系的和谐稳定。同时也要坚信习总书记所说："我国工人阶级要增强历史使命感和责任感，立足本职、胸怀全局,自觉把人生理想、家庭幸福融入国家富强、民族复兴的伟业之中,把个人梦与中国梦紧密联系在一起,始终以国家主人翁姿态为坚持和发展中国特色社会主义作出贡献。"①

作者:王硕

4.3 商业保险不能取代法定工伤保险——安某重、兰某诉水湾公司工伤保险待遇纠纷案②

[案情简介]

2011年11月,水湾公司与浙江鑫隆远洋渔业有限公司(以下简称鑫隆公司)签订委托招聘合同,约定:鑫隆公司为水湾公司名下"中洋16"轮、"中洋18"轮、"中洋26"轮等6艘船舶招聘远洋船员,以鑫隆公司名义与应聘船员签订聘用合同,合同的权利义务由水湾公司享有和承担;鑫隆公司在与应聘船员签订聘用合同时应当口头向其披露委托方,经应聘船员无异议后方可签订聘用合同。

2012年7月8日,安某卫与鑫隆公司签订大管轮聘用合同,合同约定:鑫隆公司招聘安某卫为远洋大管轮职务船员,聘用期限为两年半,自安某卫出境日9月1日起至安某卫所在船只抵境日或合同到期日止;鑫隆公司负责为安某卫投保人身意外险,如在聘用期内发生因工伤亡,按有关意外保险条款执行。

---

① 2013年4月28日,习近平在全国总工会机关,同全国劳动模范代表座谈并发表的重要讲话。
② "诉深圳市水湾远洋渔业有限公司工伤保险待遇纠纷案",《最高人民法院公报》,2017年第12期。

2012年8月22日，水湾公司作为投保人，为包括安某卫在内的48名船员向中国人民财产保险股份有限公司深圳市分公司（以下简称人保公司）投保团体意外伤害保险，保障项目为额外身故、残疾、烧伤给付，每人保险金额为60万元，保险期间为2012年8月23日至2013年8月22日。水湾公司于投保当日缴纳了保费。

2012年9月，安某卫等14名船员被派遣至"中洋26"轮上进行远海捕鱼作业。2013年8月5日17时30分，"中洋26"轮在法属波利尼西亚南方群岛拉帕岛附近海域遇险侧翻。2014年1月16日，安某卫被河南省栾川县人民法院宣告死亡。人保公司向原告安某重和兰某（原告安某重是安某卫的父亲，原告兰某是安某卫的母亲）实际支付了安某卫身故赔偿金60万元。

2014年12月10日，浙江省绍兴市越城区人民法院作出（2014）绍越民初字第1799号民事判决，确认鑫隆公司与安某卫签订聘用合同的行为属于隐名代理，鑫隆公司与安某卫签订的聘用合同直接约束水湾公司和安某卫，水湾公司与安某卫存在劳动关系。水湾公司对该判决结论予以认可。2015年3月16日，深圳市人力资源和社会保障局认定安某卫于2013年8月5日因工外出在法属波利尼西亚南方群岛拉帕岛附近海域遇险，经法院判决宣告死亡属于工伤。

原告安某重和兰某诉称：2015年3月16日，深圳市人力资源和社会保障局认定安某卫遭受事故伤害情形属于工伤，依法应当享受工伤保险待遇。安某重和兰某作为安东卫的法定继承人，请求判令水湾公司支付拖欠安某卫的工资及奖金，以及丧葬补助金、供养亲属抚恤金、一次性工亡补助金等工伤保险待遇。

被告水湾公司辩称：水湾公司没有为安某卫办理工伤保险的责任不在水湾公司，而且安某卫生前与水湾公司约定以商业保险替代工伤保险。原告安某重和兰某已经拿到商业保险金60万元，无权再主张工伤保险赔偿金。

[**争议焦点**]

本案的争议焦点为：安某重和兰某获得水湾公司为其子安某卫购买的商业保险的保险赔付后，能否再向水湾公司主张安某卫的工伤保险待遇。

[**法院判决**]

一审法院认为：2012年9月1日至2013年8月5日期间，安某卫受被告水湾公司聘用在"中洋26"轮上进行远海捕鱼作业，安某卫与水湾公司存在劳动合同关系。水湾公司没有为安某卫购买工伤保险，根据《广东省工伤保险条例》第四十三条①和第五十七条第一款②的规定，水湾公司应向原告安某重和兰某支付安某卫依法应享有的工伤保险待遇。水湾公司虽然为安某卫购买了意外伤害商业保险，并与安某卫在聘用合同中约定在聘用期内如因工伤亡，按有关意外保险条款执行，但依法缴纳工伤保险是用人单位的法定义务，该项义务不能通过当事人协商予以免除。安某重和兰某以意外伤害保险单受益人身份取得商业保险赔偿金后，仍有权主张工伤保险赔偿。水湾公司关于安某重和兰某已取得60万元商业保险金即无权再主张工伤保险赔偿金的抗辩不能成立。

二审法院认为：为职工缴纳工伤保险费是水湾公司的法定义务，该法定义务不得通过任何形式予以免除或变相免除。在水湾公司未为安某卫缴纳工伤保险费的情况下，水湾公司应向安某卫的父母安某重和兰某支付工伤保险待遇。水湾公司为安某卫购买的商业性意

---

①《广东省工伤保险条例》第四十三条规定："职工所在用人单位未依法缴纳工伤保险费，发生工伤事故的，由用人单位支付工伤保险待遇。"

②《广东省工伤保险条例》第五十七条第一款规定："用人单位依照本条例规定应当参加工伤保险而未参加或者未按时缴纳工伤保险费，职工发生工伤的，由该用人单位按照本条例规定的工伤保险待遇项目和标准向职工支付费用。"

外伤害保险，性质上是水湾公司为安某卫提供的一种福利待遇，不能免除水湾公司作为用人单位负有的法定的缴纳工伤保险费的义务或支付工伤保险待遇的义务。

此外，法律及司法解释并不禁止受工伤的职工或其家属获得双重赔偿。最高人民法院《关于审理工伤保险行政案件若干问题的规定》第八条第一款[1]和第三款[2]规定，并不禁止受工伤的职工同时获得民事赔偿和工伤保险待遇赔偿。上诉人水湾公司称被上诉人安某重和兰某同时获得保险金和工伤保险待遇属一事二赔、违反公平原则，没有法律依据，不予支持。一审法院判决水湾公司向安某重和兰某支付工伤保险待遇正确，予以维持。

[法理分析]

解决该案争议的关键在于正确区分工伤保险与商业保险的不同性质。

工伤保险，又称为职业伤害保险，是指劳动者在工作过程中或者在法定情形下因工作原因发生事故或因接触职业性有害因素，导致劳动者暂时或长期丧失劳动能力、死亡时，对劳动者本人或其近亲属提供医疗救治、职业康复、经济补偿等必要物质帮助的一项社会保险制度。工伤保险属于社会保险，具有非营利性和强制性的特征。对于用人单位而言，及时足额缴纳社会保险费用不仅仅是履行劳动合同义务，同时也是履行法定义务。如用人单位违反这一义务，

---

[1] 最高人民法院《关于审理工伤保险行政案件若干问题的规定》第八条第一款规定："职工因第三人的原因受到伤害，社会保险行政部门以职工或者其近亲属已经对第三人提起民事诉讼或者获得民事赔偿为由，作出不予受理工伤认定申请或者不予认定工伤决定的，人民法院不予支持。"

[2] 最高人民法院《关于审理工伤保险行政案件若干问题的规定》第八条第三款规定："职工因第三人的原因导致工伤，社会保险经办机构以职工或者其近亲属已经对第三人提起民事诉讼为由，拒绝支付工伤保险待遇的，人民法院不予支持，但第三人已经支付的医疗费用除外。"

劳动者有权解除劳动合同并请求赔偿损失(《劳动合同法》第三十八条);相关行政部门有权加收欠缴滞纳金并处以罚款(《社会保险法》第八十六条)。而商业保险则具有营利性和非强制性的特征。商业保险的投保人与保险人之间是平等关系,商业保险的启动是通过双方缔结保险合同的方式实现的,法律并不强制用人单位为劳动者投保商业险。

从劳动合同内容的角度来看,社会保险条款属于劳动合同的法定必备条款,(《劳动合同法》第十七条),如用人单位提供的劳动合同文本未载明社会保险条款会招致相应的不利法律后果(《劳动合同法》第八十一条)。商业保险条款则不属于劳动合同的法定必备条款,而属于可由当事人自由选择的"补充保险和福利待遇"条款,用人单位并没有为劳动者拟定商业保险条款并投保的义务。二审法院将商业保险定性为企业的"福利待遇"是较为准确的。

因此,在本案中用人单位一方虽然为劳动者购买了人身意外伤害保险,但这并不能免除用人单位缴纳工伤保险费或赔偿工伤保险待遇的义务。作为社会保险的工伤保险与作为商业保险的人身意外伤害保险的性质、目的等均有不同,二者不能相互替代。对于劳动者而言,商业保险金赔偿与工伤保险待遇赔偿可以同时存在,并行不悖。

[思政解读]

人类是劳动创造的,社会是劳动创造的。劳动没有高低贵贱之分,任何一份职业都很光荣。[①]用人单位应当认识到,依法为劳动者缴纳社会保险费,是必须履行的法定义务。社会保险具有公益性、强制性和非营利性的特点,与税收非常相似。依据中共中央办公厅、国务院办公厅印发的《国税地税征管体制改革方案》,明确从 2019

---

① 2016 年 4 月 26 日,习近平在知识分子、劳动模范、青年代表座谈会上的讲话。

年1月1日起,将基本养老保险费、基本医疗保险费、失业保险费、工伤保险费、生育保险费等各项社会保险费交由税务部门统一征收。在新形势下,政府针对欠缴社会保险费行为的打击力度必将进一步增强;以商业保险取代社会保险甚至完全不缴纳社会保险的行为,势必无法长久。劳动者作为社会发展的中坚力量,对国家的发展起着举足轻重的作用。用人单位及政府必须重视对劳动者合法权益和根本利益的保障,协调好劳资关系,促进社会稳定发展。

作者:王硕

4.4 劳动者提交虚假学历证明构成欺诈——冠龙公司诉唐某劳动合同纠纷案[①]

[案情简介]

被告唐某系上海市外来从业人员。2002年3月1日唐某进入原告冠龙公司从事销售工作。入职时,唐某向冠龙公司人事部门提交了其本人于2000年7月毕业于西安工业学院材料工程系的学历证明复印件,双方签订了期限为2002年3月1日至同年12月31日的劳动合同,合同约定2002年3月1日至同年8月1日为试用期,此后双方每年续签期限为一年的劳动合同。2007年12月25日,唐某签署《任职承诺书》一份,内容为:"本人作为上海冠龙阀门机械有限公司之员工,特作如下承诺:……本人以往提供给公司的个人材

[①] "上海冠龙阀门机械有限公司诉唐某劳动合同纠纷案",《最高人民法院公报》,2012年第9期。

料均是真实有效的,如有做假,愿意无条件被解除合同……"2008年12月23日,原、被告双方签订《劳动合同补充协议》,约定原劳动合同有效期限顺延至2011年12月31日。

2010年6月28日,冠龙公司向唐某出具退工证明,但唐某不同意接受,2010年7月2日唐某收到冠龙公司的律师函,其中载明"鉴于你在求职时向冠龙公司出具的有关材料和陈述有虚假,且在工作时间没有完成公司规定的业务指标,没有遵守公司规定的工作纪律和规章,故从即日起冠龙公司对你开除,即解除与你的劳动合同关系",落款日期为2010年6月30日。冠龙公司未支付唐某2009年第四季度奖金(提成)剩余差额20493.89元,未支付唐某2010年第一季度奖金(提成)1198.40元及第二季度奖金(提成)32213元。此外,在2008年8月,唐某的上级主管领导马某(冠龙公司华东业务部经理)通过他人举报得知并证实唐某存在学历造假一事。2008年12月1日后因工作调动,唐某所在辖区不再受马某管理。冠龙公司在劳动仲裁阶段陈述,办事处招聘员工,实际操作中由办事处主任进行核实和担保,办事处主任再向公司提供员工的学历证书复印件就可以了。

2010年11月1日,西安工业大学教务处在原告冠龙公司出具的被告唐某毕业证书复印件上书写"2000届毕业证中无此人"的证明字样并敲章确认。冠龙公司《员工手册》中有如下规定,"新录用的员工报到时应提供以下证明文件的正本供人事部门复核,同时交复印件一份供人事部门存档:(1)身份证;(2)学历证明……";"员工有下列任一严重违反公司规章制度情况的,公司将予以解雇,且不给予任何经济补偿:……以欺骗手段虚报专业资格或其他各项履历……"。对以上内容,唐某已签字确认知晓。2010年7月19日、8月11日唐某与冠龙公司分别就违法解除劳动合同赔偿金、返还暂支款项等事项向嘉定区劳仲委提起仲裁。

[争议焦点]

本案的争议焦点为：唐某在入职时向原告冠龙公司提交虚假学历证明的行为，是否构成冠龙公司合法解除劳动合同的理由之一。

[法院判决]

一审法院认为：欺诈的认定标准之一为相对方是否知晓真实情况。原告冠龙公司的马某系管理公司华东地区所有办事处的业务部经理，其对所辖办事处员工招聘、解聘等工作系其代表公司的职务行为。2008年12月，在马某知晓被告唐某提供虚假学历的情况下，仍然作出与其续签劳动合同的决定，表明冠龙公司已经知晓唐某学历造假仍继续予以聘用，即不予追究唐某提供虚假学历的行为。且冠龙公司对销售人员的学历设置准入资格应为保证销售人员的工作能力，唐某于2002年进入冠龙公司后双方一直续签劳动合同的事实亦从侧面证实冠龙公司对唐某的工作能力予以认可，故冠龙公司主张唐某欺诈的理由不能成立，冠龙公司与其解除劳动合同系违法解除。

二审法院认为：被上诉人唐某在入职时提供虚假学历并做虚假陈述的行为显然已经构成了欺诈。但唐某于2008年12月底与上诉人冠龙公司续签劳动合同时是否构成欺诈存有争议，此问题关键在于续签劳动合同时冠龙公司是否知晓唐某学历造假一事并作出了错误的意思表示。首先，唐某提供有马某的录音资料，欲证明续签合同时公司已知道其提供虚假学历一事，但上述录音有许多语意模糊的地方，并不足以证明马某已经将唐某伪造学历之事告知冠龙公司。其次，冠龙公司提供的马某的书面证言称因工作调动未将唐某学历造假之事上报公司，亦未对此事做出处理。虽马某系冠龙公司管理人员，与公司方有一定利害关系，但该证据不是唯一证据，其证明力可以结合其他证据综合判断。再次，冠龙公司提供的调令显示，冠龙公司与唐某续签劳动合同之前，马某确实已调任他处。最后，唐某2009年填写的人事资料卡"教育程度"一栏仍填写为西安工业学院材料工程系。综合双方当事人举证情况分析，可认定唐某对其入职时提供虚假学历一事一直采取隐瞒的态度，唐某亦无证据证明其提供虚假学历之行为已为冠龙公司知悉并已获得了谅解，故唐某在2008年12月续签劳动合同时仍然构成欺诈，《劳动合同法》第二十六条①、第三十九条②明确规定，以欺诈的手段使对方在违背真实意思的情况下订立的劳动合同是无效的，用人单位可以据此解除劳动合同。故冠龙公司与唐某解除劳动合同有法律依据，不应支付违法解除劳动合同赔偿金。此外，我国劳动法律在充分保护劳动者合法权利的同时亦依法保护用人单位正当的用工管理权。用人单位通过企业规章制度对劳动者进行必要的约束是其依法进行管理的重要手段。冠龙公司《员工手册》第三十四条规定，员工以欺骗手段虚报专业资格或其他各项履历，公司将予以解雇，且不给予任何经济补偿。审理时，唐某对该《员工手册》的规定并无异议。唐某提供虚假学历之行为亦系冠龙公司规章制度严令禁止的行为，冠龙公司依据企业的规章制度与唐某解除劳动合同，系其依法行使管理权的体现，亦无不可。而且，唐某于2007年签署有《任职承诺书》一份，内容为："本人作为上海冠龙阀门机械有限公司之员工，特作如下承诺：……本人以往提供给公司的个人材料均是真实有效的，如有做

---

① 《劳动合同法》第二十六条规定："下列劳动合同无效或者部分无效：（一）以欺诈、胁迫的手段或者乘人之危，使对方在违背真实意思的情况下订立或者变更劳动合同的；（二）用人单位免除自己的法定责任、排除劳动者权利的；（三）违反法律、行政法规强制性规定的。对劳动合同的无效或者部分无效有争议的，由劳动争议仲裁机构或者人民法院确认。"

② 《劳动合同法》第三十九条规定："劳动者有下列情形之一的，用人单位可以解除劳动合同：（一）在试用期间被证明不符合录用条件的；（二）严重违反用人单位的规章制度的；（三）严重失职，营私舞弊，给用人单位造成重大损害的；（四）劳动者同时与其他用人单位建立劳动关系，对完成本单位的工作任务造成严重影响，或者经用人单位提出，拒不改正的；（五）因本法第二十六条第一款第一项规定的情形致使劳动合同无效的；（六）被依法追究刑事责任的。"

假,愿意无条件被解除合同……"此任职承诺书是唐某与冠龙公司基于诚信原则的约定,唐某对于违反约定义务的法律结果应是清楚的。双方的约定未违反法律规定,是合法有效的。故从该承诺的角度出发,冠龙公司在查知唐某伪造学历后,基于承诺而解除合同亦是有依据的。至于冠龙公司认为唐某与客户签订阴阳合同,赚取差价,严重违规,要求唐某解除劳动的主张,因依据不足,难以采信。但这并不影响冠龙公司依据唐某伪造学历、欺骗公司,违反《劳动合同法》及公司规章制度与其本人的承诺行使合同解除权。一审法院关于冠龙公司解除与唐某的劳动合同不合法、冠龙公司应支付唐某违法解除合同赔偿金的认定不当,应予以纠正。

[法理分析]

依据《劳动合同法》第二十六条及第三十九条的规定,如劳动者以欺诈、胁迫的手段或在乘人之危的情况下订立劳动合同,用人单位有权解除劳动合同。欺诈是指以使他人陷于错误并因此为意思表示为目的,故意陈述虚伪事实或隐瞒真实情况的行为。我国现行法对于欺诈的定义是:一方当事人故意告知对方虚假情况,或者故意隐瞒真实情况,诱使对方当事人作出错误意思表示的行为。在劳动合同领域,劳动者伪造或隐瞒自身的相关信息而订立劳动合同的行为,属于欺诈;而用人单位故意提供虚假的劳动条件和劳动待遇信息,对自身情况作夸大宣传,亦属于欺诈的情形。欺诈行为既可表现为积极的行为,如故意以虚假事实诱导对方,亦可表现为消极的行为,如故意隐瞒真实情况。一般而言,消极的不作为构成欺诈的前提是告知义务的存在。《劳动合同法》第八条[①]明文规定了劳动合同双方的告知(说明)义务。对于此项义务的违反,无论是积极

[①]《劳动合同法》第八条规定:"用人单位招用劳动者时,应当如实告知劳动者工作内容、工作条件、工作地点、职业危害、安全生产状况、劳动报酬,以及劳动者要求了解的其他情况;用人单位有权了解劳动者与劳动合同直接相关的基本情况,劳动者应当如实说明。"

的虚构或是消极的隐瞒,均可能构成欺诈。依据该条规定,用人单位招用劳动者时,应当如实告知劳动者工作内容、工作条件、工作地点、职业危害、安全生产状况、劳动报酬,以及劳动者要求了解的其他情况;用人单位有权了解劳动者与劳动合同直接相关的基本情况,劳动者应当如实说明。用人单位的说明义务相对广泛,实际上等同于以劳动者的要求为前提、不受限制的说明义务;反之,劳动者的说明义务则相对狭窄,被限于"与劳动合同直接相关的基本情况"。换言之,对于应聘阶段的劳动者而言,凡是非属于"与劳动合同直接相关的基本情况"的信息,劳动者有对其加以隐瞒的权利且不构成欺诈。在此应当指出:其一,招聘时用人单位向劳动者索取的信息是否属于"与劳动合同直接相关的信息",应结合个案情况加以判断;其二,原则上用人单位要实现其知情权应自行收集信息,劳动者并无"自曝缺陷"的义务,但在例外情况下,如果由于劳动者个人原因而难以从事约定的工作,依诚信原则,即使用人单位没有提问,劳动者亦有义务主动告知,否则即构成欺诈;其三,由于劳动者在求职时遭受就业歧视和隐私侵犯而事后维权的并不多,故而必须允许劳动者及时"自力救济",即当用人单位提出超出合法范围的、侵犯劳动者隐私或带有歧视性问题时,劳动者有权给予不实回答。①

在本案中,学历问题是与劳动者应聘岗位直接相关的问题,劳动者负有如实回答的义务。伪造学历并作虚假陈述的行为,显而易见属于"故意告知对方虚假情况"的行为。但需要特别注意的一个细节是,劳动者一方伪造学历的行为是否已经为用人单位所知悉?因为法律意义上欺诈的成立要件不仅包括欺诈行为,还需要有因果关系。因果关系要件意味着欺诈行为需足以导致相对人因此而产生或维持错误观点,并因该错误观点而作出意思表示。进言之,即使

---

① 王倩:《招聘阶段用人单位知情权的限制》,林嘉主编:《社会法评论》,北京:中国人民大学出版社 2011 年版,第 104 页。

行为人故意实施了欺诈行为，但相对人所作出的意思表示却并非由该欺诈行为所导致，则不构成欺诈，相对人不能主张与欺诈相关的救济手段。在实践中，劳动者在求职过程中虽然作出了不实陈述，但该不实陈述与劳动合同的签订并不具备因果关系，则劳动者的行为不构成欺诈，劳动合同的效力亦不受影响。在"广州市洋航物流有限公司诉周美娣劳动合同纠纷案"中，法院指出，虽然用人单位招聘时要求应聘者具有大专以上学历，应聘者在填写应聘资料时亦虚报其具有大专学历（实际最高学历为高中），但用人单位在得知其真实学历情况之后并未立即终止劳动关系，而是降低了其工资水平。这意味着原告录用被告的行为并非基于被告的虚假陈述，而是经过权衡之后的结果。因此被告的行为并不构成欺诈，劳动合同的效力不受影响。本案一审法院即认为，用人单位在明知劳动者学历造假的情况下仍然继续聘用，意味着对劳动者的真实能力以及提供虚假学历的行为予以认可，实际上因果关系要件并不存在，因此认为劳动合同有效，用人单位的解除行为违法。而二审法院则认为既有证据无法证明劳动者提供虚假学历的行为已为用人单位知悉并获得了谅解，那么欺诈行为与劳动合同的订立之间存在因果关系，欺诈成立，故推翻了一审判决而认为用人单位系合法解除劳动合同。

[思政解读]

在我们社会主义国家，一切劳动，无论是体力劳动还是脑力劳动，都值得尊重和鼓励；一切创造，无论是个人创造还是集体创造，也都值得尊重和鼓励。全社会都要贯彻尊重劳动、尊重知识、尊重人才、尊重创造的重大方针，以辛勤劳动为荣、以好逸恶劳为耻，任何时候任何人都不能看不起普通劳动者，都不能贪图不劳而获的生活。同时，我们作为未来的劳动者也应知道，诚实信用是私法领域的基本原则，是市场经济活动中的基本道德准则，是人类的普遍道德要求，是中华民族的传统美德，是培育和践行社会主义核心价值观的重要内容。求职欺诈、伪造学历的行为是对诚实信用原则的严重违反,为法律及社会道德所不容。

作者:王硕

4.5 不合理的规章制度不能作为解除劳动合同的依据——张某诉京隆公司支付赔偿金纠纷案[①]

[案情简介]

原告张某于 2007 年 11 月 5 日进入被告京隆公司工作,于 2007 年 12 月 26 日与京隆公司签订劳动合同,期限自 2007 年 12 月 26 日起至 2010 年 12 月 6 日止,约定张某从事设备维护工程师工作,月工资为 2542 元。2009 年 4 月 13 日上午 10 点左右,张某乘坐牌照为苏 E8D8** 的车辆前往京隆公司宿舍区。2009 年 4 月 20 日,京隆公司向张某发出离职通知单,以张某乘坐非法营运车辆为由与张某解除劳动合同。被告京隆公司于 2008 年 9 月 8 日召开职工代表大会,通过"不允许乘坐黑车,违者以开除论处"的决议。经双方确认,2009 年 4 月 13 日原告张某休息。张某离职前十二个月月平均工资为 2600 元。

[争议焦点]

本案的争议焦点为:京隆公司依据"严禁乘坐非法营运车辆,

---

① "张建明诉京隆科技(苏州)公司支付赔偿金纠纷案",《最高人民法院公报》2014 年第 7 期。

违者予以开除处分"的单位规章制度解除与被上诉人张某的劳动合同是否合法。

[**法院判决**]

一审法院认为：用人单位的规章制度是用人单位制定的组织劳动过程和进行劳动管理的规则和制度，也称为企业内部劳动规则。规章制度既要符合法律、法规的规定，也要合理。被告京隆公司有权通过制定规章制度进行正常生产经营活动的管理，但劳动者在劳动过程以及劳动管理范畴以外的行为，用人单位适宜进行倡导性规定，对遵守规定的员工可给予奖励，但不宜进行禁止性规定，更不能对违反此规定的员工进行惩罚。京隆公司以乘坐非法营运车辆存在潜在工伤危险为由，规定员工不允许乘坐黑车，违者开除，该规定已超出企业内部劳动规则范畴，且乘坐非法营运车辆行为应由行政机关依据法律或法规进行管理，用人单位无权对该行为进行处理。工伤认定系行政行为，工伤赔偿责任是用人单位应承担的法定责任，京隆公司通过规章制度的设置来排除工伤责任，没有法律依据，因此亦属无效规定。故京隆公司不得依据该规定对员工进行处理，该公司以原告张某乘坐非法营运车辆为由解除劳动合同违反《中华人民共和国劳动合同法》（以下简称《劳动合同法》）的规定，损害了劳动者的合法权益，依法应当向张建明支付赔偿金，张某要求京隆公司支付赔偿金 7800 元，未超过法律规定的赔偿金范围，法院予以支持。

二审法院认为：用人单位的规章制度既要符合法律、法规的规定，也要合情合理，不能无限放大乃至超越劳动过程和劳动管理的范畴。本案中，被上诉人张某乘坐黑车的行为发生之日正值其休息之日，劳动者有权利支配自己的行为，公司不能以生产经营期间的规章制度来约束员工休息期间的行为。单位职工乘坐何种交通工具上班是职工的私人事务，用人单位无权作出强制规定，如果劳动者确有违法之处，也应由国家行政机关等有权进行处罚。因此，被上诉人京隆公司因张建明乘坐非法营运车辆而作出解除劳动合同系违法解除，损害了劳动者的合法权益，应当按《劳动合同法》之规定，向张某支付赔偿金。

[法理分析]

用人单位劳动规章（又称工作规则、工厂规则、员工守则等）是组织社会化劳动所必需的制度，它对于加强企业管理、提高劳动效率，有着重要的作用。向雇员发放员工守则的做法，使雇主有机会向员工提供针对公司经营策略的、标准化的指示；较之于个别指示，这一做法更有效率，成本更低。员工手册的范围，包括针对公司经营策略的模糊陈述，以及解雇、处罚、晋升、休假、薪金、保险等方面内容的具体说明。可以说，但凡用工规范的用人单位，必然会制定相应的规章制度用于规范内部管理。事实上，规章制度的质量直接反映着用人单位的管理水平。用人单位劳动规章，在劳动关系的形成和有存续过程当中起着重要的作用。在用人单位与劳动者处于平等的法律地位的前提下，由于劳动规章具有单方决定、体系化和定型化的特点，其性质应当属于格式条款，其本身并没有法律规范的属性，其发生效力的依据在于用人单位与劳动者的合意。换言之，用人单位劳动规章的作用范围不能脱离劳动合同的基本框架。在劳动合同的履行过程中，劳动规章对双方当事人均有约束作用：劳动者违反劳动规章制度，给用人单位造成损害，须承担损害赔偿责任，在其违反劳动规章的行为具有严重性的情况下，用人单位有权解除劳动合同；如用人单位因劳动规章内容违法而导致劳动者受到损害，劳动者亦有权解除劳动合同并请求损害赔偿。

从合同的角度来审视用人单位的劳动规章制度就会发现，不违反法律、行政法规的强制性规定仅仅是用人单位规章制度的有效要件之一。作为用人单位单方决定、与劳动者的日常工作密切相关的一类重要规则，单纯"合法性"，或曰"不违法"的要求是远远不够的,甚至可以说,强调用人单位规章制度的"合理"远比"合法"要重要得多。法律的强制性规定所能直接覆盖的范围毕竟有限,许多貌似并未违反具体强制性规定的行为却往往对劳动者的权益构成较为严重的侵害。在用人单位规章制度的领域具体表现为种种"奇葩"规定,例如强制员工献血,否则扣发工资;将半天之内上厕所的时间限制在十五分钟内,超时罚款;迟到十分钟以上按旷工一天计算;等等。本案中,用人单位一方禁止员工乘坐"黑车"的规定与上述规定如出一辙。乘坐非法营运的"黑车"的确不是具有正面意义的行为,同时也可能遭受行政处罚,但用人单位制定此项禁令并以之作为解除劳动合同的依据,则意味着其对劳动者个人自由空间粗暴干涉,故此项禁令应为无效。用人单位在此基础上做出的解除合同行为应属违法,应当向劳动者支付赔偿金。

[**思政解读**]

制定规章制度是用人单位的用工自主权的表现,应当受到法律的保护。但用人单位不能滥用其支配地位,对劳动者施加种种不合理的限制。不符合社会一般道德观念、过分干涉劳动者自由的规章制度,不能产生法律效力。全面建成小康社会,我国亿万劳动群众是主体力量。我国广大劳动群众以劳动模范为榜样、爱岗敬业、勤奋工作、锐意进取、勇于创造,不断谱写新时代的劳动者之歌。正如习近平同志对劳动者的寄语:"一切劳动者,只要肯学肯干肯钻研,练就一身真本领,掌握一手好技术,就能立足岗位成长成才,就都能在劳动中发现广阔的天地,在劳动中体现价值、展现风采、感受快乐。"[①]

作者:王硕

[①] 2015年4月28日,习近平在庆祝"五一"国际劳动节暨表彰全国劳动模范和先进工作者大会上的讲话。

4.6 "末位淘汰制"须慎用——中兴通讯（杭州）有限责任公司诉王某劳动合同纠纷案[①]

[案情简介]

2005年7月，被告王某进入原告中兴通讯（杭州）有限责任公司（以下简称中兴通讯）工作，劳动合同约定王某从事销售工作，基本工资每月3840元。该公司的《员工绩效管理办法》规定：员工半年、年度绩效考核分别为S、A、C1、C2四个等级，分别代表优秀、良好、价值观不符、业绩待改进；S、A、C（C1、C2）等级的比例分别为20%、70%、10%；不胜任工作原则上考核为C2。王某原在该公司分销科从事销售工作，2009年1月后因分销科解散等原因，转岗至华东区从事销售工作。2008年下半年、2009年上半年及2010年下半年，王某的考核结果均为C2。中兴通讯认为，王某不能胜任工作，经转岗后，仍不能胜任工作，故在支付了部分经济补偿金的情况下解除了劳动合同。

2011年7月27日，王某提起劳动仲裁。同年10月8日，仲裁委作出裁决：中兴通讯支付王某违法解除劳动合同的赔偿金余额36596.28元。中兴通讯认为其不存在违法解除劳动合同的行为，故于同年11月1日诉至法院，请求判令不予支付解除劳动合同赔偿金余额。

[①] "中兴通讯（杭州）有限责任公司诉王鹏劳动合同纠纷案"，《最高人民法院公报》2014年第5期。

[争议焦点]

本案的争议焦点为：劳动者在用人单位的绩效考核中居于末位等次，用人单位以其"不能胜任工作"为由解除劳动合同的，是否合法？

[法院判决]

法院认为，为了保护劳动者的合法权益，构建和发展和谐稳定的劳动关系，《中华人民共和国劳动法》《中华人民共和国劳动合同法》对用人单位单方解除劳动合同的条件进行了明确限定。原告中兴通讯以被告王某不胜任工作，经转岗后仍不胜任工作为由，解除劳动合同，对此应负举证责任。根据《员工绩效管理办法》的规定，"C（C1、C2）考核等级的比例为10%"，虽然王某曾经考核结果为C2，但是C2等级并不完全等同于"不能胜任工作"，中兴通讯仅凭该限定考核等级比例的考核结果，不能证明劳动者不能胜任工作，不符合据此单方解除劳动合同的法定条件。虽然2009年1月王某从分销科转岗，但是转岗前后均从事销售工作，并存在分销科解散导致王某转岗这一根本原因，故不能证明王某系因不能胜任工作而转岗。因此，中兴通讯主张王某不胜任工作，经转岗后仍然不胜任工作的依据不足，存在违法解除劳动合同的情形，应当依法向王某支付经济补偿标准二倍的赔偿金。

[法理分析]

依据《劳动合同法》第四十条第（二）项[①]规定的，用人单位有权解除劳动合同的情形，我们应当认识到，劳动合同属于双务、

[①]《劳动合同法》第四十条第（二）项规定："劳动者不能胜任工作，且经过培训或者调整工作岗位，仍不能胜任工作的。"

有偿合同；用人单位一方为实现自身利益最大化，有权设定工作岗位的要求，有权对员工进行考核并淘汰不合格人员。在人员聘用方面遵循优胜劣汰的基本原则，是保障用人单位经营自主权的必要手段，也是市场经济运行的客观要求。但是，用人单位内部的绩效考核制度以及劳动者是否胜任工作的标准，并非完全由用人单位一方任意制定，而应经受法律及司法裁判的考察，以便保护处于弱势地位的劳动者，遏制用人单位一方的恣意。在本案中，用人单位采取了"末位淘汰"的考核方式，但问题在于，这一考核方式并不能完全反映出劳动者的实际工作能力。因为该考核方式实际上只是一种企业内部具有相对性的绩效排名，并未直接体现劳动者在整个行业内部的业务水准。在某一企业内部排名倒数的员工，是否真的意味着其工作能力有显著不足？将固定比例的员工"打入另册"的考核方式，固然能充分调动员工争取业绩的积极性，但却大大破坏了劳动者的职业稳定性，有违《劳动法》的基本价值取向，极易激化劳资矛盾。因此，法院有必要介入审查，以一种实质性、相对客观的考核标准来修正由用人单位单方制定的形式性、主观的考核标准。

[思政解读]

用人单位的经营自主权与劳动者的基本权利存在固有的紧张关系。某些企业过分推崇所谓的"狼性文化"，将企业对外竞争的规则不加区分地照搬到对员工的内部管理上，无形中使员工不合理地承担了企业的经营风险，激化了劳资矛盾，有悖于和谐、友善的社会主义核心价值观。从企业管理的角度出发，也不利于长久激发员工的归属感和创造性，不利于团队精神的形成，难以吸引优秀的人才。梦想属于每一个人，广大劳动群众要敢想敢干、敢于追梦。说到底，实现中华民族伟大复兴的中国梦，要靠各行各业人们的辛勤劳动。现在，党和国家事业的发展空间很大，只要有志气、有闯劲，普通劳动者也可以在宽广舞台上展示自己的人生价值。"梦想属于每一个人，广大劳动群众要敢想敢干、敢于追梦。说到底，实现中华民族伟大复兴的中国梦，要靠各行各业人们的辛勤劳动。现在，党和国家事业空间很大，只要有志气、有闯劲，普通劳动者也可以在宽广舞台上展示自己人生价值。"①

作者：王硕

---

① 2016年4月26日，习近平在知识分子、劳动模范、青年代表座谈会上的讲话。

5 其他民商事纠纷

5.1 胎儿的民事权利能力——张某等诉张某玖等机动车交通事故责任纠纷案[①]

[案情简介]

2015年12月15日,被告鄂州交通公司的鄂G×××××号客车在被告平安财险鄂州支公司处投有机动车交通事故责任强制保险(保险期间2015年12月16日至2016年12月15日)及保险限额为100万元的商业第三者责任险(不计免赔,保险期间均为2015年12月17日至2016年12月16日)。2016年10月20日7时(雨),受害人刘某利驾驶电动车沿明珠大道由南往北行驶至与××交叉口路段,在避让被告张某玖驾驶被告鄂州交通公司所有的鄂G×××××号客车临时停车下客时摔倒,发生刘某利受伤经医院抢救无效死亡及车辆部分受损的交通事故;交警部门委托湖北平安行道路交通事故司法鉴定所对电动车车身受损痕形成条件及有无外力作用痕和交通事故发生形态进行鉴定,鉴定机构结合现场照片、事发路段监控视频等,鉴定没有迹象表明电动车倒地前与路面其他车辆发生过接触或被接触,电动车左侧受损痕符合左侧摔跌、滑移所致等。经交警部门认

[①] 湖北省黄冈市黄州区人民法院,(2017)鄂1102民初292号。

定，被告张某玖负此次事故的次要责任，刘某利负主要责任。2016年10月20日，原告被送至黄州区人民医院治疗，住院17天，诊断：重型颅脑损伤、左侧颞顶部硬膜外血肿、小脑及右侧颞叶和双侧顶叶脑挫伤、左侧颞顶骨、蝶骨骨折等，花费医疗费72964.77元，医嘱：转上级医院进一步诊疗。2016年11月6日，刘某利转院至华中科技大学同济医院治疗，住院21天，医嘱：建议转回当地医院继续治疗，花费医疗费176121.84元，同济医院收取转院回黄冈车费2600元。2016年11月27日，刘某利回黄冈市中心医院诊疗，住院3天，花费医疗费13372.39元，诊断：脑外伤术后、后遗症期出现颅内感染、肺部感染、呼吸衰竭等。2016年12月27日，经黄冈市公安司法鉴定中心鉴定，刘某利系严重颅脑损伤死亡。原告张某、刘某、刘某明、杨某等请求被告张某玖、鄂州交通公司共同赔偿经济损失667784元，被告平安财险鄂州支公司在保险范围内予以赔付，被告张某玖、鄂州交通公司承担本案诉讼费。

此外，原告主张被告赔偿遗腹子的抚养生活费，认为孩子的父亲遭遇车祸死亡，事发时杨某已经怀孕了，虽然孩子未出生，但是孩子对其被抚养是有期待权的，而刘某利的死亡与交通事故的发生有因果关系，孩子应得到被抚养人生活费赔偿。腹内胎儿应同样具有一定的民事权利，其也有权利获得属于自己的抚养费，胎儿的出生只是使其民事权利得到进一步确定。原告在庭审中提交妊娠检查单、彩超报告，来证明胎儿真实存在。而被告质证认为，对证据的真实性无异议，但认为未出生胎儿不能主张权利，孩子还没有出生，不具有民事主体的资格，没有权利主张抚养费。

法院审查认为，虽然胎儿的妊娠检查单、彩超报告真实，但原告提起诉讼时胎儿尚在母体，根据《民法通则》第九条①的规定，

---

① 《中华人民共和国民法通则》第九条规定："公民从出生时起至死亡时止，具有民事权利能力，依法享有民事权利、承担民事义务。"

自然人出生后才具有民事权利能力，依法享有民事权利，腹中的胎儿不是法律上的民事权利义务主体，故对原告的证明内容不予支持，对原告提出的未出生胎儿的抚养费不予调整，但可待胎儿出生后另行主张权利，新生儿出生后，才是一个具有民事权利能力的主体，才可以依法行使抚养费用请求权。

[**争议焦点**]

未出生的胎儿是否享有权利能力，并因此享有被抚养人生活费赔偿请求权。

[**法院判决**]

法院认为，被告张某玖租赁驾驶被告鄂州交通公司的车辆造成刘某利受伤后医治无效死亡的交通事故，经交警部门认定，被告张某玖负此次事故的次要责任，受害者刘某利负主要责任，该认定书内容真实、客观，依法作为认定案件事实的依据。刘某利在此次事故中受伤经医疗机构医治无效死亡，刘某利的亲属请求被告承担赔偿责任，符合法律规定，予以支持。杨某提供的妊娠检查单、彩超报告，虽然真实，但原告提起诉讼时胎儿尚在母体，并未出生，不是法律上的民事权利义务主体，故未出生胎儿的抚养费本案不予调整，但杨某可待胎儿出生后另行主张权利。因此，根据相关的法律法规，法院做出如下判决：一、被告中国平安财产保险股份有限公司鄂州中心支公司于本判决生效后十五日内赔付原告张某、刘某、刘某明、杨某损失 4.172151 万元；如果被告未按本判决指定的期间履行给付金钱义务，应当依照《中华人民共和国民事诉讼法》第二百五十三条的规定，加倍支付迟延履行期间的债务利息；二、被告鄂州市交通发展有限公司在本案中不承担责任；三、驳回原告张某、刘某、刘某明、杨某的其他诉讼请求，不支持其主张对未出生的胎儿赔偿抚养费的请求；案件受理费 3638 元，由被告张某玖负担 3138

元，由原告张某、刘某、刘某明、杨某负担 500 元。

[法理分析]

  民事权利能力是指一个人作为法律关系主体的能力，即作为权利享有者和义务承担者的能力（或称资格）。①为了成为现存的和具有权利能力的主体，首先，人必须完全同母体分离开来；其次，要求他是生下存活的人；再次，分娩应当是完好的，也就是说并非产生于流产；最后，新生儿必须具有人的形态。除此而外，对于某些法律后果来说，还溯及出生前的一段时间，并且考虑尚未出生但已怀于母体中的人。甚至在我们论述的某些文献中，胎儿似乎同新生儿处于完全同等的地位。至于为其保存自受孕时起就归其所有的那些权利，对于死因继承尤其具有重要性，在这种情况中，上述继承暂缓，同时选择一位胎儿保佐人，以维护即将出生的婴儿的利益。②

  胎儿的民事权利能力就是指胎儿也能够像自然人一样，享有民事权利，并且能够以自己的名义主张权利的资格。虽然还有学者对胎儿具有民事权利能力存有质疑，认为胎儿还未出生，不是一个自然人，不应该有法律上的利益，但是大多数学者对此都持肯定的意见，认为即使其还未出生，综合道德伦理考虑，其也应该拥有此种资格，认为应承认未出生的胎儿享有独立的民事主体地位，要加强对胎儿利益的保护。③学术界普遍认为，对于胎儿利益的保护范围不仅要包括遗产继承和接受赠与等纯获利益的权利，还要包括损害赔偿请求权、抚养费用请求权等财产权。但是对于胎儿利益的保护，我们不能赋予其生命权以及健康权等人身权利，法律应当保护胎儿

---

① 李永军：《民法总论》，法制出版社 2005 年版，第 200 页。
② ［意］彼德罗彭梵得著：《罗马法教科书》，黄风译，北京：中国政法大学出版社 2005 年版，第 24 页。
③ 朱晓峰：《民法典编纂视野下胎儿利益的民法规范——兼评五部民法典建议稿胎儿利益保护条款》，载《法学评论》，2016 年第 1 期。

所享有的以健康出生为条件的期待权,如果是由于外界侵害的行为,造成胎儿出现问题,胎儿有独立的民事主体的资格和地位,具有民事权利能力,可以以胎儿的名义行使其所享有的损害赔偿请求权。

胎儿的损害赔偿请求权应当在对胎儿利益的保护之内,如孕妇发生交通事故等外界的伤害,间接使胎儿受到损害,只对母体进行保护是不够的,必须确立胎儿的直接损害请求权,即以其自己的名义进行损害赔偿的请求。此外,对于本案所涉及的未出生的胎儿的抚养费用请求权问题,按照我国关于人身损害赔偿的司法解释规定,被害人生前有法定抚养义务的被抚养人,有权请求侵害人承担赔偿抚养费用。胎儿虽然未出生,但其在父亲受侵害前已经成胎,受抚养权是胎儿的期待权,从利于保障胎儿出生受抚养的角度看,应当明确胎儿享有受抚养请求权,其有权获得属于自己的那份抚养费赔偿,胎儿的母亲、家属或者民政部门可以以胎儿的名义为胎儿主张权利。而且,在实践中,胎儿活体出生的概率远远高于死产率,且为了防止赔偿义务人乘机转移财产,逃避赔偿义务以及后续诉讼出现的其他困难,故抚养费的请求权应明确扩张至胎儿。①

《民法通则》不承认胎儿具有民事权利能力。《中华人民共和国继承法》(以下简称《继承法》)第二十八条②虽然规定,胎儿的继承份额在分割遗产时应予"保留",但胎儿享有遗产继承权利却必须从出生开始。因此,此规定也不承认胎儿的民事主体资格和民事权利能力。③但是,在司法实践中,对胎儿利益保护不力的现象普遍存在,常见的情况就是在交通事故中,受害人为孕妇的情况下,胎儿所遭受的损害,根本无法得到合理的赔偿,还有像本案的情况,

---

① 王羽铿:《论胎儿民事利益的法律保护——〈民法总则〉出台背景下的思考》,载《法学研究》,2017 年 5 月。

② 《中华人民共和国继承法》第二十八条规定:"遗产分割时,应当保留胎儿的继承份额。胎儿出生时是死体的,保留的份额按照法定继承办理。"

③ 尹田:《应将侵权损害赔偿引入"胎儿利益保护"》,载《热点关注》,2016 年 7 月。

未出生的胎儿不能得到其应得的抚养费，使得胎儿的利益无法受到保护。

《民法总则》第二章"自然人"中第一节"民事权利能力和民事行为能力"第十六条①规定了胎儿在遗产继承、接受赠与等有关于胎儿利益保护的关系中视为具有民事权利能力，这就说明即使是未出生的胎儿，还在母体中，其自身也具有民事主体的地位和资格，享有民事权利能力。但是，也要注意此项规定适用的条件，出生的胎儿必须是活体，如胎儿娩出时为死体的，其民事权利能力自始不存在。即使该条没有将胎儿的损害赔偿请求权和抚养费用请求权进行明确规定，但是多数学者认为其应纳入对胎儿利益的保护范围。

本案审理时，《民法总则》还未出台，法官依据《民法通则》第九条②的规定，认为公民出生后才具有民事权利能力，依法享有民事权利，刘某利遭遇车祸后，杨某腹中的胎儿不是法律上的民事权利义务主体，不具有民事权利能力，没有主张抚养费的赔偿的权利。待胎儿出生后可另行主张权利。此判决内容真实、程序合法、适用法律法规正确，但尚存在不合理之处。法院判决遗腹子不能主张其抚养费，但是，对胎儿的健康成长来说，此种权利是非常重要的，因为出生后的胎儿是必须被抚养的，如其不能得到抚养费将会出现对其不利的后果，即使胎儿出生后有权请求抚养费的赔偿，也是存在着一定困难的。目前，德国和法国等国家有关胎儿保护的司法实践，已经突破了早期的狭小范围，通过判例发展了对胎儿的侵权救济。③我国民法司法实践也应顺应这一趋势，为了加强对胎儿利益的保护，不仅要承认自然人出生后享有独立的主体资格，具有民事

---

① 《中华人民共和国民法总则》第十六条规定："涉及遗产继承、接受赠与等胎儿利益保护的，胎儿视为具有民事权利能力。但是胎儿娩出时为死体的，其民事权利能力自始不存在。"此条规定加强了对胎儿利益的法律保护"。

② 《中华人民共和国民法通则》第九条规定："公民从出生时起到死亡时止，具有民事权利能力，依法享有民事权利，承担民事义务。"

③ 龙卫球：《民法总论（第二版）》，中国法制出版社2006年版，第203页。

权利能力,享有民事权利,承担民事义务,而且未出生的胎儿在遗产继承、接受赠与等与胎儿利益保护有关的关系中也享有独立的民事主体资格,具有民事权利能力,孩子的母亲、家属或民政部门可以以胎儿的名义代为之,及时主张权利。如胎儿在交通事故等中遭受了损害,也应有作为被扶养人的生活费赔偿请求权。

[思政解读]

　　促进社会在"自由、平等、公正、和谐"的轨道上运行和弘扬社会主义核心价值观是检验一部法律是好法的风向标。最新出台的《民法总则》确立了平等、自愿、诚实信用、公序良俗、绿色环保等基本原则,这些原则从不同角度出发展现了社会主义核心价值观的内涵,而社会主义核心价值观的"自由、平等、公正"等内容也在法律内在价值与司法运行的结合中得以具体呈现。在社会不断发展进步的大背景下,胎儿的合法利益保护不断受到重视,从民法学家的关注到将胎儿利益问题写进法典得以制度化,体现了对特殊生命的尊重,集中体现了《民法总则》在法律的公正下坚持以人民为本位、以权利为本位的宗旨和态度。在民法学习中,专业知识架构、法律素养的培养和自身价值观、正义感的增强要做到有机统一,做符合社会主义核心价值观要求的法律人才。

作者:沃耘

5.2 自然人宣告死亡的效力与时间界定——李某与中国平安人寿保险纠纷案[①]

[案情简介]

2003年4月18日,原告父亲李某在被告处投保了《平安鸿盛终身寿险(分红型)》(以下简称平安鸿盛险)及附加险《平安附加意外伤害保险》(以下简称附加意外险)。保险单中约定:保险合同生效日为2003年4月18日,被保险人为李某,投保人为李某,身故受益人为李某一(本案原告)。平安鸿盛险约定:保险期间为终身,交费年期为10年,保险金额为10万元,每年保险费为10,690.00元,红利领取方式为累积生息。附加意外险约定:保险金额为20万元,每年交纳保险费为460元。平安鸿盛险条款第二条第二项约定:"被保险人因意外伤害事故身故或于保险单生效日起一年后因疾病身故,本公司按保险金额给付'身故保险金',保险责任终止。"附加意外险条款第三条第一项约定:"被保险人因遭受意外伤害事故,并自事故发生之日起一百八十日内身故的,本公司按其意外伤害保险金额给付'意外身故保险金',对该被保险人保险责任终止。"第五条约定:"本附加合同的保险期间为一年,自本公司同意承保、签发保险单并收取保险费的次日零时起至约定的终止日二十四时止。"保险合同签订后,投保人每年向保险人交纳保费计11,288.00元(主险10,690.00元、附加意外险460元、意外医疗险138元),共交纳保险费10年,最后一次交费为2012年4月18日,附加意外

[①] 辽宁省高级人民法院,(2015)辽审三民申字第00096号。

险的保险期间自2012年4月19日至2013年4月18日止。2008年7月18日被保险人李某离家出走，下落不明。原告于同年7月19日委托朋友电话向被告报案，被告派工作人员到原告家进行核查。2012年7月25日，被保险人妻子向大洼县（现盘锦市大洼区）人民法院提出宣告李某死亡申请，大洼县人民法院于2013年8月16日作出（2012）大洼民特字民事判决书，宣告李某死亡。之后，原告向被告提交材料并申请理赔，被告于2013年9月4日出具《理赔决定通知书》，理赔结果为："按《平安鸿盛条款》计算给付身故保险金10万元，给付累计红利及利息13,187.67元，总计113,187.67元，保险责任终止。"并将保险金及红利、利息113,187.67元给付给原告。

原告李某一认为，平安附加意外伤害保险（2002）条款第三条第一项约定"被保险人因遭受意外伤害事故，并自事故发生之日起一百八十日内身故的，本公司按其意外伤害保险金额给付'意外身故保险金'，对该被保险人保险责任终止"。依照上述约定，被告还应支付原告"意外身故保险金"20万元，同时应支付拖延给付期间的资金占用利息。被告中国平安人寿保险股份有限公司盘锦中心支公司认为：关于意外伤害险的理赔责任在保险条款中已经明确约定"被保险人因遭受意外伤害事故才属于意外伤害的理赔范畴"，本案中原告并无证据证明意外伤害事实的发生，因此不是意外伤害保险的理赔范围。

关于被保险人死亡的时间，原告李某一认为：李某失踪时在保险合同有效期间，失踪后曾向保险公司提出索赔。因此，只要在有效期内向保险公司报案，应视为被保险人在保险合同期间内死亡。被告中国平安人寿保险股份有限公司盘锦中心支公司认为：本案被上诉人被宣告死亡的时间为2013年8月16日，附加意外险保险期间为2012年4月18日至2013年4月17日，因此认定死亡不在保险期间内符合法律规定和合同约定。

[争议焦点]

第一，宣告死亡是否属于保险合同中的意外死亡；第二，被保险人的死亡时间如何确定。

[法院判决]

原审法院审理认为：被保险人李某已经被人民法院以特别程序宣告死亡，其死亡时间为 2013 年 8 月 16 日，不在附加意外险的保险期间（2012 年 4 月 18 日至 2013 年 4 月 17 日）内，原告的诉请没有事实依据和法律根据，不予支持。

二审法院审理后认为：根据法律规定，当事人对自己的诉讼主张所依据的事实，有责任提供证据，没有证据或证据不足以证明其事实主张的，由负有举证责任的当事人承担不利后果。本案保险合同的保险期间为 2012 年 4 月至 2013 年 4 月，上诉人欲取得意外伤害身故保险金，应提供证据证明李某在保险合同期内意外伤害死亡。本案中李某系宣告死亡，其死亡时间应以大洼县人民法院（2012）大洼民特字民事判决书的宣告日期 2013 年 8 月 16 日为准。综上，上诉人称李某在保险期间内意外死亡无事实和法律依据，原审认定事实清楚，适用法律正确。

再审法院认为：李某的死亡时间应当是宣告死亡的时间，即辽宁省大洼县人民法院（2012）大洼民特字民事判决书的宣告日期 2013 年 8 月 16 日，此时已经超过双方保险合同约定的保险期。因此原审判决认定事实清楚，适用法律正确，驳回李某一的再审申请。

[法理分析]

宣告死亡是指自然人下落不明达到法定期限，经利害关系人申请，人民法院经过法定程序在法律上推定失踪人死亡的一项民事法律制度，①使之产生与事实死亡同样的法律后果②。因宣告死亡仅仅是在法律上的死亡，而实际是否死亡并不清楚，所以，又称为拟制死亡或者推定死亡。③通过宣告死亡制度，可以及时了解下落不明人与他人的财产关系和人身关系，从而维护正常的经济秩序和社会秩序。宣告自然人死亡，是对自然人死亡在法律上的推定，这种推定将产生与生理死亡基本一样的法律效果，因此宣告死亡必须具备法律规定的条件。根据《民法总则》四十六条④规定，自然人有下列情形之一的，利害关系人可以向人民法院申请宣告该自然人死亡：（一）下落不明满四年；（二）因意外事件，下落不明满二年。因意外事件下落不明，经有关机关证明该自然人不可能生存的，申请宣告死亡不受二年时间的限制。

本案的争议在于如何理解保险条款中设定的"意外事故死亡"，其是否包括宣告死亡是一个司法难题。保险公司认为，既然保险条款中未对意外事故死亡作出明确界定，保险条款中罗列的保险人免除保险责任的各种情形又不包含宣告死亡，因此应当认定保险合同约定的免责范围之外的其他意外死亡的情形（包括宣告死亡）属于保险事故范围。

人身保险合同是以人的寿命和身体为保险标的的合同。所谓寿命是指自然人的生命年限，即从出生时起到符合医学上规定的死亡标准时止；所谓身体是指自然人全身各个部位的总称。⑤既然《中华人民共和国保险法》（以下简称《保险法》）把寿命和身体作为保

---

① 王利明：《民法总则研究》，中国人民大学出版社2003年版，第357页。
② 梁慧星：《民法总论第四版》，法律出版社2012年版，112页。
③ 李永军：《民法总论》，法律出版社2006年版，第267页。
④ 《中华人民共和国民法总则》第四十六条规定："自然人有下列情形之一的，利害关系人可以向人民法院申请宣告该自然人死亡：（一）下落不明满四年；（二）因意外事件，下落不明满二年。 因意外事件下落不明，经有关机关证明该自然人不可能生存的，申请宣告死亡不受二年时间的限制。"
⑤ 《中华人民共和国保险法注释本》，法律出版社，2016年版。

险合同的标的,关于死亡,不仅有自然死亡,还应当包括宣告死亡。此外,《中国人寿保险公司国寿个人旅游意外伤害保险条款》第三条①并没有将宣告死亡排除在意外事故死亡范围之外。而且,根据《合同法》第四十一条②以及《保险法》第三十条③规定,格式条款的解释应当由格式条款的制定者,本案中就是保险公司对投保人事先做出解释与说明。原告李某一认为保险合同约定的"意外事故死亡"包括宣告死亡,因此宣告死亡属于合同约定的保险责任范围;而被告中国平安人寿保险股份有限公司盘锦中心支公司认为不应包含被保险人被宣告死亡的情形。鉴于双方对合同的解释各持己见,而格式合同条款系被告中国平安人寿保险股份有限公司盘锦中心支公司提供,因此依照上述法律规定,对保险合同条款的理解应作出有利于原告李某一的解释。

关于被宣告死亡时间的推定,世界各国存在不同的立法例。有的国家规定为申请宣告死亡所需的下落不明法定期间届满的时间,例如《日本民法典》、我国台湾地区"民法";有的规定为宣告死亡的判决作出时间,如《西班牙民法典》。《民法总则》立法过程中,学者提交的建议稿采用这两种模式的都有,反映了民法学界在此问题上的不同意见。④笔者认为,作为法律上的拟制死亡,失踪人死

---

① 《中国人寿保险公司国寿个人旅游意外伤害保险条款》(2001年6月经中国保险监督管理委员会核准备案)第三条规定:"在本合同有效期间内,被保险人因意外事故下落不明,经人民法院宣告死亡的,本公司按意外保险金额给付死亡保险金,本合同对该被保险人的保险责任中止。"

② 《中华人民共和国合同法》第四十一条规定:"对格式条款的理解发生争议的,应当按照通常理解予以解释。对格式条款有两种以上解释的,应当作出不利于提供格式条款一方的解释。格式条款和非格式条款不一致的,应当采用非格式条款。"

③ 《中华人民共和国保险法》第三十条规定:"采用保险人提供的格式条款订立的保险合同,保险人与投保人、被保险人或者受益人对于合同条款有争议的,应当按照通常理解予以解释。对于合同条款有两种以上解释的,人民法院或者仲裁机关应作出有利于被保险人和受益人的解释。"

④ 李适时、张荣顺:《中华人民共和国民法总则释义》,法律出版社2017年版,第68页。

亡时间的确定直接关系到遗产继承、婚姻关系终止等开始的时间，宣告死亡和自然死亡时间不一致，可能会影响到利害关系人合法权益的实现以及国家社会保障政策的施行，如人身保险的理赔、养老保险金的发放等。因此，如果利害关系人嗣后有充分的证据确定自然死亡的时间，则应当尊重客观事实，撤销宣告死亡确定的死亡时间，以充分保护利害关系人的合法权益。

《最高人民法院关于贯彻执行〈中华人民共和国民法通则〉若干问题的意见（试行）》第三十六条[①]以及《民法总则》第四十八条[②]均规定，被宣告死亡的人，判决宣告之日为其死亡的日期。《最高人民法院关于适用〈中华人民共和国保险法〉若干问题的解释（三）》（以下简称《保险法解释三》）第二十四条[③]规定，被保险人被宣告死亡之日在保险责任期间之外，但有证据证明其下落不明之日在保险责任期间之内，当事人就有权要求保险人按照保险合同约定给付保险金。本案中保险合同的保险期间为2012年4月至2013年4月，被保险人李某下落不明之日为2008年7月18日，下落不明之日不在保险责任期间之内，因此不能适用《保险法解释三》的规定。本案中被保险人李某的死亡时间应当是人民法院宣告死亡的判决作出之日，即辽宁省大洼县人民法院（2012）大洼民特字民事判决书的宣告日期2013年8月16日，此时已经超过双方保险合同约定的保险期，一审、二审以及再审法院的判决结果是符合法律规定的。

[①]《最高人民法院关于贯彻执行〈中华人民共和国民法通则〉若干问题的意见（试行）》第三十六条规定："被宣告死亡的人，判决宣告之日为其死亡的日期。"

[②]《中华人民共和国民法总则》第四十八条规定："被宣告死亡的人，人民法院宣告死亡的判决作出之日视为其死亡的日期；因意外事件下落不明宣告死亡的，意外事件发生之日视为其死亡的日期。"

[③]《最高人民法院关于适用〈中华人民共和国保险法〉若干问题的解释（三）》第二十四条规定："投保人为被保险人订立以死亡为给付保险金条件的保险合同，被保险人被宣告死亡后，当事人要求保险人按照保险合同约定给付保险金的，人民法院应予支持。 被保险人被宣告死亡之日在保险责任期间之外，但有证据证明下落不明之日在保险责任期间之内，当事人要求保险人按照保险合同约定给付保险金的，人民法院应予支持。"

[思政解读]

"以法安天下,以德润人心",在这个利益日益多元、结构不断创新的社会大背景下,道德价值的坚守离不开公正的制度规范来维护,这也回应了广大人民群众对道德约束上升为法律规范的迫切需求。法律制度和规范的存在不是定纷止争的机器,它在理性中贯穿着温情,在规则中传递着价值,每一个法律制度设计的背后,呈现的是一个社会的价值观、精神风貌的内涵,维护的是当事人的合法利益和合理需求。正如案例中提及的宣告死亡制度,该制度的设计不是单纯去确定某个自然人的生命状态,而是通过确定其生命状态,进而保护本人及利害关系人的合法利益,保证国家社会保障制度的施行。在学习以人为本位的民法的过程中,更要深入了解制度背后的法理人情,做一个人文情怀和专业素养兼备的法学人才。作为当代青年,我们要有理想、有担当,这样国家就有前途,民族就有希望,实现中华民族伟大复兴就有源源不断的强大力量。

作者:沃耘

5.3 紧急避险的认定——王某与钟某健康权纠纷案[①]

[案情简介]

2010年4月15日,被告钟某某驾驶重型半挂牵引车从某地返回老家,原告王某某坐在该车副驾驶位置上。途中在上某大桥时,

---

① 浙江省宁波市中级人民法院,(2011)浙甬民二终字第789号。

被告钟某某发觉车辆有问题，曾在大桥中间停车检查，因未查出问题而继续前行。当车开到某大桥的临近老家路段下坡时，被告钟某某发觉车辆有声响并且有点刹不住车了，就对原告王某某说："好像要出事了。"原告王某某回答："我要跳下去。"被告钟某某没有回答，原告王某某便打开车门跳下去并因此受伤。该车在开到某大桥收费站时才停住。原告王某某受伤后被送往临近的某市医院治疗，共住院167天。出院后，经鉴定原告伤势构成十级伤残。该起事故交警部门因无法查清事故成因，故未对事故责任作出认定。经检验，该车辆左右前轮刹车不符合技术要求。该车挂靠在被告周口市通顺汽车运输有限公司，实际车主是被告王某，被告钟某某系被告王某雇佣的驾驶员。该车辆在被告安邦财产保险股份有限公司某支公司投保有两份交强险。事故发生后被告王某已支付原告医疗费6万元、护理费1875元。

原告王某某向法院提起了诉讼并诉称：由于汽车发生故障，被告钟某某措施采取不当，致使原告从该汽车副驾驶室内掉到马路上受伤。出院后，经司法鉴定原告伤势构成十级伤残。该车登记在被告周口市通顺汽车运输有限公司名下，被告王某系实际所有人。交警队未就该交通事故责任作出认定。原告认为，其各项损失共计305765.1元，应由被告周口市通顺汽车运输有限公司、钟某某、王某承担赔偿责任；被告安邦财产保险股份有限公司某支公司应在交强险范围内承担赔偿责任。被告周口市通顺汽车运输有限公司、钟某某、王某答辩称：发生事故的原因是原告盲目地认为要发生交通事故不顾后果跳车造成的。被告应承担不超过60%的赔偿责任。被告安邦财产保险股份有限公司某支公司答辩称：原告系本次交通事故车上人员，不属于交强险赔付对象；由于被告钟某某对原告没有侵权的事实，原告应对其发生交通事故承担全部责任。

此案经一审法院宣判后，被告安邦财产保险股份有限公司某支公司因不服判决中对其责任承担的认定提起了上诉。

[**争议焦点**]

本案的主要争议焦点是：原告的跳车行为如何定性，由此造成的后果由谁承担。

首先，一审法院经审理认为：被告钟银海在发现肇事车辆发生故障后，本应停车让专业维修人员进行维修，待车辆修理好后再驾驶车辆，但其却在没有经专业人员维修的情况下直接驾车继续行驶，导致肇事车辆刹车失灵，原告跳车受伤的交通事故的发生。原告在车辆刹车发生故障，生命安全受威胁的情况下跳车自救并无不当，被告钟某某应当对本事故承担全部责任。

其次，被告安邦财产保险股份有限公司某支公司在二审上诉中称：涉案事故的发生是车辆存在安全隐患和被上诉人采取避险措施不当相结合所致。被上诉人王某某在听到车辆刹车出现问题时，其为脱离危险擅自选择紧急避险的举动，相较于留在车上而言，明显更为不利。根据事后标的车及驾驶员未发生事故的实际状况，被上诉人存在夸大危险、预判错误的情况，应对其自身的不当行为负主要责任。

再次，被上诉人王某某答辩称：原审认定事实清楚、适用法律正确。造成事故的主要原因是原审被告钟某某驾驶的汽车存在故障，被上诉人选择跳车的行为并无不当。

最后，被告周口市通顺汽车运输有限公司、钟某某、王某答辩称：被上诉人王某某选择跳车的紧急避险行为亦存在一定的过错，未充分考虑跳车的危险性，也应由其自身承担相应责任，原审判决由三被告承担事故全部责任，存在不合理之处。

[**法院判决**]

二审法院经审理认为：根据各方当事人陈述及在原审时提交的证据，可以认定原审被告钟某某未对其驾驶的肇事车辆尽到妥善的注意和维修义务，导致肇事车辆刹车失灵，作为事故车辆的乘客即被上诉人王某某在自身生命安全遭受威胁的紧急情况下选择跳车自救，其行为应属于普通理性人的合理选择，原审法院判决由原审被告钟某某承担被上诉人因该事故受伤的全部责任，并无不当。因被上诉人在事故发生时已由车内人员转化为车外人员，且其受伤的原因也系人体与地面撞击所致，原审据此判决由肇事车辆的承保单位即上诉人安邦保险公司在两份交强险的责任限额范围内先行赔偿，余额赔偿不足部分由原审被告王某承担赔偿责任，并由原审被告周口市通顺汽车运输有限公司对王某之赔偿义务承担连带责任，并无不妥。二审法院遂判决驳回上诉，维持原判。

[法理分析]

一、民法中紧急避险的内涵

紧急避险是指为了公共利益、本人或他人的人身和其他权利免受正在发生的危险，不得已采取的导致公共利益、本人或他人损害的行为。如果该危险在当时的情况下不能以其他方法排除，紧急避险所致损害应由险情制造者赔偿。[1]紧急避险涉及的是利害冲突问题，是合法对合法，其中心思想为"两害相比取其轻"。[2]采取紧急避险必须符合三个条件：第一，必须有合法的权益受到损害的紧急危险；第二，必须是在不得已的情况下采取避险措施；第三，避险行为不得超过必要的限度。

二、紧急避险的民事责任

紧急避险是很多国家的民事法律规范中规定的民事法律制度。例如德国民法规定，如果紧急避险人损害的物不是引起危险的他人的物，则应当承担赔偿责任。如果紧急避险人损害的是引起损害的

---

[1] 徐国栋：《绿色民法典草案》，社会科学文献出版社2004年版，第709页。
[2] 龙卫球：《民法总论》，中国法制出版社2003年版，第141页。

物，且未超过必要限度的，不负担民事责任。但是，如果行为人对危险的发生负有过失，则应当赔偿。①

在我国民法上，紧急避险的规范性基础主要存在于《民法总则》与《侵权责任法》中。《民法总则》第一百八十二条②与《侵权责任法》第三十一条③在内容上基本一致，构成了我国紧急避险制度的主干。

通过梳理不难发现，在我国主要是将紧急避险作为一种民事责任免责事由，详细规定了损害后果的具体分担主要包括三个方面：其一，紧急避险造成损害的，由引起险情发生的人承担民事责任；其二，如果危险是由自然原因引起的，紧急避险人不承担责任或者给予适当补偿；其三，紧急避险采取措施不当或者超过必要的限度，造成不应有的损害的，紧急避险人应当承担适当的责任。

三、紧急避险中"危险"或"受损权益"，以及权益位阶

成立避险行为对"危险"的要求是急迫的、现实的危险。"急迫的"危险强调危险的紧急性。"现实的"危险强调危险是真实存在的。一般情况下，即使危险不是真实、确实存在的，但由于该危险发生的可能性较大，或避险行为人有确切的证据表明可以相信该危险发生的情况下，是有可能成立紧急避险的。在美国的侵权法中，只要危险有合理表现，则无论该危险是否实际上存在，均可进行紧急避险。④通常，紧急避险所损害的另一较小合法权益是不特定第三人的合法权益，但在某些特殊情况下，被害人为摆脱其面临的极大危

---

① 江平：《民法学》，中国政法大学出版社2011年版，第43页。
② 《民法总则》第一百八十二条规定："因紧急避险造成损害的，由引起险情发生的人承担民事责任。 危险由自然原因引起的，紧急避险人不承担民事责任，可以给予适当补偿。 紧急避险采取措施不当或者超过必要的限度，造成不应有的损害的，紧急避险人应当承担适当的民事责任。"
③ 《侵权责任法》第三十一条规定："因紧急避险造成损害的，由引起险情发生的人承担责任。如果危险是由自然原因引起的，紧急避险人不承担责任或者给予适当补偿。紧急避险采取措施不当或者超过必要的限度，造成不应有的损害的，紧急避险人应当承担适当的责任。"
④ 丹·B.多布斯：《侵权责任法（上册）》，（马静、李昊等译）中国政法大学出版社2014年版，第221-224页。

险，不得已采取某种避险措施而使自己遭受损害，也属于紧急避险，对此我国司法实践持肯定态度。所以不得已而采取的损害另一较小合法权益的行为应当包括损害他人的或本人的合法权益的行为。

从权益衡量的角度来看，紧急避险行为之所以合法，是因为其在不能同时保护两种合法权益的情况下，牺牲了较轻的权益而保全了重大的权益。因而紧急避险中对于权益位阶的判定尤为重要。权益位阶的明确有利于解决权利冲突，减少避险中的判断成本并且可以防止权利滥用。一般情况下人身权益高于财产权益。在人身权益中位阶最高的无疑是生命权，生命是其他权益的载体。对生命权益的保护明显要高于对所有其他位阶的权益的保护。[①]

四、为何本案王某某在被告知刹车失灵后跳车自救属于紧急避险行为

第一，存在原告生命权受到威胁的现实危险。原告王某某跳车并非是无缘无故的，而是因为驾驶员告知他"好像要出事了"，并且驾驶员当时也是在努力刹车；从后面的结果看，从原告跳车的地点到车辆停住的地点之间已有较长的距离，这也进一步证明车辆的刹车确实存在问题，事后的检验也证明肇事车辆的左右前轮刹车不符合技术要求。由此可见，车辆刹车不灵的情况是客观存在的。众所周知，刹车不灵产生的后果是极其危险的，虽然当时没有真正发生撞击，但是撞击随时有可能发生，而刹车不灵正是发生撞击危险的"合理表现"，这也是原告避险的前提条件。

第二，在当时情况下跳车自救是一个普通理性人的合理选择。在刹车不灵且车辆无法停止的情况下，只有两种选择，要么继续待在车上，处在危险当中；要么跳车逃生。即便如此原告也没有直接跳下去，而是向驾驶员说了"我要跳下去"，但是驾驶员并没有劝阻原告，反而保持沉默。因此驾驶员的行为可以理解为他默许了原告

[①] 赵万一：《民法的伦理分析（第二版）》，法律出版社2012年版，第358-363页。

跳车。在自己的生命权受到威胁且无其他选择的情况下,跳车自救是一个普通理性人的合理选择。

第三,原告跳车的后果没有超过必要的限度。当然这也是此案最具有争议之处,即原告跳车是否属于避险过当?原告选择跳车是以面临的急迫危险产生损害结果的可能性为充分和必要条件,而不是要等到损害结果发生再去衡量跳车和不跳车哪个造成的损害后果更严重。事实上,那个时候也无法再去进行损害后果的衡量,因为不同的行为产生不同的后果。对于驾驶员而言,是否继续留在车上操控车辆不仅关系到自身的生命安全还关系到路上其他车辆、行人的安全,而且驾驶员对车辆性能的判断要更为准确、直接。但是对于原告而言,他只是一个普通的乘客,对车辆无法直接感知、把握,而且他留在车上不会对车辆及其他人产生任何影响。本案中车辆最后是停住了,但是如果没有停住的话,产生的后果是无法预测的。而本案原告跳车的后果是造成两个十级伤残,损害并不算太大。

通过以上三点分析,笔者认为原告跳车自救符合紧急避险的成立要件。按照我国相关的法律规定,因紧急避险造成的损害,由引起险情发生的人承担民事责任。本案中的险情引发人应当是驾驶员钟某某。在事故发生之前,被告钟某某就发现车辆有故障并且停下来检查过。但是,这并未引起他的重视,其不仅没有将车辆交由专业人员维修反而继续驾车前行,这种疏忽是造成本事故发生的最主要原因。因此,被告钟某某应承担事故全部责任。

[思政解读]

唐宋八大家之一的著名北宋文学家苏洵有云:"为将之道,当先治心。泰山崩于前而色不变,麋鹿兴于左而目不瞬,然后可以制利害,可以待敌。"[①] 泰山之崩何等惊天动地,麋鹿之动何等疾速,

---

① 苏洵:《权书·心术》。

但对一个真正的勇士来说,这些都不足以动其心、乱其静,依旧处之泰然。生活中成功的人,往往具备过硬的心理素质。其一,要有超乎凡人的镇定,每临大事有静气,泰山崩于前而色不变。其二,异于常人的专注力,能有效地排除一切干扰,麋鹿兴于左而目不瞬。若能如此,便能把握利害得失,实现一个又一个的人生目标。

作者:张涛

5.4 见义勇为中的民事责任承担——程某、姚某与马某健康权纠纷案[①]

[案情简介]

程某与姚某均系北京市昌平区某镇某村村民,两人系邻居关系。姚某于2014年将昌平区某镇某村某号院内房屋出租给马某居住使用。2015年11月21日18时06分,马某承租姚某的院内西房三间发生火灾。当日,北京市昌平区公安消防支队出具了《火灾事故简易调查认定书》,认定火灾事故事实为:"经现场勘查和询问当事人,起火部位位于西侧平房内火炕部位,起火原因为火炕过热引燃被褥所致。"程某发现姚某家房屋发生火灾时,第一时间电话告知姚某家人,并及时拨打119电话报火警,并积极参与救火,但在翻越姚某家的院墙时,不慎从院墙上坠落摔伤。当晚,程某被送往北京市红十字会急诊抢救中心检查,被诊断为腰1压缩骨折。程某花费救护车费、检查治疗费1978.39元。后程某又自北京市红十字会急诊抢

[①] 北京市第一中级人民法院,(2017)京01民终121号。

救中心转院至北京市昌平区医院，程某支付救护车 260 元，被诊断为 L1 椎体压缩骨折，并自 2015 年 11 月 21 日至 2015 年 11 月 29 日在北京市昌平区医院住院治疗 8 天，住院花费医疗费 6591.59 元。出院诊断证明医嘱建议全休一个月，配戴胸腰段支具方可下地活动。2015 年 11 月 23 日，程某购买护具花费 1500 元。2016 年 2 月 24 日，程某在北京市昌平区医院花费门诊检查费 107.17 元。2016 年 6 月 23 日，程某在北京积水潭医院花费胸椎和腰椎核磁检查费用 1874.24 元。后经鉴定，程某的致残程度等级为十级。程某支付鉴定费用 3341.92 元。

原法院审理认为：程某的行为符合见义勇为行为。见义勇为行为人在实施见义勇为行为时，其自身受到损害的，可以请求侵权人赔偿或者受益人适当补偿。姚某、马某对程某的损害并未实施任何侵权行为，也不存在过错，故不符合作为侵权人进行赔偿的情形。程某在施救过程中因疏忽大意和不谨慎致使自己坠落院墙受伤，其应对自身损害的发生承担主要责任。姚某作为涉案房屋的所有权人、马某作为涉案房屋的使用权人均系程某实施见义勇为行为的受益人，应该对程某的损害在受益范围内予以适当补偿。依据《中华人民共和国民法通则》第一百零九条、《最高人民法院关于审理人身损害赔偿案件适用法律若干问题的解释》第十五条之规定，判决：一、姚某于该判决生效后七日内补偿程某见义勇为受害损失 3000 元。二、马某于该判决生效后七日内补偿程某见义勇为受害损失 1 万元。三、驳回程某的其他诉讼请求。

[争议焦点]

本案的主要争议焦点是：程某的行为是否属于见义勇为；是否可以对姚某、马某主张损害赔偿。

程某上诉认为：一审法院认定事实不清，认定程某应对因见义勇为而所受伤害承担主要责任无法律依据。涉案房屋起火系因火炕过热引燃被褥所致,因此姚某与马某既是程某见义勇为的受益人又是侵权责任人,依法应判处其二人承担全部赔偿责任;一审判决错误适用了《最高人民法院关于审理人身损害赔偿案件适用法律若干问题的解释》第十五条的规定,令受益人在受益范围内进行补偿。法院应按照新法优于旧法的原则,适用《侵权责任法》第二十三条之规定。

姚某辩称:不同意程某的上诉请求。在火灾现场他和其他村民都没有看见程某,其没有参与救火。根据北京市昌平区出具的《火灾事故简易调查认定书》所载,火灾现场无人员伤亡,因此程某的受伤与救火没有关系。一审时其提供的证据不应被采信。

马某辩称:不同意程某的上诉请求。一审庭审时,程某申请出庭作证的三位证人中两位与其有亲属关系,该证人证言不应被法院采信。一审法院不应在程某是否参与救火这一事实尚未查清时认定其行为属于见义勇为。

[法院判决]

二审中,程某提交了加盖有北京市昌平区民政局字样公章的《北京市见义勇为人员证书》原件一份,用以证明其确实有救火的行为,且该行为经行政机关确定为见义勇为行为。姚某、马某认可该证据的真实性,但对其合法性及证明目的不予认可。通常而言,见义勇为行为可区分为侵害型见义勇为及抢险救灾型见义勇为。本案中,姚某、马某对程某的损害并未实施侵权行为,也不存在过错,故不符合侵害型见义勇为中存在侵害人的情形。故程某要求姚某、马某承担全部赔偿责任没有法律依据,不予支持。程某在救火过程中自身受到损害,在无侵权人承担赔偿责任的情况下,姚某、马某作为受益人依法应对程某的损失承担适当补偿责任。一审法院结合程某见义勇为过程、受益人受益情况、受益人经济状况等方面,综合确定的补偿数额并无不当。一审判决确定数额正确,予以维持,驳回程某上诉,维持原判。

[法理分析]

一、民法中见义勇为的构成

关于见义勇为行为的定义,有学者认为其是指行为人为了保护他人民事权益,而实施的防止危害、制止侵害,以使他们的财产、人身免受或者少受损害的救助行为。[①]也有学者认为其是指自然人没有法定或者约定的义务,为保护国家利益、社会公共利益或者他人人身、财产安全,在紧急情况下实施的防止、制止不法侵害或者抢险救灾的危难救助行为。[②]

一般理论上认为,构成见义勇为需要符合如下要件:(1)见义勇为人不负法定职责和特定义务(如约定的义务)实施见义勇为行为;(2)见义勇为人实施见义勇为行为是为了保护他人的合法权益、国家利益或者社会公共利益,而不是为了保护自己的合法权益;(3)见义勇为行为的方式通常是制止正在发生的违法犯罪行为或者抢险、救灾、救人行为;(4)见义勇为行为在"义"和"勇"的性质上应当是表现突出的行为,往往是一般人不敢、不愿或者不能实施的善良高尚的利他行为。[③]

二、受益人承担责任的规范性依据

本案中程某是否可以请求姚某、马某进行损害赔偿?其请求权基础何在?请求权基础是指得支持一方当事人向他方当事人有所主张的法律规范。[④]无论何种损害赔偿请求权,均宜依契约、类似契约、无因管理、物权关系、不当得利、侵权行为等加以检查,判断

---

① 杨立新:《〈民法总则〉之因见义勇为受害的特别请求权》,载《国家检察官学院学报》2017年5月。
② 王雷:《见义勇为行为中的民法学问题研究》,载《法学家》2012年第5期。
③ 张新宝:《〈中华人民共和国民法总则〉释义》,中国人民大学出版社2017年版,第398页。
④ 王泽鉴:《损害赔偿》,北京大学出版社2017年版,第50页。

该请求权是否存在。①本案中将程某对姚某、马某的损害赔偿请求权与该六种请求权基础进行一一比对，只有无因管理上的损害赔偿请求权可以与之对应。

我国《民法总则》第一百二十一条规定了无因管理之债："没有法定的或者约定的义务，为避免他人利益受损失而进行管理的人，有权请求受益人偿还由此支出的必要费用。"②无因管理，是指没有法律上的义务，而为他人管理事务的行为。③无因管理的成立要件包括三个方面：第一，管理他人事务；第二，管理意思，就是管理人通过管理行为为本人谋取利益的意思，或者是使管理行为所产生的利益归属于本人的意思；第三，无法律上的义务。

我国《民法总则》第一百八十三条规定："因保护他人民事权益使自己受到损害的，由侵权人承担民事责任，受益人可以给予适当补偿。没有侵权人、侵权人逃逸或者无力承担民事责任，受害人请求补偿的，受益人应当给予适当补偿。"这一条则对见义勇为的责任分担，提供了具体裁判思路。

当然，也有学者认为见义勇为在性质上与无因管理行为存在区别。一方面，见义勇为行为人在实施救助行为时，没有法定或约定的义务，并且这种救助是不计报酬的，不具有受法律约束的意思，见义勇为行为构成情谊行为。另一方面，见义勇为的构成要件完全符合无因管理，属于事实行为中的无因管理范畴。因此，将见义勇为纳入无因管理是不够严谨的。④基于见义勇为与无因管理存在区别，在性质上不属于一般的无因管理行为，所以我国目前并未将见

---

① 参见王泽鉴：《法律思维与民法实例——请求权基础理论体系》，中国政法大学出版社2009年版，第58页。
② 张新宝：《〈中华人民共和国民法总则〉释义》，中国人民大学出版社2017年版，第238页。
③ 李双元、温世扬：《比较民法学》，武汉大学出版社2016年版，第434页。
④ 严桂珍：《见义勇为中加害人、受益人承担赔偿责任的法律依据探析》，载《政治与法律·实务研究》2017年第12期。

义勇为纳入无因管理制度中,因此,见义勇为人因实施救助的见义勇为行为而遭受自身受损时,一般不直接依据无因管理的规定向受益人主张损害赔偿责任。

三、受益人的适当补偿责任

(一)侵权人的赔偿责任与受益人的适当补偿并存

《民法总则》第一百八十三条前段规定,"因保护他人民事权益使自己受到损害的,由侵权人承担民事责任,受益人可以给予适当补偿"。可以看出,这种补偿是"适当的",并且是"可以"的。见义勇为人的损失已经由侵权人承担赔偿责任,受益人在这种情况下可以给予适当补偿,具有酬金的性质。

(二)应当适当补偿的三种情况

《民法总则》第一百八十三条后段规定,"没有侵权人、侵权人逃逸或者无力承担民事责任,受害人请求补偿的,受益人应当给予适当补偿",明确了三种情况下的受益人的补偿责任。这三种情况下的适当补偿责任,与一百八十三条前段规定的适当补偿责任不同,是具有民事责任性质的适当补偿。①

其一,没有侵权人的适当补偿。因维护他人民事权益使自己受到损害的人,如果没有侵权人,其损害则无法获得侵权责任的救济,此时受益人则应当承担适当补偿的责任。

其二,侵权人逃逸的适当补偿。侵权行为发生后,在侵权人逃逸的情形下,被侵权人要求补偿的,受益人应当在受益范围内给予适当补偿。这里的适当补偿,是受益人对制止侵害行为人所做的适当的经济补偿,且要在受益人受益的范围内。至于具体的范围和数额,应根据制止侵害行为人遭受的损害情况、受益人的受益情况、双方的经济状况和负担能力,按公平原则予以确定。

其三,有侵权人但侵权人无力承担责任的适当补偿。有侵权人

---

① 杨立新:《侵权责任法》第三版,法律出版社2018年版,第200页。

的，应当依照侵权损害赔偿的规则来确定侵权人的人身损害赔偿责任。但是在因侵权人无赔偿能力导致其无法承担侵权责任时，受益人承担一定的补偿责任是合情合法的。如果侵权人完全无赔偿能力的，受益人的适当补偿如上所述，在制止侵害的受害行为所实际受到的损害范围内，在受益人的受益范围内确定具体的补偿数额。但是如果侵权人有部分赔偿能力的，受益人应当在行为人制止侵害行为的受害行为未能从侵权人处获得的差额部分损失范围内，在受益人受益的范围内确定具体的补偿数额，行为人从侵权人处所获得的部分赔偿数额加上从受益人处获得的补偿额，一般不应超出所受到的实际损害。[①]

[思政解读]

见义勇为这个成语，出自《论语·为政》："见义不为；无勇也。"它鼓励人们看到正义的事，就要勇敢地去做。习近平总书记指出："人民有信仰，国家有力量，民族有希望。"中华民族历来崇尚"扶正扬善、扶危济困、见义勇为"的传统美德，在泱泱华夏五千多年文明史上，无数仁人志士见义勇为、舍生取义、彪炳史册。中华人民共和国成立以后，见义勇为的传统美德在华夏大地上更加发扬光大，涌现出一大批像罗盛教、刘英俊、白雪洁、徐洪刚、邱玲、殷雪梅、卢伟、罗腊英、张波和新疆和田"6·15"勇斗暴徒29人群体等可歌可泣的见义勇为英雄模范。面对违法犯罪行为和突如其来的灾害事故，他们为了惩恶扬善、维护公平正义、保障国家和人民群众根本利益，挺身而出、不畏艰险、舍生取义、见义勇为。我们作为新一代的青年人，要学习他们的光辉事迹，弘扬中华民族见义勇为的传统美德，切实践行社会主义核心价值观。

作者：张涛

[①] 杨立新：《侵权责任法》第三版，法律出版社2018年版，第201页。

5.5　附条件、附期限法律行为的界定——何某某与谢某某婚姻家庭纠纷案①

[案情简介]

何某某、谢某某于 2013 年 7 月 5 日在民政局登记结婚,因感情不和于 2013 年 8 月协议离婚。双方于 2013 年 8 月 18 日签订《离婚协议书》,约定男方自愿向女方进行一定的经济补偿,额度为男方持有的《注册化工工程师执业资格证书》挂靠费用的 1/2,经双方协商确定为 7.5 万元,费用支付时间定为 1 年内(具体时间以住建部注册日期为准)。2013 年 8 月 20 日双方又签订协议约定,男方自愿支付女方人民币 7.5 万元作为离婚财产分割及补偿费用,该费用 1 年内付清。2013 年 8 月 27 日,双方在民政局再次签订《离婚协议书》,协议离婚。该离婚协议约定男方于 2014 年 8 月 30 日之前支付女方 7.5 万元作为对女方的经济补偿。因为谢某某的《注册化工工程师执业资格证书》挂靠出去的时间不确定,所以在民政局签订《离婚协议书》时未按 2013 年 8 月 18 日的《离婚协议书》中的内容签订,而是直接确定支付经济补偿金的具体时间。此后,因谢某某的资格证书尚未挂靠出去,未向何某某支付 7.5 万元经济补偿金,何某某起诉至一审法院,请求法院判决谢某某支付协议约定的经济补偿金 7.5 万元。在一审法院审理中,何某某、谢某某一致认可在民政局签订《离婚协议书》时,双方对支付经济补偿金的条件和时间以双方 2013 年 8 月 18 日签订的《离婚协议书》中约定的为准。一

---

① 四川省成都市中级人民法院,(2015)成民终字第 881 号。

审法院认为,谢某某向何某某支付 7.5 万元的经济补偿金的依据应当以双方于 2013 年 8 月 18 日签订的《离婚协议书》约定的内容条件为准。即根据该协议,谢某某应当在其持有的《注册化工工程师执业资格证书》挂靠出去后(挂靠的具体时间以住建部注册日期为准),向何某某支付经济补偿金。由于谢某某的《注册化工工程师执业资格证书》尚未挂靠出去,谢某某向何某某支付经济补偿金的条件未成就,对何某某在条件未成就时要求谢某某支付经济补偿金的请求不应当给予支持。

何某某上诉认为,双方签订的《离婚协议书》不是附条件而是附期限的合同。双方曾经在 2013 年 8 月 18 日、2013 年 8 月 20 日、2013 年 8 月 27 日签订三份《离婚协议书》,在 2013 年 8 月 20 日以及 2013 年 8 月 27 日民政局办理离婚手续时,在离婚协议中对具体支付时间作出了变更,将支付 7.5 万元经济补偿金约定为 2014 年 8 月 30 日,双方对支付时间的变更是双方当事人的真实意思表示,不违反法律规定,对双方均具有约束力。所以,《离婚协议书》不是附条件的合同,是附期限的合同。谢某某应当向自己支付经济补偿金。故不服一审法院的判决,向二审法院提起了上诉。

[争议焦点]

本案的主要争议焦点是:谢某某向何某某支付经济补偿金的《离婚协议书》是属于附条件的协议还是属于附期限的协议。

[法院判决]

一审法院认为,何某某、谢某某于 2013 年 8 月 18 日签订的《离婚协议书》是双方当事人的真实意思表示,合法有效。谢某某主张 2013 年 8 月 20 日签订的协议和 2013 年 8 月 27 日在婚姻登记机关签订的协议均不是自己的真实意思表示。何某某、谢某某到民政局签订《离婚协议书》时私下约定以 2013 年 8 月 18 日签订的协议为准,而且在一审审理中双方均认可了该协议。所以,根据该协议谢某某应当在其持有的《注册化工工程师执业资格证书》挂靠出去后(具体时间以住建部注册日期为准)向何某某支付经济补偿金。一审法院据此认定谢某某向何某某支付经济补偿金的约定是属于附条件的协议,即在谢某某的《注册化工工程师执业资格证书》挂靠出去后向何某某支付经济补偿金。

二审法院认为,何某某与谢某某先后签订了三份《离婚协议书》,除 2013 年 8 月 18 日签订的《离婚协议书》中对支付经济补偿金 7.5 万元的支付条件有约定外,2013 年 8 月 20 日以及 8 月 27 日在婚姻登记机关登记离婚时签订的协议中,均没有附条件支付经济补偿金的约定。谢某某具备完全民事行为能力,在决定解除双方婚姻关系的同时,应当能够关注到因解除婚姻关系而产生的财产变动。谢某某主张 2013 年 8 月 20 日以及 8 月 27 日签订的协议不是自己真实意思表示的理由不能成立。2013 年 8 月 20 日与 8 月 27 日签订的协议中关于谢某某支付何某某经济补偿金 7.5 万元内容基本一致,并对 2013 年 8 月 18 日协议的内容进行了部分变更,应当视为是双方当事人的真实意思表示,对双方当事人产生法律上的约束力。因此,双方在民政局协议离婚时签订的《离婚协议书》,应当作为谢某某向何某某支付经济补偿金的法律依据,且双方当事人之间的离婚协议属于附期限的民事法律行为。因此,根据协议约定,谢某某应当在 2014 年 8 月 30 日前支付何某某 7.5 万元经济补偿金。

[法理分析]

依司法自治原则,法律行为当然可以附加条件或期限,决定效力的方式和存续。[①]民事法律行为附条件,是指民事法律行为以将来客观上不确定事实的成就与否作为判断民事法律行为效力发生或

---

① 龙卫球:《民法总论(第二版)》,中国法制出版社 2006 年版,第 532 页。

消灭的依据。条件是指将来客观上不确定的事实,即在民事法律行为成立时,对于某一事实是否会发生,在客观上是不确定的。民事法律行为所附的条件可以分为生效条件和解除条件。生效条件,是指限制民事法律行为效力发生的条件,即在生效条件成就时,民事法律行为生效,在生效条件为不成就时,民事法律行为不生效。解除条件,是指限制民事法律行为效力消灭的条件,即已经生效的民事法律行为在解除条件不成就时保持其效力,在解除条件成就时,民事法律行为则失去其效力。[1]根据《民法总则》第一百五十八条[2]规定,民事法律行为可以附条件。附生效条件的民事法律行为,自条件成就时生效;附解除条件的民事法律行为,自条件成就时失效。结合本案,双方当事人于2013年8月18日签订的《离婚协议书》中关于经济补偿金约定的支付时间是在谢某某持有的《注册化工工程师执业资格证书》挂靠出去后1年内支付。笔者认为,该约定属于附生效条件的法律行为,即以谢某某持有的《注册化工工程师执业资格证书》挂靠出去这一不确定的客观事实发生与否,作为其向何某某支付经济补偿金的前提条件。

根据《民法总则》第一百六十条[3]规定,民事法律行为可以附期限,附生效期限的民事法律行为,自期限届至时生效。附终止期限的民事法律行为,自期限届满时失效。附期限的法律行为,是指在法律行为中附有一定的期限,并把该期限的到来作为当事人的民事权利和民事义务发生或者消灭前提的法律行为。法律行为的所附

---

[1] 张新宝:《〈中华人民共和国民法总则〉释义》,中国人民大学出版社2017年版,第334页。
[2]《中华人民共和国民法总则》第一百五十八条规定:"民事法律行为可以附条件,但是按照其性质不得附条件的除外。附生效条件的民事法律行为,自条件成就时生效,附解释条件的民事法律,自条件成就时失效。"
[3]《中华人民共和国民法总则》第一百六十条规定:"民事法律行为可以附期限,但是按照其性质不得附期限的除外。附生效期限的民事法律行为,自期限届至时生效。附终止条件的民事法律行为,自期限届满时失效。"

期限分为生效期限和终止期限。生效期限,是指在法律行为中规定的期限到来之前,该法律行为所确定的民事权利和民事义务尚不能发生法律效力,要等待期限的到来,期限到来,法律行为所约定的民事权利和民事义务就发生法律效力,权利人开始有权请求义务人履行义务,义务人开始承担履行义务的责任。终止期限,是指在法律行为中约定的期限到来之时,该法律行为所约定的民事权利和民事义务的法律效力即行消灭的期限。在法律行为所附期限到来之前法律行为已经发生法律效力,当事人之间的法律行为已经在执行,债权人的权利在行使,债务人的义务在承担。①结合本案,双方当事人于 2013 年 8 月 20 日签订的《离婚协议书》中约定的支付时间是 1 年内;2013 年 8 月 27 日在民政局签订的《离婚协议书》约定的支付时间是 2014 年 8 月 30 日之前。以上两份协议书中关于经济补偿金的支付时间是在确定期限届至时。所以,两份协议书中关于经济补偿金支付时间的约定,均属于附生效期限的法律行为。

一审法院和谢某某之所以否认双方当事人之间经济补偿金支付请求的成立,是因为一审法院和谢某某主张经济补偿金支付请求是否成立的法律依据应当是双方当事人于 2013 年 8 月 18 签订的《离婚协议书》。且该协议书中双方当事人对于经济补偿金支付时间的约定是附条件的法律行为。约定的所附条件未成就,所以支付经济补偿金的请求不成立。二审法院和何某某认为双方当事人之间经济补偿金支付请求成立,成立的法律依据是双方当事人于 2013 年 8 月 27 签订的《离婚协议书》。且该协议书中双方当事人对于经济补偿金支付时间的约定是附期限的法律行为。约定的所附期限届至,支付经济补偿金的请求当然成立。综上所述,一审法院和二审法院形成不同判决意见的原因在于选择了不同的《离婚协议书》作为认定

---

① 杨立新:《〈中华人民共和国民法总则〉要义与案例解读》,中国法制出版社 2017 年版,第 587 页。

双方当事人之间经济补偿金支付请求是否成立的法律依据。即一审法院以双方当事人于 2013 年 8 月 18 日签订的《离婚协议书》作为认定依据；二审法院以双方当事人于 2013 年 8 月 27 日签订的《离婚协议书》作为认定依据。

笔者认为，根据最高人民法院《关于适用〈中华人民共和国婚姻法〉若干问题的解释（三）》相关规定[①]，夫妻在婚姻关系存续期间签订离婚协议关于财产的处分，是以离婚为前提，可以视为附条件的法律行为。如果签订协议后，双方未到婚姻登记机关或者人民法院办理登记离婚或者协议离婚，签订的离婚协议中关于财产的处分的所附条件未成就，不发生法律效力，对双方当事人不发生约束力。本案中双方当事人于 2013 年 8 月 18 日签订的《离婚协议书》，不是在婚姻登记机关或者人民法院办理登记离婚或者协议离婚时签订的。而 2013 年 8 月 27 日何某某与谢某某在民政局签订的《离婚协议书》是经过国家行政机关依法审查并备案，应视为是双方当事人的真实意思表示，对双方当事人产生法律约束力。因此，2013 年 8 月 27 日何某某与谢某某签订的《离婚协议书》是认定经济补偿金支付请求是否成立的最终法律依据。且该协议中双方当事人对于经济补偿金支付时间的约定属于附期限的民事法律行为。所以，应当对何某某要求谢某某支付经济补偿金的请求给予支持。

[思政解读]

诚实信用原则不仅是民法的一项基本原则，也为每一位社会主体树立了一个行为准则，要求每个人都必须严格按照这个准则去行使权利、履行义务。随着我国社会主义市场经济的发展和住房制度

[①] 最高人民法院《关于适用〈中华人民共和国婚姻法〉若干问题的解释（三）》第十四条规定："当事人达成的以登记离婚或者到人民法院协议离婚为条件的财产分割协议，如果双方协议离婚未成，一方在离婚诉讼中反悔的，人民法院应当认定该财产分割协议没有生效，并根据实际情况依法对夫妻共同财产进行分割。"

的改革，夫妻共同财产结构出现了多元化，尤其是房屋和股权等价值较大的财产在夫妻共同财产中占有较大的比例。所以在离婚案件中，案件的主要矛盾不再是解除婚姻关系，而是主要集中于夫妻财产问题和子女的抚养问题上。夫妻之间签订的离婚协议书不能顺利履行，约定好的财产给付无法实现，归根结底是由于某一方个人诚信的缺失。我国当前社会生活中，人与人的失信行为泛滥：骗贷、信用卡非法套现、大学生考试作弊，无一不是个人诚信缺失的真实写照。在不同的社会经济条件下，人们对诚实信用有着不同的解释，但万变不离其宗，诚实信用是当代每个公民必须遵守的社会主义核心价值观。我们要时刻牢记习总书记所说，"同人民一道拼搏、同祖国一道前进，服务人民、奉献祖国，是当代中国青年的正确方向。好儿女志在四方，有志者奋斗无悔。让青春之花绽放在祖国最需要的地方，在实现中国梦的伟大实践中书写别样精彩的人生。"[1]

作者：沃耘

5.6 公用企业滥用市场适配地位垄断行为的认定——吴某诉陕西广电公司捆绑交易纠纷案[2]

[案情简介]

原告吴某诉称：2012 年 5 月 10 日，其前往陕西广电网络传媒

---

[1] 2014 年 5 月，习近平给河北保定学院西部支教毕业生群体代表的回信。
[2] 陕西省西安市中级人民法院，(2012) 西民四初字第 438 号；陕西省高级人民法院 (2013) 陕民三终字第 38 号；最高人民法院 (2016) 最高法民再 98 号；最高人民法院审判委员会讨论通过，2017 年 3 月 6 日发布，最高人民法院指导案例 79 号。

（集团）股份有限公司（以下简称广电公司）缴纳数字电视基本收视维护费得知，该项费用由每月 25 元调至 30 元，吴某遂缴纳了 3 个月费用 90 元，其中数字电视基本收视维护费 75 元、数字电视节目费 15 元。之后，吴某获悉数字电视节目应由用户自由选择，自愿订购。吴某认为，广电公司属于公用企业，在数字电视市场内具有支配地位，其收取数字电视节目费的行为剥夺了自己的自主选择权，构成搭售，故诉至法院，请求判令：确认被告 2012 年 5 月 10 日收取其数字电视节目费 15 元的行为无效，被告返还原告 15 元。

广电公司辩称：首先，广电公司作为陕西省内唯一电视节目集中播控者，向选择收看基本收视节目之外的消费者收取费用，符合《中华人民共和国反垄断法》（以下简称《反垄断法》）的规定；广电公司虽然具备陕西省有线电视市场支配地位，鼓励用户选择有线电视套餐，但并未滥用市场支配地位，强行规定用户在基本收视业务之外必须消费的服务项目，用户有自主选择权；其次，垄断行为的认定属于行政权力，而不是司法权力，原告没有请求认定垄断行为无效的权利；广电公司虽然推出了一系列满足用户进行个性化选择的电视套餐，但从没有进行强制搭售，这是为了保证绝大多数群众收看更多电视节目的选择权利；故请求驳回原告要求确认广电公司增加节目并收取费用无效的请求；愿意积极解决吴某的第二项诉讼请求。

法院经审理查明：2012 年 5 月 10 日，吴某前往广电公司缴纳数字电视基本收视维护费时获悉，数字电视基本收视维护费每月最低标准由 25 元上调至 30 元。吴某缴纳了 2012 年 5 月 10 日至 8 月 9 日的数字电视基本收视维护费 90 元。广电公司向吴某出具的收费专用发票载明：数字电视基本收视维护费 75 元及数字电视节目费 15 元。之后，吴某通过向广电公司客户服务中心（服务电话 96766）咨询，获悉广电公司节目升级增加了不同的收费节目，有不同的套餐，其中最低套餐基本收视费每年 360 元，用户每次最少应缴纳 3

个月费用。广电公司是经陕西省政府批准,陕西境内唯一合法经营有线电视传输业务的经营者和唯一电视节目集中播控者。广电公司承认其在有线电视传输业务中在陕西省占有支配地位。

另查,2004年12月2日国家发展改革委、国家广电总局印发的《有线电视基本收视维护费管理暂行办法》规定:有线电视基本收视维护费实行政府定价,收费标准由价格主管部门制定。2005年7月11日国家广电总局关于印发《推进试点单位有线电视数字化整体转换的若干意见(试行)》的通知规定,各试点单位在推进整体转换过程中,要重视付费频道等新业务的推广,供用户自由选择,自愿订购。陕西省物价局于2006年5月29日出台的《关于全省数字电视基本收视维护费标准的通知》规定数字电视基本收视维护费收费标准为:以居民用户收看一台电视机使用一个接收终端为计费单位。全省县城以上城市居民用户每主终端每月25元;有线数字电视用户可根据实际情况自愿选择按月、按季或按年度缴纳基本收视维护费。国家发展改革委、国家广电总局于2009年8月25日出台的《关于加强有线电视收费管理等有关问题的通知》指出,有线电视基本收视维护费实行政府定价;有线电视增值业务服务和数字电视付费节目收费,由有线电视运营机构自行确定。

[争议焦点]

本案中的争议焦点是:1. 本案诉争行为是否违反了《反垄断法》第十七条第五项之规定,构成垄断行为;2. 本案中由一审法院通过司法程序认定陕西广电网络传媒(集团)股份有限公司行为构成垄断,是否适当。

[法院判决]

陕西省西安市中级人民法院于2013年1月5日作出民事判决:1. 确认陕西广电网络传媒(集团)股份有限公司2012年5月10日

收取原告吴某数字电视节目费 15 元的行为无效；2. 陕西广电网络传媒（集团）股份有限公司于本判决生效之日起十日内返还吴某 15 元。陕西广电网络传媒（集团）股份有限公司提起上诉。陕西省高级人民法院于 2013 年 9 月 12 日作出终审判决：1. 撤销一审判决；2. 驳回吴某的诉讼请求。吴某不服二审判决，向最高人民法院提出再审申请。最高人民法院于 2016 年 5 月 31 日作出再审判决：1. 撤销陕西省高级人民法院的二审民事判决；2. 维持陕西省西安市中级人民法院之判决的效力。

[法理分析]

一、关于本案诉争行为是否违反了反垄断法之规定

为了预防和制止垄断行为，保护市场公平竞争，提高经济运行效率，维护消费者利益和社会公共利益，促进社会主义市场经济健康发展，我国制定了《中华人民共和国反垄断法》（以下简称《反垄断法》），并且于 2008 年 8 月 1 日开始施行。中华人民共和国境内经济活动中的垄断行为，以及中华人民共和国境外的垄断行为对境内市场竞争产生排除、限制影响的，都适用本法。从行为的种类角度而言，《反垄断法》规制的垄断行为主要有：签订垄断协议行为、滥用市场支配地位行为、违反规定的经营者集中行为和行政性垄断行为。其中，本案涉及的主要是对滥用市场支配地位行为相关法律规定的理解和适用。

对于"滥用市场支配地位行为"的认定，应当包括两个环节：首先，该经营者具有市场支配地位；其次，该经营者基于这种支配地位实行了《反垄断法》所禁止的行为。满足这两个环节的要求，才会构成"滥用市场支配地位行为"这一违法行为，并因此承担相应法律责任。

首先，对于经营者是否具有市场支配地位的认定。根据《反垄断法》的规定，市场支配地位，是指经营者在相关市场内具有能够

控制商品价格、数量或者其他交易条件，或者能够阻碍、影响其他经营者进入相关市场能力的市场地位。对于某一经营者市场支配地位的认定，应当首先划定"相关市场"，将被认定的行为锁定在相关产品范围内、一定地域范围内和一定时间范围内。划定界限后，再结合下列因素，对该经营者的行为进行综合考量，进行认定：（一）该经营者在相关市场的市场份额，以及相关市场的竞争状况；（二）该经营者控制销售市场或者原材料采购市场的能力；（三）该经营者的财力和技术条件；（四）其他经营者对该经营者在交易上的依赖程度；（五）其他经营者进入相关市场的难易程度；（六）与认定该经营者市场支配地位有关的其他因素。由于综合上述因素进行认定过程中，很多参数都具有很大的弹性范围，不利于执法者和司法者的操作，因此，《反垄断法》还规定了可以在下述情形中，对经营者具有市场支配地位进行推定：（一）一个经营者在相关市场的市场份额达到二分之一的；（二）两个经营者在相关市场的市场份额合计达到三分之二的；（三）三个经营者在相关市场的市场份额合计达到四分之三的。有前款第二项、第三项规定的情形，其中有的经营者市场份额不足十分之一的，不应当推定该经营者具有市场支配地位。被推定具有市场支配地位的经营者，有证据证明不具有市场支配地位的，不应当认定其具有市场支配地位。本案中，陕西广电网络传媒（集团）股份有限公司作为特定区域内唯一合法经营有线电视传输业务的经营者及电视节目集中播控者，在市场准入、市场份额、经营地位和经营规模等各要素上均可以判定其具有优势地位，可以认定陕西广电网络传媒（集团）股份有限公司在相关市场占有市场支配地位。并且，陕西广电网络传媒（集团）股份有限公司对此也未予以否认。

其次，对于具有市场支配地位的陕西广电网络传媒（集团）股份有限公司是否实施了垄断行为这一违法行为的认定。《反垄断法》

第十七条①规定,本案中,数字电视基本收视维护费和数字电视付费节目是两项独立的服务。陕西广电网络传媒(集团)股份有限公司实际上是将数字电视基本收视节目与数字电视付费节目捆绑在一起,向本案原告吴某进行销售,并且没有告知吴某是否可以单独选购数字电视基本收视服务的服务项目,侵犯了消费者的知情权和选择权。而且,在本案中,陕西广电网络传媒(集团)股份有限公司未证明两项服务一起提供符合提供数字电视服务的交易习惯,也未对这一捆绑收费行为说明其正当理由。

因此,陕西广电网络传媒(集团)股份有限公司利用其在有线电视传输服务这一相关市场所具有的支配地位,将数字电视基本收视维护费与数字电视付费节目费捆绑在一起收取,客观上影响了消费者选择相关服务的可能,妨害了相关市场领域的自由竞争,构成垄断行为,应当承担相应法律责任。

二、关于本案一审法院通过司法程序认定垄断行为是否适当

本案诉讼中,陕西广电网络传媒(集团)股份有限公司认为本案实质上是吴某基于《中华人民共和国消费者权益保护法》(以下简称《消保法》)所应当享受的权利是否被侵犯的纠纷,而与垄断行为无关。根据最高人民法院审理查明,吴某在其诉状中明确主张"被告属于公用企业或者其他依法具有独占地位的经营者,在数字电视市场内具有支配地位。被告的行为违反了《反垄断法》的规定,侵

---

①《反垄断法》第十七条规定:"禁止具有市场支配地位的经营者从事下列滥用市场支配地位的行为:(一)以不公平的高价销售商品或者以不公平的低价购买商品;(二)没有正当理由,以低于成本的价格销售商品;(三)没有正当理由,拒绝与交易相对人进行交易;(四)没有正当理由,限定交易相对人只能与其进行交易或者只能与其指定的经营者进行交易;(五)没有正当理由搭售商品,或者在交易时附加其他不合理的交易条件;(六)没有正当理由,对条件相同的交易相对人在交易价格等交易条件上实行差别待遇;(七)国务院反垄断执法机构认定的其他滥用市场支配地位的行为。 本法所称市场支配地位,是指经营者在相关市场内具有能够控制商品价格、数量或者其他交易条件,或者能够阻碍、影响其他经营者进入相关市场能力的市场地位。"

害了原告的合法权益。原告依照《最高人民法院关于审理因垄断行为引发的民事纠纷案件应用法律若干问题的规定》提起民事诉讼，请求人民法院确认被告的捆绑交易行为无效，判令其返还原告 15 元"。据此，一审法院根据吴某的诉讼请求进行审理，并无不当。

  关于本案的原告主体资格及一审法院的受理权限，均符合相关法律和司法解释的规定。根据《最高人民法院关于审理因垄断行为引发的民事纠纷案件应用法律若干问题的规定》中第一条至第三条的规定，因垄断行为受到损失以及因合同内容、行业协会的章程等违反《反垄断法》而发生争议的自然人、法人或者其他组织，均可以向人民法院提起民事诉讼。原告直接向人民法院提起民事诉讼，或者在反垄断执法机构认定构成垄断行为的处理决定发生法律效力后向人民法院提起民事诉讼，并符合法律规定的其他受理条件的，人民法院应当受理。第一审垄断民事纠纷案件，由省、自治区、直辖市人民政府所在地的市、计划单列市中级人民法院以及最高人民法院指定的中级人民法院管辖。因此，本案中，吴某具有以原告身份提起民事诉讼的资格和权利，一审法院陕西省西安市中级人民法院也有依法审理的权限。

[思政解读]

  党的十八大提出，倡导富强、民主、文明、和谐，倡导自由、平等、公正、法治，倡导爱国、敬业、诚信、友善，要积极培育和践行社会主义核心价值观。其中，自由、平等、公正、法治是社会层面的价值取向。"法治"是我国社会主义建设事业的重要内容和有力保障。法治的要求不仅是作为个体社会成员的自然人守法，更重要的是具有一定社会地位和社会影响力的组织守法。在我国，一些公用企业由于历史原因在相关市场中形成了支配地位，并且基于这种独占性地位而取得了经营上的优势。在这样的市场中,由于长期缺乏竞争动力,经营者的服务意识和守法意识往往比较薄弱,提供服务过程中损害消费者合法权益、妨害公平竞争的情况也时有发生。公用企业往往涉及群众生活的基本保障,所以其经营状况和守法状况不仅直接关系到每一位社会成员的切身利益,也影响着我国法治建设目标的实现。公用企业由于其特殊的地位,更应当在此方面奉行守法经营的理念,成为法治建设的楷模。

作者:刘剑

5.7 市场混淆不正当竞争行为的认定——意大利费列罗公司诉蒙特莎(张家港)食品有限公司、天津经济技术开发区正元行销有限公司不正当竞争纠纷案[①]

[案情简介]

原告意大利费列罗公司(以下简称费列罗公司)诉称:被告蒙特莎(张家港)食品有限公司(以下简称蒙特莎公司)仿冒原告产品,擅自使用与原告知名商品特有的包装、装潢相同或近似的包装、装潢,使消费者产生混淆。被告蒙特莎公司的上述行为及被告天津经济技术开发区正元行销有限公司(以下简称正元公司)销售仿冒产品的行为已给原告造成重大经济损失。请求判令蒙特莎公司不得

---

① 天津市第二中级人民法院,(2003)二中民三初字第 63 号;天津市高级人民法院,(2005)津高民三终字第36号;最高人民法院,(2006)民三提字第 3 号;2015 年 4 月 15 日发布,最高人民法院指导案例 47 号。

生产、销售，正元公司不得销售符合前述费列罗公司巧克力产品特有的任意一项或者几项组合的包装、装潢的产品或者任何与费列罗公司的上述包装、装潢相似的足以引起消费者误认的巧克力产品，并赔礼道歉、消除影响、承担诉讼费用，费特莎公司赔偿损失 300 万元。

被告蒙特莎公司辩称：原告涉案产品在中国境内市场并没有被相关公众所知悉，而蒙特莎公司生产的金莎巧克力产品在中国境内消费者中享有很高的知名度，属于知名产品。原告诉请中要求保护的包装、装潢是国内外同类巧克力产品的通用包装、装潢，不具有独创性和特异性。蒙特莎公司生产的金莎巧克力使用的包装、装潢是其和专业设计人员合作开发的，并非仿冒他人已有的包装、装潢。普通消费者只需施加一般的注意，就不会混淆两种产品。原告并未明确指出被控产品的包装、装潢具体侵犯了其何种权利，故请求驳回原告的诉讼请求。

法院经审理查明：费列罗公司于 1946 年在意大利成立，1982 年其生产的费列罗巧克力投放市场，曾在亚洲多个国家和地区的电视、报刊、杂志上发布广告。在我国台湾和香港地区，费列罗巧克力取名"金莎"巧克力，并分别于 1990 年 6 月和 1993 年在我国台湾和香港地区注册"金莎"商标。1984 年 2 月，费列罗巧克力通过中国粮油食品进出口总公司采取寄售方式进入了大陆市场，主要在免税店和机场商店等当时政策所允许的场所销售，并延续到 1993 年。1986 年 10 月，费列罗公司在中国注册了"FERRERO ROCHER"和图形（椭圆花边图案）以及其组合的系列商标，并在中国境内销售的巧克力商品上使用。费列罗巧克力使用的包装、装潢的主要特征是：1. 每一粒球状巧克力用金色纸质包装；2. 在金色球状包装上配以印有"FERRERO ROCHER"商标的椭圆形金边标签作为装潢；3. 每一粒金球状巧克力均有咖啡色纸质底托作为装潢；4. 若干形状的塑料透明包装，以呈现金球状内包装；5. 塑料透明包装上使用椭圆形金边图案作为装潢，椭圆形内配有产品图案和商标，并由商标处延伸出红金颜色的绶带状图案。费列罗巧克力产品的 8 粒装、16 粒装、24 粒装和 30 粒装立体包装与 1984 年在世界知识产权组织申请为立体商标。费列罗公司自 1993 年开始，以广东、上海、北京等地区为核心逐步加大费列罗巧克力在国内的报纸、期刊和室外广告的宣传力度，相继在一些大中城市设立专柜进行销售，并通过赞助一些商业和体育活动，提高其产品的知名度。2000 年 6 月，其"FERRERO ROCHER"商标被国家工商行政管理部门列入全国重点商标保护名录。我国广东、河北等地工商行政管理部门曾多次查处仿冒费列罗巧克力包装、装潢的行为。

蒙特莎公司是 1991 年 12 月张家港市乳品一厂与比利时费塔代尔有限公司合资成立的生产、销售各种花色巧克力的中外合资企业。张家港市乳品一厂自 1990 年开始生产金莎巧克力，并于 1990 年 4 月 23 日申请注册"金莎"文字商标，1991 年 4 月经国家工商行政管理局商标局核准注册。2002 年，张家港市乳品一厂向蒙特莎公司转让"金莎"商标，于 2002 年 11 月 25 日提出申请，并于 2004 年 4 月 21 日经国家工商管理总局商标局核准转让。由此蒙特莎公司开始生产、销售金莎巧克力。蒙特莎公司生产、销售金莎巧克力产品，其除将"金莎"更换为"金莎 TRESOR DORE"组合商标外，仍延续使用张家港市乳品一厂金莎巧克力产品的包装和装潢。被控侵权的金莎 TRESOR DORE 巧克力包装、装潢为：每粒巧克力呈球状并均由金色锡纸包装；每粒金球状包装顶部都配以印有"金莎 TRESOR DORE"商标的椭圆形金边标签；每粒巧克力均配有底部平滑无褶皱、侧面带有波浪褶皱的呈碗装的咖啡色纸质底托；外包装为透明塑料纸或塑料盒；外包装正中处使用椭圆金边图案，并由此延伸出红金色绶带。以上特征与费列罗公司起诉中请求保护的包装、装潢在整体印象和主要部分上相近似。正元公司为蒙特莎公司产品在天津的经销商。2003 年 1 月，费列罗公司经天津市公证处公证，在天津市河东区正元公司处购买了被控侵权产品。

[争议焦点]

一、对于"知名商品"或"有一定影响的商品"的认定标准或认定范围，在国外已知名的产品是否可以在国内直接认定为"知名商品"或"有一定影响的商品"；二、《中华人民共和国反不正当竞争法》（以下简称《反不正当竞争法》）所保护的有一定影响的商品的"包装、装潢"具体所包括的范围和内容有哪些方面。

[法院判决]

天津市第二中级人民法院于 2005 年 2 月 7 日作出（2003）二中民三初字民事判决：判令驳回费列罗公司对蒙特莎公司、正元公司的诉讼请求。

费列罗公司提起上诉，天津市高级人民法院于 2006 年 1 月 9 日作出（2005）津高民三终字第 36 号判决：1. 撤销一审判决；2. 蒙特莎公司立即停止使用金莎 TRESOR DORE 系列巧克力侵权包装、装潢；3. 蒙特莎公司赔偿费列罗公司人民币 70 万元，于判决生效后十五日内给付；4. 责令正元公司立即停止销售使用侵权包装、装潢的金莎 TRESOR DORE 系列巧克力；5. 驳回费列罗公司其他诉讼请求。

蒙特莎公司不服二审判决，向最高人民法院提出再审申请。最高人民法院于 2008 年 3 月 24 日作出（2006）民三提字第 3 号民事判决：1. 维持天津市高级人民法院（2005）津高民三终字第 36 号民事判决第一项、第五项；2. 变更该判决第二项为：蒙特莎公司立即停止在本案金莎 TRESOR DORE 系列巧克力商品上使用与费列罗系列巧克力商品特有的包装、装潢相近似的标识的不正当竞争行为；3. 变更该判决第三项为：蒙特莎公司赔偿费列罗公司人民币 50 万元；4. 变更该判决第四项为：责令正元公司立即停止销售上述金莎 TRESOR DORE 系列巧克力商品。

[**法理分析**]

一、关于"知名商品"或"有一定影响的商品"的认定

1993年12月1日开始实施的《反不正当竞争法》,为我国社会主义市场经济建设发挥了重要作用。顺应社会发展变化和法治建设的新需要,这部法律在2017年做了全面的修订和补充,2018年1月1日,新法开始实施。虽然具体的法律条款有所修改和增减,但是服务于社会主义市场经济健康发展,鼓励和保护公平竞争,制止不正当竞争行为,保护经营者和消费者合法权益的立法宗旨,始终保持如一。

新《反不正当竞争法》在修订过程中,也注意到了与其他相关法律法规的衔接问题,例如与《商标法》的衔接。旧《反不正当竞争法》第五条规定经营者不得假冒他人的注册商标,损害竞争对手的商业利益;而在新法中删除了这一规定,因为假冒他人注册商标而产生的纠纷,统一依据《商标法》的相关规定进行解决。并且,将旧法中不得"擅自使用知名商品特有的名称、包装、装潢,或者使用与知名商品近似的名称、包装、装潢,造成和他人的知名商品相混淆,使购买者误认为是该知名商品"的规定中"知名商品"的表达修改为"他人有一定影响的商品"。

虽然就其语义而言,"有一定影响"没有"知名商品"的要求高[①],但是,这两者在证明的范围和判定参照的元素上并没有本质的区别。根据最高人民法院《关于审理不正当竞争民事案件应用法律若干问题的解释》第一条[②]的规定,人民法院应进行综合判断;

---

① 林文,《反不正当竞争法律制度与实务技能》,法律出版社2018年5月版,第213页。
② 最高人民法院《关于审理不正当竞争民事案件应用法律若干问题的解释》第一条规定:"人民法院认定知名商品,应当考虑该商品的销售时间、销售区域、销售额和销售对象,进行任何宣传的持续时间、程度和地域范围,作为判定其受保护的情况等因素,进行综合判断。"

原告应当对其商品有一定影响承担举证责任。在本案中，应当综合考虑费列罗公司生产的 FERRERO ROCHER 系列巧克力在国外和国内的生产历史、销售区域、销售时间和受保护的情况等多种因素。费列罗公司建厂历史悠久，并且从 1982 年开始在亚洲多个国家投放宣传广告，在我国香港和台湾地区即以"金莎"巧克力的名称进行销售，并且在 1990 年和 1993 年分别在我国台湾和香港地区注册"金莎"商标。1984 年开始，费列罗公司产品即以本案诉争的包装和装潢形式，进入我国大陆市场销售。1984 年 2 月，费列罗巧克力即在我国大陆的免税店和机场商店进行公开销售。所以，综合考量费列罗公司的 FERRERO ROCHER 系列巧克力产品在我国境内的销售情况，辅之以其在国际市场和我国台湾、香港地区的销售情况，可以判定其在我国境内巧克力产品市场中是"知名商品"或"有一定影响的商品"。

二、关于"包装、装潢"具体所包括范围和内容的认定

国家工商行政管理总局 1995 年颁布的《关于禁止仿冒知名商品特有的名称、包装、装潢的不正当竞争行为的若干规定》对于包装和装潢进行了明确的规定："本规定所称包装，是指为识别商品以及方便携带、储运而适用在商品上的辅助物和容器。""本规定所称装潢，是指为识别与美化商品而在商品或者其包装上附加的文字、图案、色彩及其排列组合。"可见，包装对于商品而言除了具有保护作用等实用性价值之外，因其包装材料、包装方式而使得该商品在外观上具有很强的可识别性，并且使消费者能够从包装上对该商品进行识别，这是包装具有的重要的价值和意义。对于装潢而言，其实用性价值相对于装饰、美化的审美价值则是居于其次的，而同时，正是因为装潢产生的装饰、美化作用，也对消费者识别该商品产生了重要影响。因此，包装和装潢对于商品的识别而言，均具有重要影响和价值。

并且，在本案之后的司法实践中，对于产品装潢所涉范围的理

解进一步扩张。将"装潢"的理解并未局限于附加、附着在商品本体上的文字、图案、色彩及其组合，除此之外，商品自身的构造的整体或局部，可能构成商品的装潢。"在外延上，商品的装潢一般可以分为两种类型：一类是文字图案类装潢，即外在于商品之上的文字、图案、色彩及其排列组合；另一类是形状构造类装潢，即内在于物品之中，属于物品本体但具有装饰作用的物品的整体或者局部外观构造。"①

在本案中，蒙特莎公司使用的商品名称也是"金莎"，这与费列罗公司在我国香港和台湾地区注册的中文商品名称完全一致。并且蒙特莎公司所生产巧克力商品本身的形状、包装所用材料、包装材料的颜色和图案等与消费者识别商品有关的标识都与费列罗公司生产的巧克力产品高度相似。这种相似及涉及文字图案类装潢，也涉及形状构造类装潢。从而，极可能误导普通消费者的识别，对于被混淆的费列罗公司系列产品产生不公平的竞争效果。

三、关于混淆的认定

是否使得被诉商品与他人有一定影响的商品达到"混淆"的程度，这是界定此种不正当竞争行为的关键。此处"混淆"需要从结果的角度进行判断，需要结合被诉商品使相关领域的普通消费者以与商品价值相适应的一般注意力，对商品形成的整体印象进行判断。所谓的混淆，是指被诉商品的相关领域的普通消费者误认为该商品是他人的商品，或者误认为该商品的经营者与他人有商业联合、许可使用等特殊关联关系。混淆的本质是使相关领域的普通消费者产生认识上的误解，并且可能基于此种误解而误购。费列罗公司生产的系列巧克力产品进入中国大陆市场的时间早于蒙特莎公司，而作为后者的蒙特莎公司其产品在名称、包装和装潢上与其相同或高度

---

① 黄晖：《反不正当竞争法对产品形状的保护问题研究——中华人民共和国最高人民法院（2010）民提字第 16 号民事裁定书评析》，《电子知识产权》2011 年第 5 期。

相似,并且相似的程度达到使该产品的普通消费者经过一般注意程度的识别后,有误认、误购的可能。如果继续放任蒙特莎公司的行为,会影响或者稀释费列罗公司相关产品的销售,损害其合法权益,侵犯消费者在知情明晰的前提下,选择商品的权利。

立法上虽未明文规定,但是,在主观状态上,被诉的经营者对于自己商品在名称、包装和装潢上,与他人有一定影响的商品的相关方面存在相同或相似的情况,应当是明知的。本案中,作为同是巧克力生产者的蒙特莎公司,其使用的"金莎"巧克力商标受让于张家港市乳品一厂1990年4月申请注册、1991年4月获得核准使用的商标。虽然,张家港市乳品一厂在先获得在我国境内"金莎"商标使用权。但是,作为同行业者,其对于历史悠久、在国际和我国台湾、香港地区使用完全相同名称且已经获得商标注册,并已经在我国境内免税店和机场商店等场所销售了长达七年之久的费列罗公司产品,应当是知晓的。蒙特莎公司在受让"金莎"商标后,竟然以与其高度相似的产品包装、装潢进行销售,很难说这两者是完全出于巧合,很难说蒙特莎公司没有使消费者购买时产生混淆和误认的故意。

被诉经营者在明知他人有一定影响的商品的名称、包装和装潢方面的某些特征后,仍然在自己与他人同类商品上做相同或相似使用,其攀附他人商业信誉、商品声誉、搭便车的主观心理状态便昭然若揭。被诉经营者利用普通消费者可能对两种同类商品在购买时产生的误解、误认、误购,争取到优势的销售机会,借机推销自己的产品或者扩大销售业绩。

[思政解读]

市场经济是法治经济,法治是社会主义市场经济的内在要求,所以应加快修订《反不正当竞争法》《中华人民共和国土地管理法》,加快完善物权、合同、知识产权相关法律制度,严格落实《民法总则》《反垄断法》《中华人民共和国中小企业促进法》及知识产权类法律,加大对违法行为的打击惩处力度,按照统一、规范、效能原则,完善市场监管体制。市场主体降低经营成本,改进技术,提高产品质量,完善服务,扩大宣传,通过长期不懈的努力,为本企业及产品树立良好的形象,赢得市场和消费者的认同,收获良好的商业信誉或商品声誉,这是法律应予以保护的。但是,有的企业企图攀附他人的良好形象,混淆视听,借机推销自己的产品,这就是有违于诚实信用的法律精神,有违于基本的商业道德的错误行为。

作者:刘剑

主要参考文献

[1] 梁慧星：《民法总论》，法律出版社 2011 年版。
[2] 史尚宽：《民法总论》，中国政法大学出版社 2000 年版。
[3] 王利明：《民法总则研究》，中国人民大学出版社 2003 年版。
[4] [日] 星野英一：《现代民法基本问题》，段匡、杨永庄译，上海三联书店。
[5] 杨立新：《侵权责任法》第三版，法律出版社 2018 年版。
[6] 李双元、温世扬：《比较民法学》2016 年版。
[7] 张新宝：《〈中华人民共和国民法总则〉释义》，中国人民大学出版社 2017 版。
[8] 王泽鉴：《损害赔偿》，北京大学出版社 2017 年版。
[9] 王泽鉴：《法律思维——请求权基础理论体系》，中国政法大学出版社 2009 年版。
[10] 张新宝：《〈中华人民共和国民法总则〉释义》，中国人民大学出版社 2017 年版。
[11] 江平：《民法学》，中国政法大学出版社 2011 年版。
[12] [日] 山本敬三：《民法讲义》，北京大学出版社 2004 年版。
[13] 龙卫球：《民法总论》，中国法制出版社 2011 年版。
[14] 朱庆育：《民法总论》，北京大学出版社 2017 年版。
[15] [日] 我妻荣：《新订民法总则》，中国法制 2008 年版。
[16] 王泽鉴：《民法物权》，北京大学出版社 2014 年版。
[17] 陈卫佐：《德国民法典》，法律出版社 2010 年版。
[18] 谢增毅：《劳动法的比较与反思》，社会科学文献出版社

2011年版。

[19] 张晓霞、彭忍钢：《法律与现实的差距——发展中国家劳动法与劳工保护研究》，人民日报出版社2015年版。

[20] [美] E. 博登海默：《法理学——法律哲学与法律方法》，中国政法大学出版社2017年版。

[21] 刘智慧：《占有制度原理》，中国政法人民大学出版社2007年版。

[22] 杨立新：《〈中华人民共和国民法总则〉要义与案例解读》，中国法制出版社2017年版。

[23] [意] 彼德罗·彭梵得：《罗马法教科书》，黄风译，政法大学出版社2005年版。

[24] 郭捷：《劳动法与社会保障法》，法律出版社2016年版。

[25] 蔡永民：《比较担保法》，北京大学出版社2007年版。

[26] 赵晓钧：《论占有效力》，法律出版社2010年版。

[27] 郑尚元：《劳动法和社会法专论》，法律出版社2015年版。

[28] 陈华彬：《民法总则》，中国政法大学出版社2017年版。

[29] 李怀胜：《正当行为制度适用》，中国人民公安大学出版社2011年版。

[30] 王政勋：《刑法的正当性》，北京大学出版社2008年版。

[31] 郭泽强：《正当防卫制度研究的新视界》，中国社会科学出版社2010年版。

[32] 苏力：《法治及其本土资源》，北京大学出版社2015年版。

[33] [英] 霍布斯：《利维坦》，商务印书馆2017年版。

[34] 范健、王建文：《商法的价值、源流及本体》，中国人民大学出版社2007年版。

[35] 戴剑波：《当代中国新商人法研究》，法律出版社2016年版。